华东政法大学社会管理文丛

意大利少年司法社会化研究

杨旭 著

中国社会科学出版社

图书在版编目(CIP)数据

意大利少年司法社会化研究/杨旭著. —北京：中国社会科学出版社，2015.6
ISBN 978-7-5161-6414-3

Ⅰ.①意… Ⅱ.①杨… Ⅲ.①青少年犯罪—司法制度—研究—意大利 Ⅳ.①D954.66

中国版本图书馆 CIP 数据核字（2015）第 146922 号

出 版 人	赵剑英
责任编辑	姜阿平
责任校对	林福国
责任印制	张雪娇

出　　版	中国社会科学出版社
社　　址	北京鼓楼西大街甲 158 号
邮　　编	100720
网　　址	http://www.csspw.cn
发 行 部	010-84083685
门 市 部	010-84029450
经　　销	新华书店及其他书店

印刷装订	北京金瀑印刷有限公司
版　　次	2015 年 6 月第 1 版
印　　次	2015 年 6 月第 1 次印刷

开　　本	880×1230 1/32
印　　张	9.875
插　　页	2
字　　数	238 千字
定　　价	42.00 元

凡购买中国社会科学出版社图书，如有质量问题请与本社营销中心联系调换
电话：010-84083683
版权所有　侵权必究

谨将本书献给我的父母

目　录

前言 ………………………………………………………（1）

第一章　少年司法制度的理论基础与历史变迁 …………（17）
　第一节　前少年司法时代 …………………………………（18）
　　一　从古罗马到中世纪的少年刑罚 ……………………（19）
　　二　古典主义学派 ………………………………………（22）
　　三　第一个少年矫正机构 ………………………………（23）
　第二节　少年司法的初创时代 ……………………………（26）
　　一　实证主义与罪错少年 ………………………………（27）
　　二　《扎那尔德利法典》 …………………………………（29）
　　三　《洛克法典》 …………………………………………（33）
　　四　第一个少年法院的建立 ……………………………（35）
　第三节　国家与社会合作的时代 …………………………（41）
　　一　社会工作的融入 ……………………………………（42）
　　二　恢复性司法的影响 …………………………………（49）
　　三　1988年的《少年刑事诉讼法》 ………………………（51）

第二章　少年司法社会化的管理体系 ……………………（58）
　第一节　少年司法部 ………………………………………（59）

一　地方少年司法中心 ………………………………（61）
　　二　首次接待中心 ……………………………………（62）
　　三　未成年人惩教院 …………………………………（64）
　　四　少年社会工作办公室 ……………………………（65）
　　五　社区（处置）……………………………………（67）
　第二节　少年法院 ………………………………………（72）
　　一　检察官办公室 ……………………………………（73）
　　二　少年检察官 ………………………………………（74）
　　三　少年法庭 …………………………………………（77）
　　四　少年法官 …………………………………………（78）
　第三节　少年司法服务与矫正机构 ……………………（84）
　　一　少年公共服务机构 ………………………………（85）
　　二　司法社会工作者 …………………………………（88）
　　三　少年监狱 …………………………………………（95）
　　四　律师 ……………………………………………（101）

第三章　少年的司法保护措施 ……………………………（105）
　第一节　少年司法介入 …………………………………（106）
　　一　少年司法介入的理念 ……………………………（106）
　　二　少年司法介入的前提 ……………………………（108）
　第二节　少年的司法保护程序 …………………………（110）
　　一　社会调查 …………………………………………（110）
　　二　附条件不起诉 ……………………………………（115）
　　三　暂缓判决 …………………………………………（117）
　第三节　少年处罚与保安处分 …………………………（130）
　　一　免于刑事处罚 ……………………………………（130）
　　二　刑事制裁与转处保护措施 ………………………（137）

三　保安处分 …………………………………………（140）
四　总体评价 …………………………………………（143）

第四章　少年刑事调解与社会化参与 …………………（147）
第一节　少年刑事调解的发展 ………………………（147）
一　少年刑事调解的概念 ……………………………（147）
二　意大利少年刑事调解制度的历史进程 …………（150）
三　调解员 ……………………………………………（153）
第二节　意大利少年刑事调解的适用及评价 ………（156）
一　相关法律 …………………………………………（156）
二　调解实践 …………………………………………（159）
三　意大利少年刑事调解的评价 ……………………（162）
四　意大利少年刑事调解对我国的启示 ……………（166）

第五章　我国对意大利少年司法的借鉴 ………………（174）
第一节　温和与宽宥——意大利少年司法理念及启示 …………………………………………………（177）
一　温和司法的含义及其特点 ………………………（178）
二　温和司法与少年教育 ……………………………（183）
三　温和司法与少年保护 ……………………………（187）
四　对我国少年司法理念的反思 ……………………（191）
第二节　少年司法中的社会工作及其法律地位 ……（205）
一　社会工作能够满足少年司法的独特需求 ………（206）
二　意大利少年司法社会工作的法律地位 …………（209）
三　司法社会工作在少年司法中的介入阶段与功能 …………………………………………………（213）

    四　我国少年司法社会工作的问题 …………………（216）
    五　我国少年司法社会工作的完善策略 ……………（221）
  第三节　分流措施与社会化处遇 ………………………（227）
    一　建立暂缓判决制度的探讨与建议 ………………（231）
    二　建立少年宽免制度 ………………………………（241）
    三　完善多元化的社会化处遇体系 …………………（246）

结论　少年司法社会化：国家与社会的双向互动 ………（267）
  一　国家与社会的分离和互动发展：少年司法社会
  　　化的理论根源 ………………………………………（271）
  二　国家与社会合作之间隙：少年司法转向过程中的
  　　问题 ……………………………………………………（280）
  三　间隙的弥合：我国的少年司法社会化之路 ………（285）
  四　结语 …………………………………………………（291）

参考文献 ……………………………………………………（293）

后记 …………………………………………………………（306）

前　　言

　　自从 1899 年美国伊利诺伊州颁布了世界上第一部《少年法庭法》，并在芝加哥市设立了世界上第一个少年法庭以来，少年司法制度和少年权利保护逐渐受到国际社会的普遍关注，很多国家相继建立了自己的少年司法体系。但是，由于各国的法律文化、经济发展水平、政治体制、教育体系等存在差异，所以少年司法制度也各具特色。那么意大利的少年司法有哪些特色？为什么选择研究意大利的少年司法？意大利的少年司法能在多大程度上给我国以借鉴和启示？

　　首先，意大利的少年司法特色鲜明。意大利是刑法学思想和公正思想丰富的国度。从古典犯罪学派的代表人物贝卡里亚，到实证主义学派的龙布罗梭、菲利、加罗法洛，他们的思想不仅影响了意大利，也照亮了全世界犯罪学与刑法学的发展之路。在如此浓厚的法学思想与理论的积淀下，意大利的少年司法从诞生到发展至今独具特色。这表现在很多方面：其一，少年司法政策的宽容性与稳定性。英美"拯救少年运动"的兴起，让少年司法成为少年福利与少年权利的体现，而随着 20 世纪六七十年代少年犯罪率不断攀升，英美转而走向对少年犯罪的"零容忍"政策。而与英美国家相比，意大利少年刑事政策一直沿着重视教育与保护权利的路径发展，刑罚主义

2　意大利少年司法社会化研究

逐渐被摒弃，取而代之的是温和，甚至是以容忍的方式对待少年犯，尽量避免司法体系对其正常成长的影响，重视他们的再社会化，强调其人格的不断完善与人生的健康成长。其二，少年司法的社会参与性。司法社会化是意大利少年司法的显著特征。意大利早在1934年的第一部《少年法》中，就明确规定了司法社会工作者的介入，他们作为社会力量的代表，是维护少年权利、保护少年成长的重要力量。在这期间，意大利颁布了多部法律不断完善这一体系，建立了审判的社会化参与机制，暂缓判决的司法社工帮教机制，少年刑罚的社会化处遇机制，全方位建立罪错少年回归社会的支持网络。其三，少年司法道路的福利混合模式。意大利既贯彻了国际少年权利保护的精神，具有欧洲的通行做法，同时又结合本国独特的文化传统，体现了国际要求与国内实际的有机融合，在少年司法模式选择上，意大利少年司法既摆脱了传统的成人刑事惩罚导向的束缚，坚持对少年进行刑事保护，但又没有选择北欧国家纯粹的福利模式，而是一种福利混合模式（welfare-mix model）[1]。在这一体系中，既有代表刑事司法的少年法官、少年检察官，又有代表社会福利的司法社会工作者。各种角色达成共识，尽量采用最小干预原则，给少年通过成长而自动修复过错的机会，帮助少年康复。事实证明，这一模式既符合意大利本国的经济和社会发展水平，又在实践中起到了有效控制少年犯罪的作用。与欧洲其他国家，如法国、德国、英国相比，意大利的少年犯罪率远远低于这些国家。在一定意义上而言，意大利的

---

[1]　Isabella Mastropasqua, "la medizione penale minorile in italia: riflessioni e prospettivi", *Nuove Esprienze di Giustizia Minorile*. http: //www.giustiziaminorile.it/rsi/pubblicazioni/2008_ 1/11_ Mediazione_ Italia. pdf.

少年司法体系走在世界的前面,是少年司法制度的先锋。

其次,中意文化背景相似。尽管分别位于欧洲和亚洲,彼此之间的地理位置相距遥远,但是两国都创造了辉煌灿烂的文明。古罗马和古代中国都曾经是文明古国,都具有几千年的悠久历史。在欧洲土地上,只有意大利经历了年代最长而一脉相承的历史沧桑,也只有意大利能展示出最为辉煌却又丰富多样的文化积淀。这与我国上下五千年不间断的历史相似。两个国家无论在疆域的扩展方面还是在时间的延续上,都是古代强国。它们在时间上几乎是同起同落。[①] 两国都经历了扩张与辉煌,分裂与衰落,在起伏跌宕中创造了传世的文明。

两个国家的社会环境有诸多相似之处。两国都有着浓重的家庭观念。英美文化中子女到了18岁就长大成人,需要剪去与家庭之间的脐带,外出独立生活。意大利的家庭观念则不同,子女对家庭和父母很依赖,而且家长也心甘情愿包揽子女的事情。在家庭结构上,由于受到经济危机影响,意大利国内就业机会少,子女的经济独立能力弱,不仅二十几岁,甚至有很多三四十岁的子女依然与父母同住,这与我国的"啃老族"很相似。在社会人口结构上,两国都出现了人口老龄化趋势,意大利是老龄人口比例全世界最大的国家之一,已经占到了全国人口的25%,我国人口老龄化程度急剧加速。在人文素养上,意大利人被称为欧洲的"中国人",与中国一样是典型的关系社会。在经济发展水平上,尽管意大利现在是较为发达的资本主义国家,但是与英美资本主义强国相比却相形见绌,因受经济危机的影响和打击较大,目前在欧洲的经济地位远不如

---

① 白佐良(Giuliano Bertuccioli)、马西尼(Federico Masini):《意大利与中国》,萧晓玲、白玉崑译,商务印书馆2002年版,第1—2页。

它的邻居法国，更加无法与德国同日而语。我国经过30多年的改革开放，经济飞速增长，类似于意大利在第二次世界大战之后的经济黄金增长期，虽然我国现在是世界第二大经济体，但是在自主创新能力等方面依然有待提高。

再次，少年犯罪问题相似。第一，少年犯罪的地区差异性。意大利的少年犯罪呈现出明显的南北两极特征。南部经济发展缓慢，黑社会势力很强，少年很容易被犯罪团伙拉去做"马仔"，而北部地区的经济发展迅速，就业率相对较高，少年犯罪率较低，黑社会势力影响弱。我国的少年犯罪也由于地域广阔而存在极大差异性。第二，外来少年犯罪问题。来自罗马尼亚、北非等国家的少年，因为在意大利找不到工作而流落街头进行偷盗等犯罪活动，占意大利少年犯罪的较大比重。我国的少年犯罪中，也呈现出外来人口犯罪的特点。农民工等外来人口大量进入城市，少年由于缺少父母管教而成为社会不稳定因素。

复次，意大利刑法对我国影响深远。《意大利刑法典》在世界上颇具影响力，我国借鉴《意大利刑法典》的传统由来已久。19世纪中叶，学者梁廷枏（1796—1861）所著的《海国四说》，为中国人初步了解意大利的法律情况提供了资料。1907年，清政府组织翻译《意大利刑法典》，对我国的现代刑法有着重要意义，我国现行刑法条文有很多直接源于《意大利刑法典》。比如，我国少年刑事责任年龄同意大利基本一致。《意大利刑法典》在"可归罪性"的概念下对少年进行了刑事责任年龄划分，两国都规定14岁以下不负刑事责任，18岁以上需要负完全刑事责任。

最后，国内对意大利少年司法及其社会介入的研究甚少。目前，我国学术界已经翻译和介绍了美国、英国、德国、日本、澳大利亚等国家的少年司法制度，但是长期以来，由于语言的障碍，我国对意大利的少年司法制度了解甚少，已有的寥寥文献中也不乏误读。本书大量运用第一手意大利文进行研究，较为全面地介绍了意大利少年司法制度，从法律规定到法律实践，从实体法到程序法，从司法部门到社会服务部门，一一进行了考察与分析，在一定程度上弥补了国内对意大利少年司法研究匮乏的遗憾。

意大利少年司法的产生与发展有深刻的文化背景，对这一制度的发展轨迹进行研究，目的在于比较分析与我国的差异，以及在多大程度上可以对我国少年司法的发展产生借鉴。本文比较了少年刑罚社会化、少年司法管理体系、少年刑事调解制度和少年司法社会工作者的地位等。虽然两国的国情、文化、司法体系都存在较大不同，但是少年司法制度本身有一定规律，在遵循规律的基础上发展我国的少年司法制度是最终目的。

本书通过对意大利少年司法的系统剖析，探索我国少年司法社会化的可行路径。意大利少年司法系统中，司法社会工作者是实现国家与社会合作的重要桥梁，他们是这一体系中不可或缺的部分。我国引入社会工作这一职业与专业，参与对罪错少年的社区矫正，对预防犯罪发挥了重要作用。但是目前，我国司法社会工作的介入依然存在问题，最大的制约因素就是法律地位的缺失。因此，需要立法者在完善我国少年司法制度时将司法社会工作作为重要内容写进法律，完成对司法社会工作者的法律授权。同时，以司法社会工作者为核心的社会体系构建还体现在调动家庭、社区、学校等社会部门，通过一系列政策改革，逐步解决国家与社会割裂的问题及缺陷。正如意大利学者菲利普·戴托利（Filippo Dettori）在其专著《少年司法与社会介入》（*Giustizia Minorile e Integrazione Sociale*）所言："解决未成年人犯罪问题需要有效的法律，但是也需要强有力的政治和社会环境，以及家庭支持系统。最终需要所有人的努力，因为只有共同携手，我们才能有所改变。"

司法社会化有利于推动我国少年司法从研究到实践的学科化整合。少年法庭不可能从根本上解决未成年人犯罪的所有问题，综合性和多学科的介入是少年司法的独特之处。少年司法涉及多个学科，包括社会学、犯罪学、刑法学、心理学、教育学、生理学、精神健康等，无论在理论上还是实践上，都需要各学科的合作与协同。在少年犯罪与少年司法的研究中一定要以问题为导向，打破学科之间的鸿沟与壁垒，建构起多领域、多学科、多部门的合作格局，相互借鉴并协同创新。国外已经有学者提出在少年司法领域内整合各学科的优势资源。意大利建立了各学科对话的常规机制，比如意大利《少年司法》这本全国性的刊物对所有涉及少年犯罪和少年教育的相关学科开放，各领域的专家人士广开言论，共同探索罪错少年的保护、教育与矫正问题。

少年司法社会化是柔性社会管理与刚性司法控制相结合的重要创新内容；是衡量社会发展与进步和法治文明程度的标志，是预防和减少未成年人犯罪的重大举措，对维护社会稳定与和谐有着重要的现实意义。当前，我国社会正处于急剧的社会转型期，贫富分化加大、社会矛盾加剧，未成年人犯罪率不断攀升，参照并借鉴其他国家及地区少年司法制度中的普世原理和有益经验，结合我国未成年人犯罪的实际情况，制定稳定、可行的少年刑事政策将是我国未来少年司法领域的重要任务与课题。有助于我国完善少年司法制度，降低社会为少年犯罪所付出的巨额成本，并建构中国特色的少年司法制度。

少年司法不应是刑事司法的"影子司法"，而应当是司法改革的先锋。与刑事司法系统相比较，我国少年司法模式应当贯彻综合治理的方针、扩大社会教育的覆盖面，充分发挥社会帮教在矫治违法少年工作中的积极作用。"儿童利益最大"的理念和保护、关爱、回归社会的价值应当引领少年刑事司法改革的方向。我国少年司法应该在学习并移植过程中，改变过去忽视少年权利与少年保护的问题，强调少年司法中的社会参与理念与实践，动员社会力量履行其社会责任，教育、矫正罪错少年，促使其回归社会，形成我国的少年司法特色。

在研究方法上，本书综合文献研究、实地考察、深度访谈、比较分析等多种方法。大量阅读意大利语原文文献是本文的重要基础。笔者利用在意大利都灵大学法学院访学的机会，到都灵大学法学院的图书馆、阿百来机构（Gruppo Abele）少年服务机构图书馆还有都灵市图书馆大量查阅意大利少年司法的资料，同时利用网络收集相关文献，为研究打下了坚实的基础。少年司法是实践性很强的领域，不仅有法律法规，即文字的法律（law in books），同时还有实践中的法律（law in practice），为了准确地理解、全面地掌握研究主题，笔者在意大利访问的近一年时间里到都灵普通法院和少年法院旁听案件审理，对意大利司法和少年司法体系有了感性认识。尤其是在少年法庭，四名预审法官对案件的讨论过程让笔者切身感受到了职业法官与名誉法官视角和思路的差异，他们对案件处理享有平等发言权。同时笔者有计划地联系并访问了少年司法体系中的各个角色，包括两名少年检察官、两名法官、两名律师，一名社会工作者、一名社会工作教授、两名法学教授，还有意大利最著名的《少年司法》杂志的主编皮埃尔卡罗·帕载

(Piercarlo Pazè),多方面了解意大利少年司法体系,在少年法官的协助下收集皮埃蒙特与奥斯塔地区少年案件的判决结果。在回国之后,笔者到浦东法院少年法庭和静安区检察院,分别对少年法官和检察官进行半结构式的深度访谈。在每次访谈之前,做好访谈提纲,从他们各自的工作经历中了解我国少年司法的发展现状。

意大利学术界对少年司法的研究有几个思路。首先,是从少年刑事诉讼法(il Processo Penale dei Minori)的角度。意大利在这方面的文献较多,强调少年司法区别于成年人司法的独特程序,代表性的作品有吉劳可·古欧司特拉(Glauco Giostra)的《少年刑事司法程序》(il Processo Penale Minorile)。第二个思路是少年司法中的社会介入与社会保护,比如菲利普·戴托利(Filippo Dettori)的著作《少年司法与社会介入》(Giustizia Minorile e Integrazione Sociale)。第三个思路是司法社会工作为罪错少年提供的司法服务,比如碧昂卡·巴尔贝露·阿旺兹尼(Bianca Barbero Avanzini)的《少年、刑事司法与服务介入》(Minori, Giustizia Penale e Intervento dei Servizi)。上述三个方向也代表了意大利对少年司法中的司法与社会两个体系研究的基本框架。最后更为宏观的视角是将其作为少年权利保护的重要内容,如 Alfredo Carlo Moro 的著作《少年权利手册》中第 15—20 章[①]讨论少年犯罪与少年权利保障。

以意大利少年司法为主题的英文文献有探讨意大利少年司

---

① 第 15—20 章的标题分别是:少年、暴力和刑法保护;少年和程序;越轨少年;刑法介入与少年;少年刑法程序;刑罚执行和监狱服务。Alfredo Carlo Moro, *Manuale di Diritto Minorile* (*Seconda edizione*), Zanichelli Bologna, 2004。

法模式的，如 Edwin M. Lemert 的文章《意大利模式的少年司法》(*Juvenile Justice Italian Style*)；有剖析意大利少年司法理念的，如 David Nelken 的《意大利少年司法：容忍、仁慈还是放任？》(*Italian Juvenile Justice: Tolerance, Leniency or Indulgence?*)；还有从少年司法管辖与程序方面论述的，如 Henry W. McGee, Jr. 与 John Adamo 的文章《意大利和欧洲的少年法庭管辖权》(*Juvenile Court Jurisdiction in Italy and Europe*)，着重表述意大利少年司法的模式独特性。楼德·瓦尔格瑞乌 (Lode Walgrave) 在他的 *Restorative Justice for Juveniles - Potential, Risks and problems* 一文中，将少年司法的模式总结为下面五种：福利模式、公正模式、非介入模式、社团主义模式和恢复性模式。第一种模式，基于非正式程序的福利或者康复模式，这是少年司法的传统模式，今天仍有很多国家使用这一模式。第二种模式是传统的报应模式，是司法模式和公正模式之间的辩证模式，是最广泛研究的模式。第三种模式，非介入模式中，或者称为正常化模式。这种模式尽量避免司法介入，将少年的越轨行为，特别是较轻的越轨行为，认为是正常的，不需要进行司法介入。无论是刑法还是行政法介入都被视为放大犯罪，认为介入应该最小化，如果必须介入，那么应该与温和、非职业、非歧视、非监禁、非机构化的原则相一致。第四种模式是法团模式（主要在英国）。在系统介入的观点下，这一模式通过地方政府将青年放到公共或者私人的机构中，使他们同意合作，进行科学的控制行为。第五种模式是最近发展起来的恢复性司法模式。这一模式将被害人的因素考虑进来，目的是修正犯罪，不是通过惩罚或者康复，而是通过各种介入技术，比如修复、和解、调解、赔偿、社区服务等，旨在修复损失，同时，让犯罪人感到责任，而不是让他接受惩罚。也有人认为，自少年司法从美国诞生以来，一直有两种发展方向或者模式，即福利模式与司法模式。各个国家受社会经济条件、文化因素，社会政治因素等影响，有的选择福利模式，有的选择司法模式，比如美国、英国、加拿大，更加注重司法模式，而在以色列、德国、荷兰、瑞典，更加注重福利模式。意大利的少年司法模式兼有福利和司法两种模式的内容，在其发展过程中逐渐在司法模式中渗透进福利内容，是一种混合模式。

在我国，少年司法研究随着司法实务的发展不断深入。学者从少年司法的基础理论、组织机构、实体法、程序法、立法等多个方面进行分析，如姚建龙主编的《中国少年司法研究综述》里面较为详尽地梳理了我国少年司法研究的脉络。在基础理论研究中，学者们探讨了制度的起源与界定、构成与模式、理念与原则等方面；在少年司法机构上，分别就少年司法体系中的警察、检察官、法官、矫正机构等多种角色演变进行论述，探索我国建立少年法院的可行性与必要性；在实体法上，学者们探讨少年不良行为和少年犯罪的法律体系构建；程序法上重点强调在刑事诉讼中保护少年权利。综合性介绍我国少年司法制度的著作，如张立勇主编的《中国特色少年司法制度改革与完善研究》，于国旦、许身健的《少年司法制度理论与实务》，赵俊的《少年刑法比较总论》；介绍并比较国外少年司法发展的著作，如卢琦的《中外少年司法制度研究》、尹琳的《日本少年法研究》、姚建龙的《超越刑事司法——美国少年司法史纲》；翻译国外少年司法著作，如《美国少年司法》、《欧洲青少年犯罪被害人—加害人调解》、《少年司法制度》等。但是与意大利少年司法的研究相比，明显缺少社会化介入的研究，司法社会工作服务的研究，也缺乏对支持网络构建的研究。多学科共同关注少年司法的局面在我国尚未打开，学者的跨学科研究意识尚需提高。

本书从司法社会化的视角出发，全面介绍了意大利少年司法体系。司法社会化是意大利少年司法的显著特色，也是指引少年司法实践的重要理念。在这一理念下，意大利构建了以少年法官、少年检察官为核心的司法体系，同时还构建了以司法社会工作为核心的社会体系，这两个体系交互作用，互相配合，形成了少年司法"双轨制"发展的独特路径。通过这一体制，社会的柔性因素注入到少年司法体系中；同时，司法体系通过不断分流措施将罪错少年交给社会体系进行观护，体现了轻刑化、非刑罚化、非监禁化的国际理念。而近年发展的恢复性司法和少年刑事调解制度，开辟了社会化方式解决争议的第三条道路。

本书第一章介绍了意大利少年司法制度的发展历史。在全世界范围内，将少年从成年人的刑事司法体系中分离出来是最近 100 多年的事情，在这之前相当长的历史时期，没有少年观，他们被看成成年人的"微缩版"。在古罗马时期，立法者在可归罪性的概念下，对罪错少年的刑事处罚做了规定。到了 18 世纪，古典犯罪学学派的思想对少年司法的孕育产生重大影响。贝卡里亚主张废除死刑和残酷的肉刑，倡导对待罪犯要宽宥仁慈，为少年司法的温和教育方式奠定了基础。随后发展的实证主义犯罪学派，将心理学、人类学和社会学引入犯罪分析之中，认为犯罪原因有多种，对罪犯的处罚也应该多样化。菲利作为这一学派的代表人物，对少年司法的影响最大。他不仅专门针对少年处罚提出了轻刑化的思想，而且还在实践中积极推动少年司法独立化。1934 年，在国内外各种形势的推动下，意大利颁布了第一部《少年法》，成为少年司法独立的标志，也正是在这一法律要求下成立了第一个少年法院。随后，意大利在各个时期都通过立法的形式不断完善这一体系。1988年，意大利颁布了《未成年人刑事诉讼法》，这部法案奠定了少年司法向现代转型的重要基础。自诞生至今，意大利的少年司法走过了80年历程，在刑罚导向的主导思想中逐渐渗透福利思想，未成年人的教育与保护理念不断得到重申与强调，同时司法社会化的体系不断完善。

第二章介绍了意大利全国统一的少年司法体系——司法与社会合作的双轨制。这一体系独立于成年人的刑事司法体系，最大特点就是社会工作与少年司法并行的"双轨制"。从国家行政管理的层面，国家司法部下专门设立少年司法部门，负责统筹全国少年司法的发展与规划。在全国少年司法部门的管理下，各地设置少年司法中心，下设少年惩教机构、少年社会工作办公室、首次接待中心、少年社区。在少年司法体系的运行上，全国29个少年法院内分别设有少年检察机构、少年审判机构，负责少年案件的公诉与审理。在多个环节都有社会化多元参与的特点。最具特色的方面体现在预审法官组成：意大利的少年预审法官由两名专业法官与两名非专业的名誉法官组成合议庭，多学科的交叉融合可以全面评估少年犯的成长环境和心理发育。少年司法的矫正机构历史悠久，根据罪错的不同程度给予不同的机构处遇。在轻刑化思想的影响下，只有对社会安全带来最严重危害者才会被处以监禁刑。意大利的少年司法体系充分体现了司法与社会的合作，两者通过这一制度通道不断进行信息沟通与反馈，在帮助少年回归社会的共同目标下通力协作。

第三章分析了意大利少年刑罚的社会化处遇方式。在刑罚体系上，意大利实行刑事惩罚与保安处分相结合的双罚制。与我国单罚制的刑罚体系不同，保安处分是专门为预防犯罪而设置的。在少年刑罚上，1988年的少年刑诉法创设了一系列分流措施，具体包括检察起诉环节的附条件不起诉；预审阶段的暂缓判决和审判环节的司法宽免、事实的轻微性和未成熟性等。通过这些措施与步骤将罪错少年移除到司法程序之外，进行社会化处遇。这些措施中最具特色的是暂缓判决（简称"缓判"）制度。缓判是预审阶段少年法官的处置方式之一，阻止案件进入到下一个司法程序。专业的司法社会工作者作为缓判官，将少年分配到不同项目之中进行矫正。为了保证少年权利，这一过程需要专门的监督法官进行监督。少年刑罚的社会化趋势明显，分流出来的少年通过替代措施进行矫正，这些措施包括半自由刑、委托社会工作等。这些措施的设计与执行减少了进入到刑罚体系内的少年数量，也使意大利成为少年监禁率最低的国家之一。

  第四章重点分析了意大利少年刑事调解制度。恢复性司法在20世纪80年代开始在全球盛行，刑事调解是这一理念的重要实现方式之一。作为处理少年刑事案件的"第三条道路"，少年刑事调解体现了社会力量介入冲突解决的思路，也体现了对未成年人罪犯的宽宥与仁慈。意大利这一制度中的调解员，主要是司法社会工作者，其介入是社会参与少年司法的重要体现。在调解员的努力下，罪错少年通过见面、写信等多种方式与受害人沟通，期望得到谅解，消除犯罪后果。成功的调解使得案件免于进入刑事司法体系，同时也减少了法官的工作量。目前少年刑事调解在意大利的规模在扩大。1995年，都灵建立了第一个少年调解机构，到了2002年，意大利全国有8家少年刑事调解中心，2009年发展到19家。但这一制度在意大利的发展仍不完善，体现在缺乏标准化的操作体系、评价标准不一致和沟通体系不健全。

第五章论述了意大利少年司法对我国的借鉴与启示。我国少年司法制度建设有 30 年时间，其间少年司法独立化的理念渐入人心，人员配备、机构设置等方面取得重大突破，逐渐形成了我国特色的少年司法实践之路，但是需要在借鉴与学习中不断完善。本章分三节，分别为少年司法的理念、少年司法中的社会工作及其法律地位、分流措施与社会化处遇。首先是少年司法的理念。我国少年司法中"教育为主、惩罚为辅"的理念并不科学，在根本上没有摆脱惩罚性和报复性思想的影响，教育的方式、主体、程序、内容等在法律中都没有具体规定，导致现实中的说教式、训斥式教育，少年的刑事保护理念单薄，保护与福利理念在少年司法体系中没有得到操作层面的具体贯彻。需要加强教育、保护和司法社会化的理念。其次论述了司法社会工作在少年司法中的介入和法律地位问题。司法社会工作是社会力量的重要体现，他们具有专业性，可以更好地对罪错少年进行帮教与辅导。我国已经在少年矫正领域引入司法社会工作者服务，他们对预防累犯和减少犯罪发挥了重要作用。但是其法律地位一直没有在立法中得到体现，这成为阻碍司法社会工作进一步发展的瓶颈。我国应该学习意大利少年司法，将司法社会工作明确纳入少年司法体系，并对其角色和功能进行具体规定。最后提出我国少年司法在禁用死刑和无期徒刑的同时，要慎用监禁刑，多用分流渠道和社会化处遇。与意大利相比，我国的监禁刑适用率较高，专门针对未成年人的刑罚体系和替代措施匮乏。为了解决这一问题，我国需要建立完整、可行的少年刑罚措施系统，借鉴意大利和其他西方国家的经验，在少年司法程序中创设暂缓判决等分流措施，建立少年司法宽免制度，并完善多元化的社会处遇体系。在替代刑的设置上，可以增设"弹性刑罚"、"半自由刑"、"社区服务"等社会化观护措施，避免少年被投入刑事司法体系。同时，政府应该扶持更多的司法社会工作机构，加强社会参与的专业化程度，激发社会参与的热情，探索社区化、家庭化治疗的新途径，形成家庭、学校、社区、机构的多元化网络。

在最后的结语中，笔者试从国家与社会关系的高度来深刻探索少年司法社会化的理论基础。在少年司法领域，尚未从国家司法与多元化司法理论的角度进行探析。法律是国家意志的体现，公检法等司法机关是国家权力的象征，而公权力部门的权力有边界，权力功能有限。所以犯罪问题，尤其是未成年人犯罪问题的解决不能单靠国家力量，而需要社会的广泛参与。社会本身有冲动、有资源介入预防与打击未成年人犯罪的问题，从欧洲等国家社会机构的介入可以窥见其效果，而我们的国家（政府）力量在一定程度上抑制了社会介入的积极性，但这只是问题的表象，问题的深刻根源是国家与社会关系的割裂。国家与社会各自的角色不同，如果无更好的法律制度及其规定，两者的功能都是有限的，都不能最大限度地发挥作用。中国由传统社会进入现代社会的过程中，司法的打压与严惩并没有带来少年犯罪率的明显下降，因此需要将传统的司法系统与社会部门整合起来，形成新的社会管理模式。让刑法制度能更好地发挥作用，这显然需要重构国家与社会的关系。国家通过立法授权社会组织，介入司法制度实践，重新建构起整合关系，实现国家与社会的跨界与跨部门合作，在少年司法领域发挥司法社会化的优势。

总之，意大利少年司法坚持对未成年人的保护、教育与社会化理念。在宽宥的价值观下，意大利"拒绝刑罚"的少年司法文化盛行。教育是最终目的。意大利未成年人刑事诉讼改革强调教育，在少年司法体系内的任何阶段、任何措施都为了实现教育目标。在程序上采取特别措施，少年司法不同于成年人刑事司法，很多程序针对未成年人的特点和需要而专门设计，并且体系内的工作人员需要为此进行特别而有效的准备。同时，强调多主体介入。少年法官、少年检察官和司法社会工作者是诉讼各阶段的重要角色，他们之间的配合是法律要求的，此外他们还要与家庭、学校、社区等联系，全方位帮助少年回归社会。司法与社会在保护少年健康成长的目标下形成了良性合作与互动，这一体系成功地走出了一条司法与社会协同合作、多部门广泛参与的司法社会化之路，有效调动了社会参与的热情，避免了司法力量失灵，降低了未成年人犯罪率。

最后，对本研究中一些概念进行解释。在文中，少年与未成年人是同义语，与成年人对应。在意大利语语境中，有几个同源的词 minore、minorenne 对应于我国的未成年人（或少年），形容词 minorile 为未成年的、少年的（比如学者 Alfredo Carlo Moro 的《少年权利手册》——*Manuale di Diritto Minorile*；少年司法 la giustizia minorile；未成年人犯罪 delinquenza minorile）。罪错少年（Juvenile Delinquent）是指少年实施的触犯成人社会规则，具有一定社会破坏性与家庭影响性的行为。通常分为少年犯罪行为（触犯刑法）与身份罪错行为（如逃课、离家出走、夜不归宿等）。罪错少年是少年司法管控的主要对象，其行为是少年法院管辖的案件受理范围。

第一章

少年司法制度的理论基础与历史变迁

意大利是刑法和犯罪学思想丰富的国度，少年司法制度从孕育、产生到发展的各个阶段都受到浓厚的法律文化影响。不同学派的理论观点与实践主张在经历了一番斗争、反思与沉淀之后，潜移默化地渗透少年司法领域，为罪错少年处遇带来变革。

在孕育阶段，少年司法受到古典犯罪学学派思想的启迪，其中以"现代刑法学之父"、"犯罪学之父"贝卡里亚为代表，他主张废除死刑，倡导宽和司法，于是人们开始对罪错少年的传统处罚方式进行反思。随后发展起来的实证主义犯罪学派——以龙布罗梭、加罗法洛和菲利为代表——将心理学、人类学和社会学引入对罪犯的分析中，拓展了犯罪学的视阈。在理论上，实证主义犯罪学派主张摆脱将罪错单纯归咎于少年本性的传统思路，转而从社会环境中寻找少年迷失的路径。在实践上，实证主义犯罪学派代表人物之一的菲利积极倡导少年司法独立。

20世纪初，世界各国尤其是欧洲各国少年司法的思想也迅速发展，并在实践上纷纷成立了少年法庭或少年法院。正是在实证主义犯罪学派和世界范围内少年司法发展潮流的双重影响下，意大利于1934年颁布了第一部《少年法》。这标志着少年司法从刑事司法中独立出来，少年司法制度正式建立。实证主义思想与司法社会化理念在这部法律中得到全面体现，并在之后不断通过相关法律得到巩固与重申。

自20世纪80年代开始，恢复性司法开始在欧洲盛行。受其影响，意大利少年司法制度进一步向非犯罪化、非诉讼化、非刑罚化和社会化处遇的方向发展。1988年，在国内颁布新《刑事诉讼法》的背景下，意大利出台了《少年刑事诉讼法》。这部法律完善了罪错少年的司法诉讼程序，重申了对少年保护与教育的理念，同时也完善了司法与社会合作的路径。本章以Edwin M. Lemert在1986年《法律与社会评论》上发表的文章《意大利模式的少年司法》（*Juvenile Justice Italian Style*）、Henry W. McGee, Jr. 与 John Adamo 在1981年《美国比较法杂志》（*The American Journal of Comparative Law*）上发表的文章《意大利和欧洲的少年法庭管辖权》（*Juvenile Court Jurisdiction in Italy and Europe*）、David Nelken 在2006年《少年司法》（*Youth Justice*）上发表的《意大利少年司法：容忍、仁慈还是放任？》（*Italian Juvenile Justice: Tolerance, Leniency or Indulgence?*）等几篇文章及相关意大利原文文献的翻译和整理基础上，梳理出意大利少年司法制度的发展脉络。

第一节 前少年司法时代

少年曾经是被漠视的群体。从人类出现到现代文明的漫长时间里，少年儿童并没有一直受到特别照顾，反而常常是被忽视与随意处置的群体，直至17世纪晚期还存在着对杀婴的宽容①。直到两三百年前，人们才开始把少年阶段看成人类身心发展的特殊时代，并将其与成年人区分对待。而将罪错少年的刑罚从成年人刑罚中分离出来也只是最近 100 多年才开始出现的现象。社会也开始将罪错少年与成年犯罪嫌疑人或罪犯区别对待，并建立多种制度、提供各种条件促进其尽快重新融入社会，或称为再社会化。

一 从古罗马到中世纪的少年刑罚

在传统的古罗马法学中，犯罪被认为是个人对国家和社会的加害行为，是由个人的堕落和社会的不公所造成的。这一时期，尚未形成现代意义上的区别于成年人的未成年人观念，人们没有意识到他们在生理、心理发育上尚未成熟，而是将他们与成年人独立个体等同看待。同时，少年违法与犯罪只是零星的个别现象而已，不是一个严重的社会问题——尽管他们的越轨行为引起了大人们的不安——因而对其处罚没有必要单独制定特殊的法律规则和司法程序，所以对少年作为犯罪侵害人的处罚并无特别之处。比如《十二表法》中明确规定儿童及少年与成人的刑罚是一样的，按照成人的标准入罪。②

《罗马法》③ 作为古代最完备的法律，在可归罪性概念下对

---

① [法] 菲利普·阿利埃斯：《儿童的世纪》，沈坚、朱晓罕译，北京大学出版社 2013 年版，第 10 页。

② Valerio Pocar, Paola Ronfani, *Il Giudice e i Diritti dei Minori*, Editori Laterza, 2004, p. 53.

③ 《罗马法》作为古代法律的宝贵遗产，对很多国家都产生了巨大的影响。德国著名法学家耶林（Rodolf von Ihering，1818—1892）在他所著《罗马法精神》一书中说："罗马帝国曾三次征服世界，第一次以武力，第二次以宗教（指基督教），第三次以法律。武力因罗马国的灭亡而消失，宗教随着人民思想觉悟的提高、科学的发展而缩小了影响，唯有法律征服世界是最为持久的征服。"参见周枏《罗马法原论》，商务印书馆 2009 年版，第 12—13 页。

少年的刑事责任进行了规定，初步形成了以年龄为标准来确定可归罪性的方法。《罗马法》将未成年人的年龄划分为三个阶段：7岁以下的幼儿，完全无行为能力，有家长或监护人代为取得权利、负担义务，这一阶段他们无刑事责任能力（不可归罪），一切非法行为不受刑事惩罚；7—14岁是限制刑事责任能力（相对可归罪）阶段，需要推定其是否具有辨别能力，只有确定其具有辨别能力时才能定罪；14岁以上是完全刑事责任能力（完全可归罪）阶段，这个阶段的少年要与成年人一样对自己的社会危害行为承担刑事责任。现代意大利刑法继承了《罗马法》中不可归罪、相对可归罪以及完全可归罪的概念，但是在具体年龄划分标准上古罗马时期却比现代刑法小得多。究其原因，是古罗马时期人们的平均寿命较短，当时男人平均大约能活到25岁，而女人比男人的寿命更要短一些。[1]

罗马法之集大成的《优士丁尼法典》确立了"儿童不可预谋犯罪"的原则，这一原则将犯罪与儿童分离开来，认为没有天生的坏孩子，也没有不可挽救的儿童。这一观点成为现代少年司法从刑事司法中独立出来并对其加强教育、保护功能的基础理论。

但是这一时期儿童作为犯罪的被害人却是极为常见的。在儿童研究学者德·莫斯的笔下，儿童的历史就是一部苦难史。他的一个著名说法："儿童的历史是一场噩梦，我们只是刚刚开始从噩梦中醒来。越是追溯历史，越是能发现儿童受到的关爱少，越是能发现儿童可能遭到虐杀、毒打、恐吓，甚至受到

---

[1] [法]让-皮埃尔·内罗杜：《古罗马的儿童》，张鸿、向征译，广西师范大学出版社2005年版，第25页。

性虐待。"① 这一论断可以从古罗马对待儿童的态度中窥见一斑。古罗马时期对待儿童的态度是极为残忍的,特别是对残疾儿童,杀害婴儿是不成文的习俗,因为古罗马人认为出生的畸形儿对国家而言是不祥之兆。《十二表法》第 4 表就明确规定:"对畸形怪状的婴儿,应即杀之。"② 孟德斯鸠在《论法的精神》中也对此进行了阐述:"如果婴儿是畸形或者肢体残疾,须经最近的五位邻人验证后,可将其遗弃。"③ 而到了罗马后期,父亲甚至可以任意杀害、遗弃婴儿。

到了中世纪时期,意大利的西西里(Sicilia)开始出现针对未成年人的刑事立法。1231 年,那不勒斯和西西里国王费德里克二世(Fedrico II)下令:平等对待因精神失常而杀人的少年犯,在审判前要评估他的认识和理解能力,并建立对精神障碍少年的刑事豁免权。随后,西西里宪法对 18 岁以下的少年禁用死刑,并减少未成年罪犯的刑罚。在两西西里时代④(Cambria 和 Sicily),9—14 岁的少年犯与成年人分开处罚,不与成年人关押在同一监狱里,而是在独立的少年矫正机构(house of correction)中进行康复;将 14—18 岁的少年放在部队(Garrison)中进行军事化训练;只有 16 岁以上弑父母者方

---

① De Mause, T*he evolution of Childhood*, *the History of Childhood*, Psychohistory Press, New York, 1974, p. 1.
② 周枏:《罗马法原论》,商务印书馆 2009 年版,第 1009 页。
③ [法]孟德斯鸠:《论法的精神》(下),孙立坚、孙丕强、樊瑞庆译,陕西人民出版社 2001 年版,第 505 页。
④ 两西西里即为西西里和那不勒斯两部分。两西西里的名称起源于 1282 年西西里王国的分裂,岛屿部分脱离那不勒斯的统治,并接受阿拉贡王朝统治。两个王国直至 1735 年波旁王朝的查理统一前是由不同的统治者统治,在 1815 年维也纳会议前也未曾在法律意义上得到统一。1816 年至 1848 年间,西西里岛经历至少 3 次大型反波旁王室统治的革命,包括 1848 年的独立革命,整个西西里岛脱离波旁王室近 16 个月。1861 年意大利统一时回归意大利。

可判处死。① 在1635年规定了对10岁以下儿童的不可归罪性和15岁以下儿童的不同处理方法,对15—18岁未成年人处成年人标准三分之一的刑罚。

这时意大利开始有了对少年施以不同刑罚之观念的产生,并且开始将少年与成年人分开处罚。但是此时,较为系统的针对罪错少年的犯罪学和刑法学理论没有出现,减轻少年刑罚更多的是出于宗教的仁慈宽宥理念。

二 古典主义学派

18世纪到20世纪初,意大利对罪错、流浪等失控儿童和少年的政策主要受古典犯罪学派影响。启蒙运动前,意大利是政教合一的体制,教会通过庇护权正式取得了对世俗社会的控制地位,宣扬人类的拯救只有通过上帝才能实现。古罗马帝国时期天主教思想家奥古斯丁②强调,即便是刚刚呱呱落地的婴儿,亦难逃"原罪"的罪责,在天主教的教义中,每个人从出生的那一刻就已经继承了始祖堕落的本性,各种欲望将超出理性,当他达到一定年龄时,就会犯"本罪"(天主教称人们自己犯的罪为"本罪"),所以人的犯罪并不是受外力所迫而不得不造成的过失,而是人类本性使然。基督教使世俗罗马社会的"罪"变成了宗教世界的"罪孽"。可见,教会通过"原罪"的引入,获得了对世俗社会的精神控制,并据此实现对世俗社会的控制。在这样的理念下,"教会控制了许多世俗法

---

① Edwin M. Lemert, "Juvenile Justice Italian Style", *Law and Society Review*, Vol. 20, 1986, p. 512.

② 奥古斯丁(354—430),欧洲中世纪基督教神学、教父哲学的重要代表人物。在罗马天主教系统,他被封为圣人和圣师,并且是奥斯定会的发起人。对于新教教会,特别是加尔文主义,他的理论是宗教改革的救赎和恩典思想的源头。

庭，可以通过这些法庭的官员并采取世俗方式开展司法活动，教会控制下的世俗司法官员当然要尊重教会的原则和刑法"[①]。

而古典学派的代表人物贝卡里亚（Cesare Beccaria，1738—1794）剥去了"犯罪"这一社会现象长期以来被教会披上的神秘外衣，系统地论述了犯罪与刑罚的原则，并倡导了刑罚自由化的著名改革。他于1764年发表了《论犯罪与刑罚》一书，这是人类历史上第一部专门系统论述犯罪与刑罚问题的著作，它的出版标志着现代意义上的犯罪古典学派的形成。[②] 他提出了"刑罚宽和"的思想，指出："刑罚的目的既不是要摧残折磨一个感知者，也不是要消灭业已犯下的罪行"[③]。他进而提出了罪刑法定原则、罪刑相适应原则和刑罚人道原则，成为现代刑法不可撼动的奠基理念。

启蒙运动及其古典学派并没有从罪错少年的角度进行系统、深入且专门的理论探讨，他们对于少年司法的贡献在于少年保护灵感的部分表达，仅仅涉及少年可归罪性及他的认识和理解能力。但是贝卡里亚对刑罚的理性尊重却必然地扩展到了少年刑罚。

这一时期的意大利，报应理论依然是指导刑事司法体系的主导理念，没有形成对罪错少年的单独法律控制，也不可能形成现代意义上的少年司法机制。

三 第一个少年矫正机构

在16世纪和17世纪，人们开始认识到了少年和成年人相

[①] 黄风：《贝卡里亚及其刑法思想》，中国政法大学出版社1987年版，第9页。
[②] 吴宗宪：《西方犯罪学》，法律出版社1999年版，第35页。
[③] [意] 贝卡里亚：《论犯罪与刑罚》，黄风译，中国大百科全书出版社1993年版，第42页。

比有不同特点，不加区分的制裁是不公平的，于是开始尝试管理贫困、流浪儿童和其他被认为会对公共安全带来危险的少年，鼓励将儿童从成年人惩教机构中分离出来。这时，政府开始将少年乞丐拘禁在纪律严明和强制性劳动的机构中，对他们进行强制性教育和劳动。

  第一个少年司法机构是古典学派思想的表达。意大利有最早记录的少年矫正机构诞生于促进人文主义的先锋之城——佛罗伦萨[①]。这一机构名为"矫正之家（Casa di correzione）"，由伊波利托·弗兰奇尼（Ippolito Francini）在1650年创立[②]。他们通过学校教育的方式帮助弃儿和无家可归的儿童，最早尝试将少儿从成人机构中分离出来。当时意大利和欧洲很多国家一样走上了资本主义道路，生产形式焕然一新，伴随着社会关系快速和剧烈的变革，弃儿和流浪儿童不断增长，这一机构的首要目标就是帮助这些孩子。1653年，在菲利浦·弗朗奇神父（Filippo Franci）的努力下，圣菲利普奈丽机构建立，接纳16岁以下露宿街头的少儿，为他们提供新衣服，培育他们，提供医疗设施，并帮助他们寻找工作。[③] 在建筑结构上，这个机构建立了独立居住的格子房间，给流离失所的少年提供稳定的住宿，遏制了他们向更糟糕方面坠落的可能性。圣菲利普奈丽机构也收治那些在家庭中反叛父亲权威的孩子，因为在父权时代下，当父亲不能以其他方式获得孩子的顺从时，有权利将

---

  ① ［瑞士］雅各布·布克哈特：《意大利文艺复兴时期的文化》，何新译，商务印书馆1979年版2013年重印，第235—241页。
  ② La nascita e L'evoluzione Della Giustizia Minorile, http://www.altrodiritto.unifi.it/ricerche/minori/rugi/cap1.htm.
  ③ Vanna. Nuti, *Discoli e derelitti: L'infanzia povera dopo l'unità*, La Nuova Italia, Firenze, 1992, p.99.

自己的孩子送进矫正机构。但只有当他们意识到将孩子送进矫正机构不会有损于自己和家庭的名声时，同时又可以使孩子真诚悔过的前提下，才会谨慎使用这一权利。在 1703 年，当时的教宗克雷芒十一世（Clement XI）按照教宗自动诏书（motu proprio①），在罗马的圣米开莱（San Michele）医院附近修建了矫正之家收治迷失少年②，这一机构与佛罗伦萨的机构相似，要求所有受到刑法处罚而有可能被投入监狱的未成年人要在这一矫正院中执行，它在立法和机构层面规定了对未成年人的不同处理方法，这一点从它的名字就可以看出，矫正之家（casa di correzione）是以教育和预防为宗旨的。可见最初的少年机构都具有慈善性质。

18 世纪中期，随着世界范围内社会学和心理学不断成熟，人们意识到少年期是人生中的特殊阶段，有很多不同于成人的特点，这为少年矫正机构奠定了理论基础。18 世纪后半叶，意大利在不同地区分别建立了类似矫正之家的机构，比如 1759 年米兰矫正之家③。1786 年，在巴勒莫（Palermo）也建立了针对妇女和儿童的矫正机构。同一时期，在拿波里（Napoli）建立了少年特别监狱。几年后，都灵的"La Generale"

---

① 这是由教宗亲自起草并颁布的文件。第一部由教宗英诺森八世（Pope Innocent VIII）在 1484 年颁布，然后成为自动诏书的传统，特别是在建立为了使少年改变的法律和程序，以及对机构人士给予好处时应用。完整的 motu proprio 文本规定在 1934 年《教养院权利杂志》（*Rivista di Diritto Penitenziario*，1934，p. 786，nota I）上。

② Edwin M. Lemert, "Juvenile Justice Italian Style", *Law and Society Review*, Vol. 20, 1986, p. 512.

③ La nascita e L'evoluzione Della Giustizia Minorile, http://www.altrodiritto.unifi.it/ricerche/minori/rugi/cap1.htm.

少年教养院因其严格的监禁方法而闻名于世。[1]

由此可见,类似矫正之家的机构在意大利成为少年司法实践的先驱。在没有建立少年司法制度的情况下,罪错少年、流浪少年等失控人群被作为妨碍社会稳定的因素通过少年机构进行矫正。古典学派主张制裁适用于所有罪行的经典理论深刻影响着少年机构。这一时期,尽管考虑到了少年的身心特殊性,对他们进行单独管理,降低了少年犯罪的可能性,但是在机构发展前期,更多是出于家长式权威和国家强制性,没有重视少年的个性,体现了启蒙运动倡导的统一理想。

第二节 少年司法的初创时代

1861年意大利统一后,以原撒丁王国宪法为基础制定了统一宪法,确立了君主立宪的政治体制。在经济上,当时的意大利是一个传统、陈旧和以农业为主的国家,工业化进程刚刚起步,工业收入在整个国民收入中的比例微乎其微:工业生产总值仅占20.3%,而农业却占57.8%。[2] 意大利的国力远不如欧洲的邻居们,统一时意大利的国民收入还不到法国的1/3,仅为英国的1/4。[3]

但是意大利的人文主义却兴盛繁荣,在罪错少年处遇上又有新的发展。第一,实务机构的发展。1877年建立了新的机构替代监狱,开展个性化的矫正。第二,少年立法的努力。在

---

[1] La nascita e L'evoluzione Della Giustizia Minorile, http://www.altrodiritto.unifi.it/ricerche/minori/rugi/cap1.htm.

[2] [意]瓦莱里奥·卡斯特罗诺沃:《意大利经济史——从统一到今天》,沈珩译,商务印书馆2000年版,第4页。

[3] 同上。

1889 年《扎那尔德利法典》(Codice Zanardelli)① 颁布之前，意大利曾多次试图统一少年法。《扎那尔德利法典》尽管带有明显的古典学派痕迹，但是实证主义已经在少年儿童文化领域无处不在。在《扎那尔德利法典》颁布的同一年，美国诞生了世界上第一个少年法庭。这时意大利少年司法的发展不仅受到国内刑罚改革思潮的影响，同时也受到了国际少年司法独立运动的冲击。在国内外因素的混合作用下，终于在 1934 年诞生了意大利第一部《少年法》以及第一个少年法院。

一　实证主义与罪错少年

在 19 世纪上半叶，犯罪研究主题受到实证主义学派的影响。实证主义的理念，最初由龙布罗梭（Cesare Lombroso，1835—1909）和加罗法洛（Raffaele Garafalo，1851—1934）提出，后来由菲利（Enrico Ferri，1856—1929）和他的追随者传播，一时成为强有力的社会思潮。

与抽象的古典学派法律建构相比，实证主义学派不仅考量个体行为，而且更多地综合权衡卷入犯罪活动中的个人。与古典学派相比，实证主义学派更多地运用社会学方法，而不仅是法律方法。同时，它超越了古典主义学派的惩罚报复性理念，认为刑罚制裁不仅是恢复被犯罪打破的社会平衡方法，而且是一种社会防御，应该成为减少犯罪的一部分。

龙布罗梭认为个体犯罪来源于其他学科，倡导犯罪人类学和个人主义研究，极大地影响了刑法发展。在治疗犯罪方面，龙布罗梭认为，应该对未成年人犯罪采取特殊对待方式。刑罚

---

① 意大利历史上的一部刑法典，因当时司法部长扎那尔德利主持编写而得名。

应该针对不同的犯罪情况而有所差异,对于激情犯罪人、倾向犯罪人、生来犯罪人和习惯性犯罪人的刑罚和对待措施应该有所区别,这样才能取得最好的效果。① 这在一定程度上为后来少年罪错人员的刑罚个性化治疗提供了理论基础。

加罗法洛的犯罪学以心理学为基础,提出了"自然犯罪"理论。并在此基础上对犯罪人的特征与分类进行了全新的论述。他另一个功绩是提出了"社会防卫"理论,认为刑罚的主要目的就是阻止犯罪人重新犯罪,从而保卫社会。② 这一理论为看待少年罪错人员提供了新视角。

菲利的犯罪社会学思想对少年司法的影响最大,他的理念至今影响少年司法。第一,他提出犯罪原因的三元论,将龙布罗梭强调的人类学因素扩大到自然和社会方面,为少年犯罪原因的研究打开了思路;第二,他提出了以社会责任为基础的刑事责任理论,抛弃了刑法中的意志学说和道德责任观点,认为刑罚是保卫社会、保卫国家的需要,为现代少年司法中的"双保护"(保护国家和保护少年)思想奠定了基础;第三,他建构了犯罪的预防学说,认识到刑罚措施对抑制犯罪的作用有限,进而提出开放经济、扩大就业和加强社会保障的建议;提出用教育提高行政工作水平的方式来减少犯罪。这一思想成为意大利现代少年司法的重要理念。

在具体措施上,他反对少年监禁。他认为"从把对流浪儿的生理和心理治疗作为最有效的刑罚替代措施着手,到推进对未成年犯的具有改造作用的限制性刑事判决,已经具有了一套呼唤全面改革的完整制度。依照这种制度,永远不能

---

① 何勤华主编:《意大利法律发达史》,法律出版社2006年版,第309页。
② 同上书,第311页。

对未成年人实行监禁。所以,我们必须废除所谓的教养所。如果不考虑由于乞讨、流浪和其他罪行而被送进教养院的少年对温情的矫正所产生的可笑的和危险的骚乱,那么教养所不能产生任何有益的作用,因为在成群地挤在一起的这类少年中会比在青年犯中更容易产生骚乱和腐蚀"[1]。他主张少年矫正机构应该遵循夜间独居、白天在户外劳动和尽可能不拥挤的原则,认为应该将少年分别寄养在诚实的农民家庭,或者与成年纪律不同的农业流放地。同时他提倡运用刑罚的替代措施。他认为"在犯罪领域,因为经验使我们确信几乎完全失去了威慑作用,所以为了社会防卫的目的,我们必须求助于最有效的替代手段"[2]。这些建议成为现代少年刑罚体系的重要思想源泉。

他不但发展了实证主义犯罪学理论,而且亲自参加实践活动,对社会及法律制度进行改革,试图将自己的理论用于实践,对意大利少年司法制度以及少年法院的建立起到了重大影响。[3] 实证主义方法终于在1930年意大利刑法典中得到认可,这部刑法至今仍在使用。

二 《扎那尔德利法典》

《扎那尔德利法典》于19世纪末因由意大利司法部部长朱赛贝·扎那尔德利(Giuseppe Zanardelli,1826—1903)主持而得名,这部法律1889年颁布,第二年开始实施,至法西

---

[1] [意]恩里科·菲利:《犯罪社会学》,郭建安译,中国人民公安大学出版社2004年版,第320页。

[2] 同上书,第193页。

[3] Edwin M. Lemert, "Juvenile Justice Italian Style", *Law and Society Review*, Vol. 20, 1986, p. 518.

斯统治的 1930 年失效。这部刑法典因为先进的理念得到了世界关注，成为许多国家效仿的典范。

在这部法典之前，《撒丁岛法典》（*Codice Sardo*）第 88 条规定，14 岁以下的少年，由于没有辨别能力，因此由法官自由裁量，可以交给父母或者收治在公共劳动机构。① 《托斯卡纳刑法典》（*Codice Penale Toscano*）规定 12 岁以下少年不具有可归罪性（第 36 条）。② 《扎那尔德利法典》对此则有不同规定：少年可归罪性的年龄为 9 岁，基本上是在儿童时期（第 53 条）；9—14 岁的少年只有在明确表达义务且法官已经查明他的辨别理解能力的前提下才具有可归罪性（第 54 条）；14—18 岁具有可归罪性（第 55 条）。任何时候当未成年人被认为是具有可归罪性的，应当减轻处罚，并对 21 岁以下的应用同一方案。对 9 岁以下儿童，民事法庭的庭长在检察官要求下，可以将少年关在教育矫正机构，或者委托家庭行使责任。同样的措施可以对 9—14 岁不需要承担刑事责任的未成年人实施。③ 但是这些个性化的立法标准，却从来没有一个专门的特殊司法机构依照执行，从而使未成年人与成人的处罚实际上并没有差异。

在少年触犯法律时具有分辨和理解力的原则，以是否具有可归罪性为基础，而实证主义却将注意力集中在个性化惩罚的必要性之上，通过建立个人考察的刑罚体系，而不是以犯罪本身为依据。

---

① La nascita e L'evoluzione Della Giustizia Minorile, http://www.altrodiritto. unifi. it/ricerche/minori/rugi/cap1. htm.

② *Codice penale toscano*, Cammelli, Firenze 1875.

③ La nascita e L'evoluzione Della Giustizia Minorile, http://www.altrodiritto. unifi. it/ricerche/minori/rugi/cap1. htm.

《扎那尔德利法典》体现的进步思想：（1）废除死刑。扎那尔德利曾认为，法律通过实施杀害的行为以对杀人者进行报复是荒谬的。（2）废除肉刑。它认为肉刑制度是对人尊严的贬损，毫无效果并使人消沉。该法典在废除死刑的同时，还规定取代短期监禁刑的措施，如训诫、软禁、参加公益劳动，该法典还采用了假释制度。① 《扎那尔德利法典》面世后即受到了各国关注，并为法学界所赞扬，当时英国的《法学季评》杂志（Law Quarterly Review）在1889年7月称赞道："意大利人应当为其拥有一部无论是技术或道德基点在当时首屈一指的刑法典而庆贺。"②

但是《扎那尔德利法典》并没有涉及流浪儿、闲散儿和沿街乞讨的孩子，新的《公共安全法》第113—116条对此做出了回应。③ 特别规定：18岁以下没有父母、祖父母和监护人的未成年人，可以在法官要求下，住到能够接受他们的诚实家庭中或教育矫正机构，直到他们受到一定程度教育，掌握一项生活技能或手艺为止，但不超过最大年龄的限制（第114条）。第116条将适用范围扩大至习惯性乞讨或卖淫者。④

此时涉及管控少年的法律包括：违法少年或者少年犯

---

① 何勤华、李秀清主编：《意大利法律发达史》，法律出版社2006年版，第303页。

② Harry Gibbs, "The Queensland Criminal Code: From Italy to Zanzibar Address at Opening of Exhibition", www.courts.qld.gov.au/library/exhibition/crimcode/20020719_harry%20Gibbs.pdf. 转引自何勤华、李秀清主编《意大利法律发达史》，法律出版社2006年版，第303页。

③ Legge sulla pubblica sicurezza del 30 giugno 1889, Regi Decreti 8 novembre 1889, 19 novembre 1889, 12 gennaio 1890, ed. Pietrocola, Napoli 1908.

④ La nascita e L'evoluzione Della Giustizia Minorile, http://www.altrodiritto.unifi.it/ricerche/minori/rugi/cap1.htm.

(minorenni delinquenti o autori personali di delitti)(《刑法典》第53、54和55条),堕落少年(minorenni corrotti e diffamati)(《公共安全法》第114条),懒散少年、乞丐和流浪儿(minorenni oziosi, mendicanti o vagabondi)(《公共安全法》第116条),离家和反叛父亲权威的少年(minorenni allontanati dalla casa paterna o ribelli all'autorità paterna)(《民法典》第221和222条)。① 将少年按照类别详细划分,增加了在新类型的未成年人机构中康复的可能性。然而机构制度化的不同措施在实践中并没有执行。

1891年,有关监狱的规章制度,监狱也称为"少年教养院",这样叫是根据新的官方命名,特别是根据司法分类上的年龄划分。18岁以下的少年矫正之家应用《刑法典》第54和55条;9岁以下的少年矫正机构收治被判处有期徒刑或者至少1年拘留的未成年人(刑法第53条)和9—14岁触犯刑法但是没有分辨能力者(第54条);惩戒教育机构的对象是18岁以上无所事事的流浪、乞讨和卖淫者(《公共安全法》第113、114和116条);最后按照《民法典》第221和222条建立针对未成年人的矫正机构。

这种方式正式将少年罪犯和矫正机构分离。事实上,直到统一之前,意大利一直在使用政府主办的和私人主办的两种少年矫正机构,大多数情况下是私人教养院,他们往往与政府签订了特别行政目的协定。

1904年,政府教养院规定了一项新措施:更换拘留机构

---

① La nascita e L'evoluzione Della Giustizia Minorile, http://www.altrodiritto. unifi.it/ricerche/minori/rugi/cap1.htm.

的警卫,招聘小学教师进行替代。① 从这一人事变动可见,政府努力减少原来少年司法体系中强硬与严肃的形象,而以教育职能和温和的角色进行替代;不再采用完全遏制和镇压的手段解决少年犯罪问题,而是重视他们的康复与回归社会。同时,还从医学角度在生理和心理上观察未成年人的特点,组织建立在宗教教义和纪律上的少年惩教院,保证机构的个性化治疗。

三 《洛克法典》

第一次世界大战结束后,意大利的经济陷入困境,而受伤害最深的是处于社会底层的劳动人民。1919年,群众纷纷走上街头举行抗议示威,社会冲突愈加激烈。代表资产阶级利益的右派主张建立强势政府,墨索里尼(Benito Mussolini)借机于1919年成立了"战斗的法西斯"(Fasci di combattimento)。② 1922年,墨索里尼上台后,在君主立宪形式下实行法西斯专制。

1925年,意大利的立法委员会被任命起草新刑法草案。此时,墨索里尼已经执政。1930年10月19日,意大利刑法典以第1398号国王令的形式颁布,并于1931年7月1日起实施。③ 因为制定该法典的委员会主席是洛克(Alfredo Rocco, 1875—1935),故这部刑法典又被称为《洛克法典》。

《洛克法典》代表了当时古典学派和实证学派之间的妥协

---

① La nascita e L'evoluzione Della Giustizia Minorile, http://www.altrodiritto.unifi.it/ricerche/minori/rugi/cap1.htm.
② 王军、王苏娜:《意大利文化简史》,外语教学与研究出版社2010年版,第370—371页。
③ 何勤华、李秀清主编:《意大利法律发达史》,法律出版社2006年版,第305页。

性平衡。事实上，这一法典接受实证主义强调的区别不同主体的观念，强调个性化标准，注重社会防御的理念，通过一系列安全措施将危险人物进行无害化处理。

法典的第 97 条将可归罪性的年龄由原来的 9 岁提高到 14 岁，这意味着 14 岁以下的儿童免于受到刑事处罚[①]，并且将可归罪性的上限由 21 岁调整为 18 岁，推定 18 岁以后的少年具有认识和理解能力（第 98 条）。从刑罚执行的角度，认为对于未成年人应该减轻刑罚，而且他们应该与成年人分开执行，刑罚期间不是为了劳动，而应该进行教育，特别是再教育（第 142 条）。第 176 条的假释是拘留的替代刑罚，假释的必要前提是在拘留期间确有悔改之意，且无不良行为。特别是这部法典第 169 条引入了"司法宽免"（perdono giustiziale）制度，对罪行轻微的少年通过司法赦免将之排除在刑罚体系之外。

与此同时，意大利少年矫正机构在多种因素的共同推动下不断发展，立法者、私人机构等都愿意承担照顾儿童的责任。直到 20 世纪 50 年代，大约有 10% 的意大利儿童在机构中度过他们的 16—18 岁时光。1912 年后，政府对公立和私人机构的监管更加有力。当时公立与私立两种机构差异显著。私人机构中工作人员少，工作人员与少年犯的比例只是政府机构的一半，少年逃跑的更多，累犯者多。[②] 在 1900—1915 年，机构的数量激增。机构管理暴露出了很多问题，表现在机构人员缺少培训，薪水不高。整个保护儿童的机构极度不稳定，法院分

[①] Charles O'Reilly, Italian Juvenile Delinquency Legislation, *The American Catholic Sociological Review*, Vol. 12, 1951.

[②] Edwin M. Lemert, "Juvenile Justice Italian Style", *Law and Society Review*, Vol. 20, 1986, p. 516.

配案例非常困难。很多攻击者认为女子宗教机构没能有效地培养学员的生活理念。① 因而出现了改进现有机构的运动。

四 第一个少年法院的建立

在意大利,第一个少年法院根据1934年《少年法》(第1404号皇家法令 Regio Decreto n. 1404)建立。在这之前的1859年刑法中有一些对少年的特殊处理方法,规定了21岁以上的成年人负完全刑事责任,14—21岁的少年犯享有减刑的权利,而对14岁以下的未成年人即使有罪,也应该被谨慎地放在拘留所或者公共劳动场所,而这些场所也收容少年乞丐、流浪儿和16岁以下的未成年人。

(一)社会背景

1. 国内外环境。在国内,法西斯主义势力抬头,墨索里尼取得了统治地位,并在意大利进行了长达20年的统治。法西斯将未成年人视为他们的未来,致力于用法西斯的教义培养出为法西斯主义效力的一代青年。他们发展大众教育,减少文盲,比如法西斯独裁后的小学教育人数从300万人提高到450万人。但墨索里尼最关心的不是内部改革,而是对外的军事独裁和冒险,而这导致了意大利在第二次世界大战中的失败。② 同时,法西斯政府追求增加精力充沛、身体健康的年轻人以提高国家实力,这一思想催生了大量关注儿童和母亲健康状况的

---

① Edwin M. Lemert, "Juvenile Justice Italian Style", *Law and Society Review*, Vol. 20, 1986, p. 517.

② Henry W. McGee, Jr. and John Adamo, Juvenile Court Jurisdiction in Italy and Europe, *The American Journal of Comparative Law*, Vol. 29, 1981, p. 139.

项目和以年龄划分的青年人娱乐项目,同时也强调纪律。[①] 法西斯制度在意大利社会建立了一套网络结构,使其无须通过教育体制,就可以保证新一代对于这种制度的忠诚。[②] 如果没有法西斯统治是否依然会建立少年法院,这一问题长期以来争议不休。是因为犯罪问题严峻,或者是其他原因,很难从已有材料中得到答案。遗弃、虐待、忽视儿童等问题在法西斯主义当权时大量增加,而且犯罪少年的数量在1931—1935年成倍增长,儿童困境与家庭问题备受关注。

在国际上,随着1899年拯救孩子运动,美国伊利诺伊州制定了世界上第一部《少年法庭法》,当年7月,伊利诺伊州芝加哥市设立了世界上第一个少年法庭。之后,少年法院随即在纽约和波士顿产生。在欧洲,19世纪末期诞生了少年法院。在1895年伯明翰诞生了欧洲第一个少年法院。1908年,苏格兰和爱尔兰颁布了《儿童法》,废除对未成年人的死刑,并建立了对16岁以下的未成年人禁止投入监狱的传统。类似的法律1910年在法国和1912年在比利时颁布,1913年法国巴黎召开了"国际少年法院研讨会",到了1921年荷兰也建立起了少年法院,德国在1923年的《少年法院法》要求下成立少年法院。

2. 国内犯罪率上升。少年犯罪问题加剧,引发社会对少年司法的关注,这一点上,意大利与英美国家是一致的。在意大利移民和城市化进程中,被遗弃的少年越来越多,他们流落街头,很多少年因此被黑社会等犯罪势力利用,走上犯罪道

[①] Edwin M. Lemert, "Juvenile Justice Italian Style", *Law and Society Review*, Vol. 20, 1986, p. 522.

[②] [意]古列尔莫·马利泽亚、卡罗·南尼:《意大利教育制度研究》,瞿姗姗等译,浙江大学出版社2012年版,第29页。

路，这迫使社会采用更加系统的方法对其进行管理。到了20世纪初，不断增长的少年犯罪给社会带来了巨大威胁。1908年1月3日，司法年报统计显示，包括意大利在内，很多西方国家的少年犯罪现象日益严重。按照龙布罗梭的观点：少年犯从1890年的30118人上升到1900年的67944人。现在文献所能找到的最早数据是1900年到1910年每年被判刑的少年犯有19573人，是历史最高峰。进入到政府矫正机构的少年从1890年的1115人上升到1900年的1733人。到1912年有9项政府改革涉及2066名少年犯，11个私人机构的2142名少年犯。[①]

与这个特殊的历史时期伴随的是"惩罚模式"的少年司法，对未成年犯罪人进行惩罚。当时认为，惩罚少年犯罪是司法公正不可分离的一部分，对少年违法犯罪的惩罚可以从源头上预防、减少少年犯罪，客观上对社会其他成员也有警示作用，但是上述措施未能缓解严重的少年犯罪问题，社会由关注无家可归、闲散、被遗弃、懒惰和淘气的少年，转变为对这一群体的戒备与告警，少年司法改革迫在眉睫。

3. 宗教影响。1900年后，意大利的天主教会对政治改革产生了兴趣，开始了"拯救孩子"行动（child-saving），个人和机构致力于对未成年人进行身心保护。但是这些社会活动不同于英美国家，意大利更加受到医学院和法学院教育家的影响。典型的例子是玛丽亚·蒙台梭利（Maria Montesorri，1870—1952）建立的学校，她是意大利著名的医学家和幼儿教育学家，1898年罗马天主教会任命她为医疗卫生教育机构的负责人。1907年她应邀在罗马的贫民窟建立实验学校，以

[①] Edwin M. Lemert, "Juvenile Justice Italian Style", *Law and Society Review*, Vol. 20, 1986, p. 514.

解决少年破坏公物的行为。①

1915年，司法部敦促将少年司法问题排到日程上，而以大主教为代表的教会力量对此发起了猛烈攻击，私人福利机构联合会也受到教会机构的危险干预。教会与国家之间的争权，是阻碍当时成立少年法庭的首要原因。同时，宗教也渗透社会生活及法律制定的各个方面。正如玛丽曼（Marryman）所说，宗教教义并不向法律产生影响，但是它充斥在法律过程之中，强烈的影响立法者和法官，力图使法律的宗教模式和他们的功能相符合。

4. 公众热议。随着学术领域通过报告、会议、研讨等形式不断地呼吁，公众越来越认识到应该对少年实行特别立法，以及建立少年法院制度。而由于历史原因，意大利南北的经济差异巨大：南方贫穷，北方富足②，不同的经济地位导致各阶层之间的激烈辩论，争议焦点集中在少年犯罪的原因和对待方式，以及建立少年法院的形式问题。

（二）立法努力

1908年，司法部部长奥尔兰多（Guardasigilli Orlando）颁布通告，在少年司法领域确立了一系列重要原则，比如法官专业化、审理过程不公开化，以及对少年进行个性调查。通告要求法院尽量用同一名法官处理未成年人案件，要研究少年犯的心理，不要采用恐吓手段，还呼吁法官在处理少年案件时，不

---

① Edwin M. Lemert, "Juvenile Justice Italian Style", *Law and Society Review*, Vol. 20, 1986, p. 515.

② 这一现象被意大利的社会学家称作"Mezzogiorno"现象（意大利语意为"中午"，隐含的意思是北部是阳光灿烂的白天，而南部则生活在黑暗的夜晚）和1880年的移民困境，意大利政府并没有马上承担起对移民的责任，几十年来一直将移民的福利留给私人机构或者教堂。Edwin M. Lemert, "Juvenile Justice Italian Style", *Law and Society Review*, Vol. 20, 1986, p. 515。

要局限于单纯的犯罪事实判断,要开展调查以了解未成年人的家庭状况、生活条件、性格以及可能导致犯罪的直接或者间接原因。

建立少年法和法院运动的高潮是1909年,以官方的夸尔塔(Quarta)报告为标志。[1] 皇家委员会由参议员夸尔塔领衔挂帅,调查少年犯罪的原因,以制订解决方案。委员会中有26个支持者,包括实证主义的代表人物菲利。委员会就未成年人的可归罪性、成熟情况、自由意志和刑事责任等多方面进行了大量讨论。在这一过程中,实证主义者借鉴了英国1908年《儿童法》,因为与实证主义的原则完全一致,包括少年犯的自由权、采取安全措施和刑罚代替措施等。夸尔塔报告建议,对16岁以下的少年犯由独任法官审理,不公开程序、不公开审理,对少年犯有多种处罚方式:警告、20天的住所拘留、家庭寄养、监视自由、福利机构的救济、少年管教所等。[2] 然而,尽管有上诉法院检察官以及政府改革者的强烈支持,制定少年法的提议却从来没有被送达议会。1914年爆发了第一次世界大战,意大利将注意力集中在战争上,少年法的问题因此搁置。

战争结束后,在1921年,菲利组织新的委员会起草了一份改革计划。这份计划从社会、家庭、心理,甚至遗传和进化的角度多方面解释少年越轨,进而提出未成年人犯罪多是在被忽视、道德受到困扰的背景下发生的,而有效的补救措施应该在刑法之外,例如运用社会预防、教育、护理等措施。1922

---

[1] Edwin M. Lemert, "Juvenile Justice Italian Style", *Law and Society Review*, Vol. 20, 1986, p. 519.

[2] Ibid., p. 520.

年，另一个奥兰蒂尼（Orlandini）项目，简化了夸尔塔项目内容，关注到了对少年法官的特殊需要，但仍未被签署。1922年，意大利建立了未成年人与成人分开审判的特殊机制，设置独立的未成年人审判区域，协助和支持少年咨询，并配备两名精神病医生和成长问题专家。1929年一些法官已经在司法部10个主要上诉法院开始审理未成年人案件。

（三）1934年第一部《少年法》的诞生

意大利少年法与欧洲其他国家相比起步较晚，在20世纪初已经有很多欧洲国家制定了少年法，但是意大利直到1934年才颁布第一部有关于少年犯罪的法律。

意大利少年司法的诞生以1934年颁布的《少年法》[1404号皇家法令（R. D. n. 1404/1934）]为标志，全称是《少年法庭的机构与功能》①。此法案共有35条，首次对少年再教育中心的组成、建立少年法院、少年案件的管辖、少年检察办公室、个性调查、监督法官、司法宽免、附条件释放、监视自由、康复等涉及少年司法的领域进行了规定。规定了如下重要内容：（1）在刑事上，少年犯必须接受特殊司法程序。（2）在行政上，18岁以下有多次越轨行为的少年犯需要接受道德矫治。（3）在民事上，确认了限制父母权利的条款。同时，这部法律对少年司法的法官、程序等问题进行了明确规定：规定由两名专业法官和一名来自心理学、教育学、生物学、犯罪学领域之一的非法律人士作为第三名法官。到1956年修订为两名非法学专业的法官担任名誉法官。目前意大利少年法庭的法官共有四名法官：一名上诉法官，主持整个程序；

---

① 意大利语为"Regio Decreto Legge n. 1404 del 20 luglio 1934 'Istituzione e funzionamento del Tribunale per i minorenni'"。

一名地区法官和两名来自非法学专业的名誉法官。①

这部法律具有协调和统一的趋势，对少年服务机构也进行了分类，规定在少年法庭旁边设立少年再教育中心。其他服务机构包括：再教育之家（case di rieducazione）、半自由中心和少年悔过中心（focolari di semilibertà e pensionati giovanili）、少年心理—医疗—教育事务所（gabinetti psico-medico-pedagogici）、少年社会工作办公室（uffici di servizio sociale per i minorenni）、观察机构（istituti di osservazione）、学校监狱（prigioni scuola）和少年惩教院（riformatori giudiziari）。

但是，少年法院在成立初期援引的法律却是支离破碎的，因为1934年的《少年法》只规定了针对少年的特殊理念和少部分措施，法官在审理案件时需要大量参考其他内容：刑法，民法和程序法及其修正案，最新颁布的法律。

从上述内容可以看出，意大利第一个少年法的制定有着深刻的国内外宏观背景，不仅伴随着理论来源的多样性、宗教传统的强烈影响，同时还有来自不同学科、背景人士的激烈讨论，所有努力都试图对日益激增的少年犯罪问题做出回应，期望能够建立少年司法制度，从根本上改善国家与少年的关系。在这一过程中，实证主义力求完全放弃刑罚学，用对罪犯社会学的诊断代替可归罪性，用社会防御代替刑罚，用积极治疗或补救措施代替矫治。

第三节 国家与社会合作的时代

意大利第一部《少年法》采纳实证主义观点，将社会工

---

① Romano Ricciotti, *La Giustizia Penale Minorile*, CEDAM, 1998, p. 5.

作作为重要内容融入了少年司法体系之中,这一重要改革凸显了社会力量的积极作用,并且通过一系列法律不断加以巩固。以社会工作为代表的社会服务和社区观护越来越成为意大利少年司法领域中不可或缺的力量,国家与社会形成合力共同承担起对罪错少年的教育与再社会化责任。司法力量与社会力量的渐进性亲和是双方作用空间互补的必然选择,也体现了少年司法的复杂性。也正是在这一过程中,意大利对罪错少年的教育理念不断得到强化。少年司法成为完全独立于成年人刑事司法体系之外的完整体系。

一 社会工作的融入

在第一个少年法院诞生之后不久便爆发了第二次世界大战。战争结束后,意大利面临复杂的政治形势,处在历史的十字路口:左派政党倾向于苏联;然而,雅尔塔会议上所签订的国际协议却把意大利置于美国的势力范围之内。[①] 1946年6月2日经全国公民投票,决定废除君主制,实行议会共和制。1948年1月实施《意大利共和国宪法》,规定国家总统为虚位元首,实行立法、行政和司法的三权分立制度。同时也对少年权利做出了重要革新,明确保护少年在刑事司法中的权利,更加注重少年的需要,重视个体治疗和回归社会,激发少年的改过动机,这些理念在以后的司法实践中一直得以贯穿。

但是第二次世界大战后一直到20世纪50年代都没有特别重视少年刑事政策,因为此时的意大利受到战争创伤,满目疮

[①] 王军、王苏娜:《意大利文化简史》,外语教学与研究出版社2010年版,第391页。

痍。黑手党和土匪活动在南方十分猖獗，饥饿与贫困的景象随处可见，大量人口从落后地区迁移到企业集聚的先进地区，南方和北方的差距继续加大。① 这时发展经济成为意大利的首要任务。意大利经济在第二次世界大战后缓慢增长，到1955年又渐渐进入萧条时期，然而在1958年后出现经济增长的黄金期，工业生产指标迅速上升，4年时间工业生产增长了90%。② 在经济复苏后，意大利政府开始逐渐重视其他社会政策的制定与调整。

（一）20世纪50年代社会工作的发展与康复理念

1934年的《少年法》设置了社会工作部门，社会工作者承担对罪错少年的服务功能。但是在当时的少年法院并没有摆脱司法模式惯性，依旧采用刑罚措施对待少年犯，进行犯罪控制，较为缓和的康复性措施并不普遍，所以社会工作功能并没有被广泛发挥出来。

当时社会工作已经在民事上介入少年保护，强调司法机构与社会工作合作的必要性。然而在刑法领域却较之滞后，因为刑事服务介入需要考虑更多的主体，除了少年法院、家庭和少年外，还包括地方服务和司法服务。③ 但是在刑事领域，社会工作的作用逐渐得到发挥，社会工作可以连接并整合各方资源，介入少年犯家庭，激发家庭的潜能。同时，社会工作者将少年看成参与、自决的主体，在尊重与接纳的基础上，促进少

---

① [意]古列尔莫·马利泽亚、卡罗·南尼：《意大利教育制度研究》，瞿姗姗等译，浙江大学出版社2011年版，第30页。

② [意]乔治·博卡：《意大利共和国史话》，李文田译，东方出版社1987年版，第181页。

③ Bianca Barbero Avanzini, *Minori, Giustizia Penale e Intervento dei Servizi*, FrancoAngeli, 2007, p.47.

年的人格成长与行为改变。

1. 社会工作的一系列立法

从 1934 年开始，在少年司法系统中建立社会工作办公室，到 1954 年底，社会工作办公室已经有 13 个，并雇用了 50 多个社会工作者，但是他们在当时并没有得到广泛的社会认同。这一时期，有两部法律加速了社会工作在少年司法领域的融入：1955 年的共和国总统令（Decreto del Presidente della Repubblica，D. P. R.）第 1538 号（D. P. R. 28 giugno 1955，n. 1538）[①] 和 1956 年的共和国总统令第 888 号（D. P. R. 25 luglio 1956，n. 888）[②]。第一部法案实现了行政监督管理权限的广泛下放，社会工作办公室隶属于少年再教育中心。而 1956 年第 888 号法案引入了委托社会工作者进行替代刑罚的再教育措施，通过提供社会工作服务支持少年，建立与少年家庭的关系，强调对缺乏家庭和处境欠佳的少年进行矫正。同时，这部法案对 1934 年的《少年法》做了重要修订，修订的主旨是少年康复。这些立法给康复机构在结构上带来了重大创新。孩子的个性调查由观察中心展开，了解他的个性以及问题原因，最后采取个性化的措施。根据新的法律，观察中心引入了预先拘留部门，对 1934 年《少年法》做了进一步改善，排除了未成年人在普通监狱中被监禁的可能性，第 888 号法案规定减少等待审判的年轻人，而以观察机构代替。

1956 年之后，意大利少年司法加强福利系统在社会控制中

[①] 法案全称为 "Norme Concernenti I Centri di Rieducazione dei Minorenne"，《未成年人康复中心法案》，http：//www.edizionieuropee.it/data/html/45/zn80_09_152.html#_ftn1.

[②] http：//www.minori.it/sites/default/files/ricerca_affidamento_al_servizio_sociale.pdf.

的作用，用矫正的视角处理少年犯罪，更加强调少年康复，法院与社会服务之间的联系日益紧密。确立了很多服务少年的社会工作项目，为罪错少年提供专业支持。少年刑罚在这一理念影响下受到社会服务和法庭的双重影响，将刑罚介入与服务、惩罚与福利融合起来。根据意大利学者贝蒂（Betti）和帕瓦里尼（Pavarini）在1985年的观点，所有措施是在社会控制的启发下，意在创造矫正体系，在本质上是司法模式与社会模式的结合。这一项目得到少年法院和司法部下面的中央社会工作部门（centralized social service department）的联合资助。1956年之后，行政部门迅速发展，成为处理少年犯罪最常用的手段。

1957年2月7日，意大利政府颁布司法部部长的通函（Circolare）721/3196号，规定"尊重少年的个性，在司法查明前不得对未成年人的可归罪性进行推定"。在保证安全性的前提下，进一步开发适合少年，尤其是行为和性格异常少年的非刑罚措施。这些措施包括委托少年社会工作者、联系再教育中心或者进入心理—医疗—教育机构（第25条）。

2. 个性化治疗与再教育

社会工作的独特理念与价值观在少年司法领域得到了充分发挥，尤其是个性化治疗。社会工作者调查越轨少年和家庭，强调少年早期经历以及家庭关系的缺陷与扭曲对个性造成的影响，针对每个孩子的不同特点，有区别地进行个别化干预。

1954年诞生的《再教育经验》杂志成为司法部官员专门辩论的阵地。"再教育"成为罪错少年的一种权利，或者至少是为了保护少年利益的一种措施。[1] 至此，不再更多使用监

---

[1] Bianca Barbero Avanzini, *Minori, Giustizia Penale e Intervento dei Servizi*, FrancoAngeli, 2007, p.39.

狱。对越轨少年的刑罚和社会控制是第二位的,而核心是对他们的教育和再社会化。

该阶段的特征是"人道主义",即对未成年人主要采取"恢复"理念和关怀政策,恢复少年的守法观念,使其重新回归社会。尽管当时的康复理念很先进,但是这些少年康复机构往往设施落后,工作人员没有受过培训、不专业,医疗卫生条件较差,而且有些机构——包括一些修道院、女修道院和老的寄宿学校——都是居住落后的建筑物,与邻居法国等国家形成了鲜明的对比,因而在20世纪60年代遭受了越来越多的尖锐批评。[1] 同时,机构让很多少年生活在与社区完全隔离的环境中,这与他们提出的"有效提升少年社会化的途径"的目标明显矛盾。

(二) 20世纪60年代的变革与反思

1951—1962年,国家工业化以无法比拟的速度迅猛发展,意大利经济增长率名列欧洲前茅。[2] 但是"经济奇迹"在1963—1965年遭遇危机,体制中所有蕴含的矛盾迅速显露出来。为了对抗经济萧条以及人工费的增长,大型企业转而致力于加强技术的发展以及科学的工作管理体制。由于薪水问题,企业努力控制工作岗位的数量,减少固定工人的比例。这些措施引起了结构性失业,社会的不平衡现象继续加重,南部和北部间的差距以及个人和公共消费之间的差距继续扩大,产生了

---

[1] John A. Winterdyk, *Juvenile Justice System: International Perspetives* (2nd Edition), Canadian Scholars' Press, p. 299.

[2] [意] 瓦莱里奥·卡斯特罗诺沃:《意大利经济史》,沈珩译,商务印书馆2000年版,第426页。

贫困的城市、无业游民地区以及偏远落后的农业地区。①

自1968年起，社会文化产生变革，戈夫曼的标签理论在司法界对解释越轨少年的行为也产生了重要影响。② 越轨社会学的发展，特别是社会控制的责任和越轨行为的起源给少年司法带来了新视角。而这时，受到美国和英国加强少年刑法管制趋势的影响，在全球范围内又掀起了对少年犯惩罚的回归。在全球化背景下，意大利少年司法体系的工作人员开始辩论：意大利是跟随全球的趋势加大对少年犯的打击力度，还是延续教育和温和的司法体系？什么样的社会控制形式更有利，是刑罚还是再教育？

反思是痛苦的。在激烈的辩论之后，人们认识到惩罚不能从根本上改变少年的不良行为，他们是社会环境变迁与社会快速发展过程的受害者，这时司法要坚持保护理念，不能让不适少年成为社会发展与刑事政策的双重受害者。于是继续大规模发展少年司法领域的社会工作和其他社会服务，大量增加服务项目，通过保护少年的权利帮助他们成长。

（三）1977年的行政去中心化改革与社区介入

意大利的中央分权与地区自治问题由来已久。第二次世界大战后意大利进行全民公决，迎来了共和国时代，立宪会议也开始了共和国宪法的起草和审议工作，地区自治问题开始进入人们的视野。立宪工作开始以前，在意大利的西西里、撒丁、瓦莱达奥斯塔以及特伦蒂诺—上阿迪杰等区就出现了要求地方

---

① ［意］古列尔莫·马利泽亚、卡罗·南尼：《意大利教育制度研究》，瞿姗姗等译，浙江大学出版社2011年版，第31页。

② Bianca Barbero Avanzini, *Minori, Giustizia Penale e Intervento dei Servizi*, FrancoAngeli, 2007, p. 40.

自治的呼声，有些地方甚至付诸行动，尤以西西里最为典型。[1] 这些地区的行为暴露了存在于国家与地区之间的紧张关系，也促使立宪会议不再一味坚守中央集权的立场，而试图对中央与地方关系进行调整。最后赞成地方分权的力量获得了胜利。意大利1946年立宪会议部分地借鉴了1931年西班牙宪法的相关规定，实行"地区性国家"的地方自治模式。[2]

自1977年起，行政部门去中心化的共和国总统令第616号对少年司法实践带来了巨大影响。这项法案带来了机构领域的重大改革。改革之前，少年法官和少年康复部门都隶属于司法部，管理环境相同，在这一模式下价值观与理念都很相似。改革后，将原有的部级机构下放到地区，少年犯进入地区社会服务系统，也增加了社区服务。[3] 立法将民事和行政领域决策权从司法部的社会服务部转移到地方社会服务部。尽管判决权还在少年法庭，但是康复措施的实施机构却转移到了地方。由此带来了两个重大变化：其一是地方政府开始在辖区内发展私人社会矫正机构，重新建立未成年人案件的管辖机关；其二是地方政府，特别是北方的大城市，采用了刑罚的替代政策，将少年从司法系统转移到了整个社会服务体系中，这一措施深入地影响了司法程序。未成年违法犯罪人的恢复工作不仅由社会的司法机关负责，而且还可以由地方自治机关的社会矫正部门实施，这意味着社会介入和社区之间联手，有利于法律的执

---

[1] 杨灿、李奕萱：《立法权的部分给予：意大利的地区自治制度》，载《中国民族报》2012年4月13日。

[2] 所谓地区性国家，是指将广泛的自治权，包括就某些问题制定法律的权力赋予地区的单一制国家。因此，从本质上来说，地区性国家仍然是单一制国家的一种。

[3] Patrizia Meringolo, "Juvenile Justice System in Italy: Researches and interventions", *Universitas Psychologica*, Vol. 11 (4), 2012, pp. 1081–1092.

行，避免与社会的隔绝。

但是这一新的法律在资源决定权上有潜在冲突。这项法律规定越轨少年的处罚权交给少年法院，但是相关的刑事、民事和行政措施必须由地方机构实施。这导致了法庭和地方政府设立的机构之间产生冲突，即法院判决必须建立在地方政府提供的机构之上。很多情况下，法官要求对少年采取强制措施，包括送到强制机构，但是地方机构却强调对少年犯进行扶助和康复，将少年移除到刑事、行政处罚体系之外，从而逐渐将司法和福利体系分离。将问题少年放到为所有少年服务项目中，避免将他们送到隔离的机构中去。① 法院任务的完成要依赖于地方政府提供的服务，这样法官的工作受到约束。

为了回应法官的批评，地方政府引用宪法承认的地方政府拥有自治权来回应，这一声明得到 1981 年第 174 号宪法宣言的支持，认为地方政府在处理少年相关问题上具有自治权。因此当新的体系逐渐被承认——尽管司法社工和法官强调他们熟悉司法模式并要求拥有更加严格的法律和机构——冲突开始不断减少。

二 恢复性司法的影响

恢复性司法是对传统报复性司法的颠覆。这一司法模式通过在加害人和被害人之间建立对话机制，加害人通过道歉、赔偿损失等方式弥补犯罪行为对被害人带来的损害，消弭双方冲突，从深层次化解矛盾，积极修复受损社会关系。恢复性司法最早起源于加拿大，20 世纪七八十年代在法国迅速发展，与

---

① John A. Winterdyk, *Juvenile Justice System: International Perspetives* (Second Edition), Canadian Scholars' Press, 2002, p. 301.

法国有地缘优势的意大利很快吸收了这一刑罚思想。恢复性司法具有恢复性、个人参与性、社会性、前瞻性和灵活性的特征。[①] 它是一种达成正义的途径，着眼于修复由犯罪行为带来的损害，同时也给受犯罪行为影响的各当事人——受害者、加害者和社区提供一个机会，使他们能够确定犯罪行为遗留下来的影响并加以解决，同时寻求一种弥合犯罪所造成的影响、赔偿损害后果并促进加害者回归社会的办法，以此使加害者对其行为负责。[②] 恢复性司法相对于传统的报复性司法，有助于确立新型犯罪观，有助于解决刑事矛盾手段的多元化，有助于发挥犯罪人与受害人在解决刑事矛盾中的能动作用，有助于解决刑事矛盾，体现构建和谐社会的要求，以及有助于协调国家法与民间情理的关系，实现多元评价与和谐统一。[③]

针对少年案件，意大利将这一理念具体化为非犯罪化、非刑罚化和非诉讼化。恢复性司法超越了传统报复性司法的藩篱，注重通过加害人以直接或者间接方式对被害人进行补偿，弥补犯罪行为对被害人带来的伤害。在实践中，恢复性司法体现在独特的少年司法程序：非监禁式介入，以避免以院舍或监禁方式处理罪犯，尽量将他们放在社区及自己的家庭生活中；非标签式介入，以减少更生措施对罪犯的标签化及删除罪犯的刑事记录；非法令式介入，以减少政府机构特别是司法机关处理罪犯，交由民间机构和社区。[④] 独立与自治判案的少年法院

---

① 吴宗宪：《恢复性司法述评》，《江苏公安专科学校学报》2002年第3期。
② 吕瑞萍：《国际恢复性司法研究综述》，《河南社会科学》2007年第5期。
③ 孙国祥：《刑事一体化视野下的恢复性司法》，《南京大学学报》2005年第4期。
④ 卢铁荣：《青少年司法制度的分流措施改革》，2005刑事司法改革国际研讨会提交论文。

是意大利恢复性司法的机制保障。

意大利通过一系列措施加强恢复性司法，比如在制定新的法典过程中引入恢复性司法措施，在未成年人社会保护领域进行改革，进一步分散行政机关权力等。同时，逐渐发展少年司法领域内的刑事调解，运用专业调解人员的力量使加害人与被害人双方达成和解协议，这一内容将在第四章专门论述。

三 1988年的《少年刑事诉讼法》

意大利少年司法发展过程中的每一步变革都伴随着新法的颁布与执行。这些法律包括与少年密切相关的家庭法等民事法律、社会工作相关服务立法等，法律规定不断加强了对少年的保护。而在少年司法的程序规定方面，最具有影响力的就是1988年的《少年刑事诉讼法》。

1988年，在国际上已经颁布了一系列儿童权利保护公约，各国纷纷按照公约完善本国的少年保护法律；而这一年意大利国内在强烈呼声下颁布了新的刑事诉讼法，对原刑法典进行了大规模改革，在大陆法系的基础上移植对抗式诉讼制度，促进刑事程序的公正性。在这种背景下意大利通过了新的《少年刑事诉讼法》（D. P. R. 448/1988），对少年刑事程序进行重大调整。该法典中规定了现代意义上的少年司法机构[1]，具有鲜明的康复特点，保护少年权利，比如无罪推定和社会支持的权利。意大利法学研究者认为这是意大利承担少年司法责任的重大体现，这部法典更加强调在司法程序中注入积极的心理因素

---

[1] 潘效国：《意大利的青少年犯罪与青少年司法状况》，《青少年犯罪问题》2009年第1期。

和社会因素，具有划时代意义。

（一）法律确定的原则

1. 充足性原则（principio di adeguatezza）。这部法律确定了少年司法程序的充足性原则。"应该充分满足孩子的个性发展和他们的教育需求"（personalità del minore e alle sue esigenze educative），少年司法应该以未成年人的社会融合为出发点，应该让少年恢复正常的社会生活，避免由于刑法介入而打扰他们的个性发展。这一原则意味着社会服务贡献的重要性和少年司法系统中跨学科连接的重要性。

2. 最小侵犯原则（principio della minima offensività）。强调刑事诉讼过程中的最小侵犯（minima offensività del processo）。这一原则与充足性原则紧密联系，两者共同表达了一种共识，即进入少年刑事司法系统对未成年人而言存在很多危险，有可能危及他们个性的完善和社会化的持续发展，因此必须保护孩子，不要打断他们的教育过程。如果刑事审判不能满足教育需求，那么至少要在这一过程中保护未成年人的基本权利。这样在少年诉讼的程序上，要避免被告及其家庭成员在心理上的痛苦和经济上的负担。① 现在，少年犯被认为是需要进行保护和再社会化的人，要尽量减少司法惩罚对他们人生的负面影响和伤害。该法将少年审判前羁押的情况降低到最低程度，尽可能以家庭看管等形式代替。

3. "去污名化"（destigmatizzazione）原则。这一原则源于不要伤害少年的理念。事实上，被刑事诉讼程序强调的事实本身可能与各种不同形式的污名联系，有损少年人格和社会形

---

① Claudia Mazzucato, *La Mediazione nel Sistema Penale Minorile*, *Minori*, *Giustizia Penale e Intervento dei Servizi*, FrancoAngeli, 2008, p. 140.

象。法律要避免污名化（evitare la stigmatizzazione），坚守少年案件的保密性。鼓励尽早释放少年违法者，加强他们的社会责任而不是惩罚他们，禁止通过大众传播手段泄露孩子的个人信息；保证不公开审理；18 岁之后取消所有刑事犯罪记录等。

（二）重要的法律内容

1988 年意大利的《少年刑事诉讼法》将诉讼程序分为三个阶段。

1. 初步调查阶段。初步调查由少年法院的调查法官负责。调查要适当、及时，收集相关证据。

2. 预审阶段。预审法官对初级调查做出评估，决定撤销或者继续案件。在此程序中不能申请民事赔偿。同时为了保护未成年人权益，法定监护人可以参与。为了预防犯罪和进行社会康复，法官可以做出两种决定，一种是由于罪行较轻而驳回案件；另一种是暂停案件，给予缓判，由少年社会服务办公室实施最多 3 年的个人教育计划。如果少年犯在缓判期间表现良好，成功通过，那么法官宣布案件终止，刑罚消灭；如果对他们的评估是否定的，那么案件则需要继续进行诉讼程序。

3. 庭审阶段。审查证据并辩论事实。[①] 庭审不公开审理，庭审过程中被告少年由主审法官直接提问，为了避免有创伤，不进行交叉质证，直接进行判决。

这部法律采用社会化的替代刑罚措施，减少监禁刑。D. P. R. 44 法典第 19 条规定了对未成年人的保护措施：法院委托司法社会工作部门对被告少年进行司法管理，与地方服务机构开展合作来支持和控制……法院可以命令将未成年人委托

---

① John A. Winterdyk, *Juvenile Justice System: International Perspetives* (Second Edition), Canadian Scholars' Press, p. 302.

给公共社区或权力机构,提供有益于其教育的任何学习或工作或其他有关活动(第 22 条)。被逮捕的少年嫌疑犯可以被判到少年惩教院(riformatorio giudiziario)进行保安处分。国家(Stato)、地方政府(enti locali)和私人社会(privato sociale)的平行管理形式有利于保证法律意图的实现。[1] 同时地方服务、监管的角色和再社会化、保安措施(监视自由与社区联系,第 36 条)等条文进一步加强了对少年犯的社会化转处。1975 年 7 月 28 日 N.354 的第 47 条又进一步提出拘留的替代措施,包括半自由刑、委托到社会工作机构进行缓刑等。社会工作部和地方当局直接合作,专门采集信息,对少年的处境,尤其是导致犯罪的环境进行评估,将少年委托给社会工作,监督缓刑的执行,按照少年需求的特点为他们提供再教育项目,预防累犯。[2]

(三)结果与评价

这部法案希望有效遏制和控制少年犯罪。实施以来,一个显著趋势就是少年犯的监禁率急剧下降。[3] 由图 1—1 可知,从每年大约 8000 人,降低到每年 2000 人。与其他国家相比,这一数字也是相当低的,同年英国被监禁的少年犯达到 10000 人。[4] 意大利同一时间被监禁的人数不超过 500 人,在西方国

---

[1] Bianca Barbero Avanzini, *Minori, Giustizia Penale e Intervento dei Servizi*, FrancoAngeli, 2007, p.48.
[2] Ibid., p.50.
[3] Vincenzo Scalia, "A Lesson in Tolerance? Juvenile Justice in Italy", *Youth Justice*, Vol.5, 2005, p.33.
[4] David Nelken, "Italian Juvenile Justice: Tolerance, Leniency or Indulgence?" *Youth Justice*, Vol.6, 2006, pp.107—128.

家是最低的国家之一。①

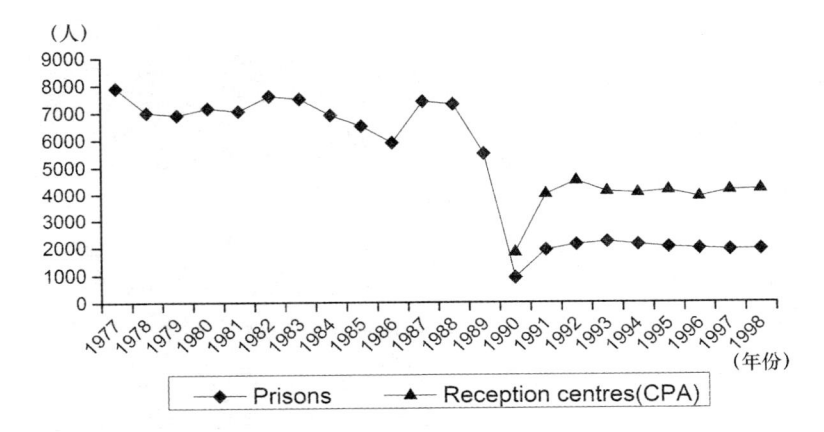

图 1—1 1977—1998 年进入意大利少年监狱和首次接待中心的人数

资料来源：Gatti, U. and Verde A. (2002) "Comparative Juvenile Justice: an Overview on Italy", in J. Winterdik (ed.) Juvenile Justice Systems: International Perspectives (second edition), Toronto: Canadian Scholars Press, pp. 297—320.

这部法律的根本目的与本质是要教育少年，防止他们和社会之间存在更加深刻的裂痕。这部法律带来了如下的具体改变。

第一，刑事诉讼根本方式的改变。自从这部法律实施以后，意大利少年司法开始从纠问式向指控式转变。这一过程带来了少年诉讼领域一系列的重大改变，也奠定了意大利现代少年诉讼程序的基础。

第二，在少年刑罚上，尽可能采用非监禁刑，避免少年停

---

① Muncie, J., "The Globalization of Crime Control-the Case of Youth and Juvenile justice", Theoretical Criminology, Vol. 9, 2005, pp. 35—64.

留在刑事程序中。对成人而言,监禁刑仍然是审判之后的标准处罚方式。[1] 而对少年,则延迟或者避免少年被投入正式司法程序。对 14 岁以下的少年自动被宣告无罪,可以适用保安处分(misura di sicurezza),14—18 岁的少年通常会被给予各种宽大仁慈的措施,当少年被人认为具有社会危险性的时候,可以监禁在少年教养院中。[2] 没有新的惩罚形式被引入。

第三,介入与矫正理念的转变。这部法律体现了提前介入,而不是事后介入。第 488 号法案第 19—22 条被认为是"矫正体系"中轻重等级不同的条款。如果被告不遵守较轻的措施则可以使用下一个较重措施,最严厉措施是在监狱中进行 1 个月的监禁。这些措施包括从学习到工作活动,限制在家或者其他私人场所和预防性拘留措施。

第四,促进了多学科研究的热情。这一法律不仅对意大利的少年法产生了重要影响,同时提高了其他学科对罪错少年的关注与研究。在心理学领域,佛罗伦萨大学心理学院的帕特里兹亚·梅凌果洛(Patrizia Meringolo)从心理学角度研究了这一法律对少年司法介入的影响。她认为这一法律对未成年人的心理产生了积极影响,包括对南方经常受到黑社会影响的少年,因为这部法律尽量避免监禁而采用替代措施。[3]

第五,1988 年少年刑诉最终强调再教育。[4] 康复成为少年

---

[1] David Nelken, "Italian Juvenile Justice: Tolerance, Leniency or Indulgence?", *Youth Justice*, Vol. 6, 2006, p. 120.

[2] John A. Winterdyk, *Juvenile Justice System: International Perspective* (Second Edition), Canadian Scholars' Press, 2002, p. 305.

[3] Patrizia Meringolo, "*Juvenile Justice System in Italy: Researches and interventions*", Universitas Psychologica, 11 (4), pp. 1081—1092.

[4] Claudia Mazzucato, *La Mediazione nel Sistema Penale Minorile*, *Minori, Giustizia Penale e Intervento dei Servizi*, FrancoAngeli, 2008, p. 139.

刑事司法领域的重要内容，满足个性与教育需求成为少年司法的基本原则。社会化服务介入到未成年人矫正和社会康复领域中，超越了将监狱作为少年再社会化唯一方式的理念，也为少年司法打开了新的发展空间。

总之，这部奠定现代少年司法基础的法律具有历史性意义，进一步确立了教育和保护的重要理念。有人认为1988年少年刑诉过于宽厚，意大利学者兰达奏（Randazzo）在1997年用"温和"（mite）来形容这部法律。也有的意大利学者认为少年司法的法律规定具有模糊性（ambiguità）和矛盾性（ambivalenza）。[1] 事实上，这部法律也有不足之处，在司法实践中反映最多的就是对外国少年犯的处置问题。外国少年犯罪，特别是吉卜赛人和北非人，以及涉及少年的有组织犯罪，引起国内公众的普遍关注。与本国少年犯相比，外国少年受到更多压制，他们可能因为不太严重的犯罪而被监禁。但这些负面的影响不是因为种族歧视，而是因为外国少年这一特殊群体缺乏必要的社会支持网络，而多种替代措施强烈依赖于社会网络的运用。同时，这部法律在实施过程中也被经济和资金问题所困扰，社会服务和预防犯罪的项目受到抑制。[2]

---

[1] Centro di Studi e di Ricerca sulla Giustizia Minorile, *Il Processo Penale dei Minori: Quale Riforma per Quale Giustizia*, Giuffrè Editore, 2004, pp. 33—38.

[2] U Gatti, A Verde, "Comparative Juvenile Justice, An Overview of Italy", In J. Winterdik ed. *Juvenile Justice Systems: International Perspectives* (2nd Edition), Canadian Scholars Press Toronto, 1997, pp. 177—204.

第二章

少年司法社会化的管理体系

意大利少年司法制度以少年法院为核心,具有独立性与自治性。在1934年意大利第一部少年法颁布后,少年司法体系在全国逐步建立,并不断发展完善。20世纪70年代,地方少年法院和少年检察官办公室获得完全自治权,接下来少年司法办公室作为独立的司法体系,从宪法法院获得了更多的独立权。[1]

对少年保护而言,司法权力与公共行政权力的关系是关键问题。少年法院,关注的是程序,而公共行政部门更加关心的是国家或者地区不同的司法干预。随着少年法院的诞生,公共行政管理部门与少年司法机构之间的关系立即发生了变化。[2]在行政管理上,全国自上而下建立了少年司法服务的配套机构。被行政机构委托的未成年人保护组织就是社会化服务的重要部门。在国家层面,司法部内专门设置少年司法部,对少年司法进行统筹管理。在地方层面,有少年司法中心,下辖首次接待中心、少年惩教院、社会工作办公室和社区等。各地既要

---

[1] Centro di Studi e di Ricerca sulla Giustizia Minorile, *Il Processo Penale dei Minori: Quale Riforma per Quale Giustizia*, Giuffrè Editore, 2004, p. 17.

[2] Alessandra Pè, Antonella Ruggiu, *Il Giusto Processo e la Protezione del Minore*, FrancoAngeli, 2011, p. 129.

按照全国统一的要求建立机构、操作项目,又可以根据本地情况增加特色项目。

同时,意大利现行的少年司法体系以司法社会化为出发点,完全不同于成年人刑事司法的普通法院体系[1],充分考虑罪错少年的康复与再社会化需求,反映了教育、保护和司法社会化的理念。目前意大利无论在少年司法领域,还是少年福利领域,都面临着有利于家庭与少年的变革,无论在记者、政治家还是律师眼中,少年问题都以一种非司法化的模式出现。无论是少年司法机构还是公共行政管理,提高福利都是重要的改变。[2] 比如少年矫正机构突出教育和保护思想,社工、志愿者、老师等多种角色搭建了立体网络,帮助少年回归社会。

第一节 少年司法部

少年司法部(Dipartimento per la Giustizia Minorile)是意大利司法部(Ministero della Giustizia)内设的行政管理机构,集行政管理、统计研究、对外合作等多种职能于一身。它上承欧洲的少年司法研究中心,下启地方政府和社会机构,对司法

---

[1] 意大利的法院组织系统设宪法法院、行政法院和普通法院。宪法法院,处理中央与地方的法律法令是否违宪的争议、国家机关之间或中央与省或省与省之间关于职权的争议以及对总统和政府部长的控告。意大利的一审行政法院叫大区行政法院,它是1971年设立,每个大区都有。行政法院有权对大区内的行政机关的行为或者在大区发生法律效力的中央行政机关的行为进行审理。大区行政法院的上诉法院叫作国家理事会,位于罗马,是行政法院的最高机构。国家理事会是二审也是终审法院。普通法院系统由治安法官、地方法官、地区法院、上诉法院和最高法院构成。治安法官仅享有一定的民事管辖权,其他各级法院分级受理案情轻重不同的民事、刑事案件。上一级法院是下级法院的上诉法院,最高法院拥有最终审判权。

[2] Alessandra Pè, Antonella Ruggiu, *Il Giusto Processo e la Protezione del Minore*, FrancoAngeli, 2011, p. 130.

部门与社会服务部门进行行政上的统合管理，对罪错少年进行管理和保护。少年司法部的总部位于罗马，另外在全国11个地区设有协调办公室。

为了对全国少年司法体系进行有效的管理，少年司法部内设不同部门：除了主任办公室（Uffici del Capo del Dipartimento）之外，还包括司法措施实施总部（Direzione generale per l'attuazione dei provvedimenti giudiziari）、人事与培训总部（Direzione generale del personale e della formazione）、物质资源和福利服务总部（Direzione generale delle risorse materiali, dei beni e dei servizi）。① 其中人事与培训部负责招聘、培训非法律专业的职员，比如法院中社会工作人员和其他未成年人矫正机构的服务者；物质资源和福利服务总部负责编制国家预算，为少年法院、检察机构、社会公益服务单位以及国家层面运作的17家少年矫正机构提供财政与资源支持。

同时，少年司法部在地方②上设置一系列机构，不仅包括司法机构，如少年司法中心、少年惩教机构、首次接待中心，同时还包含社会工作办公室和少年社区等社会化部门。

---

① 参见意大利少年司法部网站：http://www.giustiziaminorile.it/（2013年4月6日访问）。

② 意大地方组织体制是在共和国下设大区（regioni）、省（province）、市（镇）（comuni）三级地方政权机构，共有20个大区、95个省和8088个市（镇）。大区是具有自主权力和职能的自治单位，主要包括区议会和区政府，享有的自治权主要包括大区条例、立法自主权、大区行政自主权、大区财政自主权、大区政府结构以及国家对大区的控制等6个方面。省既是地方政权机关，又是中央政府的下属机构，包括省议会和省政府。市（镇）是意大利最基层的地方政权组织，包括市（镇）议会、市（镇）政府和市（镇）长。中央政府监督大区的立法和行政。省和市（镇）也是自治单位和地方分权单位，但它们的自治权较小。20个大区中有5个特别区，分别是：西西里（Sicilia）、撒丁（Sardegna）、特伦蒂诺－上阿迪杰（Trentino-Alto Adige）、瓦莱达奥斯塔（Valle d'Aosta）以及弗留利－威尼斯朱利亚（Friuli-Venezia Giulia），他们由于政治、民族以及经济等原因类似于"民族区域自治"，享有更大的自治权。

一 地方少年司法中心

这一中心是根据 1989 年 7 月 28 日颁布的第 272 号法案而设立的。全国设有 12 个地方少年司法中心,主要职能是在行政权力去中心化①的要求下,加强跨地区机构的管辖,运作各类项目,确保少年司法服务的独立性,并加强与地方政府、公共部门、大学和私人机构的联系。地方少年司法中心根据第 272 法案第八条②规定的内容开展工作。比如,按照这一条款,

---

① 行政权力去中心化的改革过程:在 1977 年意大利进行行政体制改革后,根据宪法第 117 条,中央政府进一步把行政管理权限下放到地方。各级组织都可以在不同领域行使行政职能并制定运作规范。在 2001 年第 3 号宪法性法律颁布后,发生了显著变化,即 15 个大区同 5 个特别区一样,在有权制定规范的领域内也获得了排他性的立法权。这意味着修改之后的意大利宪法第 117 条规定了两个关于立法权的分配清单。前一个清单是被排他性授予国家立法权的领域,主要包括为保持国家的统一所不可或缺的对外政策、移民、公共秩序和安全、民事和刑事法律体系、司法管辖以及诉讼程序的规则等。另一个清单是由国家和地方共同来行使立法权的领域,这些领域包括诸如教育、劳动保护、健康保护、地区管理等。对于所有不为第一个清单和第二个清单所包含的领域,以一般性条款的名义全部以排他性的方法赋予地方立法权。事实上,在地方与中央关系的组织结构上已经不再是纯粹的单一制形态,意大利的理论界正在讨论,通过进一步改革,将逐渐过渡到更加接近于联邦制的国家组织形态。由此可见,在政府职责的实际履行方面,修订后的意大利宪法将行政权的实际行使更多地分配给了市(镇)政府,而非由享有立法权的大区政府。中央、大区和省政府仅根据"辅助原则",在下一级政府无法或者没有提供行政服务或履行行政职权时,由下一级政府请求或由市民申请,才能由上一级政府替代行使该行政权。经过这一改革,地方自治空间倍增。在地方自治原则下,尊重除国家之外公共主体的选择,特别是地方机构的选择。而在少年司法领域也渐渐形成了地方政府与社区服务之间的联系网。参见[意]罗伯特·隆波里、阿尔多·贝特鲁奇等:《意大利法概要》,薛军译,中国法制出版社 2007 年版,第 20—22 页。

② 这部法律的全称为 D. Lgs. 28 luglio 1989, N. 272 (1),参见 http://www.minori.it/files/D_ Lvo_ 28%20luglio_ 1989_ n_ 272. pdf。

其中第八条:1. 中心对少年司法的服务包括:a. 少年司法办公室;b. 少年惩教院;c. 首次接待中心;d. 社区;e. 白天提供照顾的半自由机构或者替代选择机构。2. 在第一款中的服务包括机构服务,同时也要与教育学、心理学、社会学和犯罪学专家合作。

中心要有实施机构，同时也要与教育学、心理学、社会学和犯罪学专家合作，还要联合大学中的专业力量，获得专业和技术支持。少年司法部管理的总体架构如图2—1：

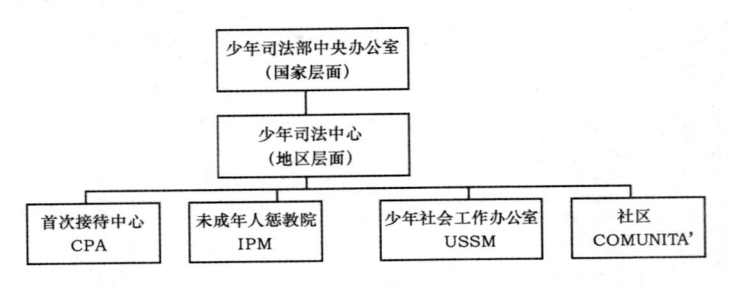

图 2—1 意大利少年司法的管理架构

资料来源：http：//digilander.libero.it/serviziominorinapoli/giusmin.htm。

二 首次接待中心

这是接待被捕或被拘留少年的服务机构，类似于一个快速过滤器，避免将未成年人投入监狱。全国共有 27 个未成年犯罪嫌疑人的首次接待中心，接待中心不设铁栅栏等监狱设施，但是有警卫。未成年人在这里受到包括检察官、预审法官的司法处置。在被审讯之前最多可以在这里等待 96 个小时。[①] 在此期间，会有一个特殊团队对少年进行观察，这一团队包括教育者、心理学家。之后，团队会根据少年的表现，起草其进入司法体系的第一份报告，这份报告将来会到达审判法官那里并可能被法官所援引。如果他们还将继续停留在司法系统，这里的工作人员会为他们提供相关的资讯服务和资源支持，引导他

---

① http：//www.giustiziaminorile.it/ricerca.asp？id＝cpa（2013 年 6 月 25 日访问）。

第二章 少年司法社会化的管理体系　63

们进入不同的教育项目。

根据意大利少年司法部的统计数字，进入首次接待中心的未成年人数从 1998 年的 4222 人下降到 2009 年的 2422 人，2014 年为 1548 人，在数量上有逐渐下降的趋势。① 图 2—2 是 2006—2014 年首次接待中心接待罪错少年人数的情况。

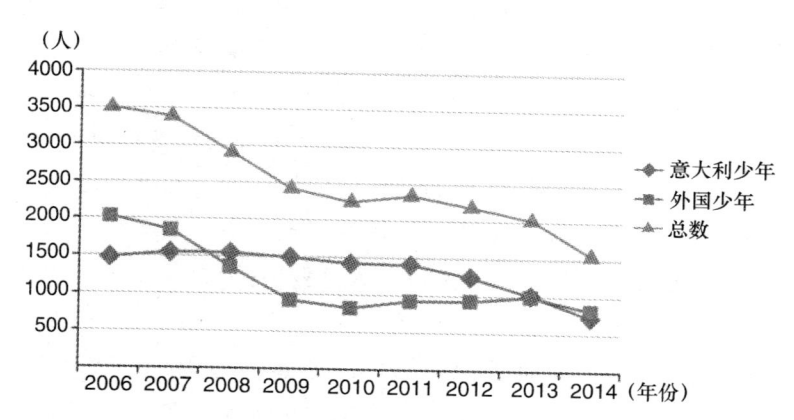

图 2—2　意大利全国首次接待中心的人数统计（2006—2014，按国籍分类）

资料来源：I Servizi della Giustizia Minorile：Dipartimento Giustizia Minorile Ufficio I del Capo Dipartimento Servizio Statistica；意大利少年司法部网站 http：//www.giustiziaminorile.it/。

从上面的图可见，意大利少年首次接待中心的总人数呈逐渐下降的趋势。2008 年前，首次接待中心的外国少年总数超过意大利少年，但 2008 年后，外国少年的数量低于意大利本国少年，2013 年两者持平，2014 年外国少年人数略高。

---

①　意大利少年司法部网站：Dati statistici relative all'utenza dei servizi della Giustizia Minorile，http：//www.giustiziaminorile.it/（2013 年 6 月 26 日访问）。

三 未成年人惩教院

未成年人惩教院是少年犯看守、拘留或者服刑机构,负责18岁以上到21岁以下的首次罪错少年。目前意大利全国有19个惩教机构。[①] 惩教院要保障少年的身心健康与成长,不能中断他们的学习教育,支持他们与家庭及其他重要的人员保持联系,最终激发他们的责任感,使他们不断走向成熟。

未成年人惩教院组织基础教育、职业培训、文体娱乐、戏剧艺术和创造性培育等活动,赋予少年必要的社会适应能力。监督法官会监督惩教院的不同活动及其进度,并根据总统令230/00号的第5条评估监督机构的服务品质。在2007—2008年的少年司法部统计中,未成年人惩教院提供了50多门学校课程、137门专业培训、320类文化与娱乐活动、149种娱乐活动以及47种劳动活动,有1306名少年参加了学校活动,1608名少年参加了专业培训,57%的少年完成了学校的学习项目,446人通过了专业考核。[②] 这些内容丰富的文体活动,帮助少年成长,培养少年健全的人格,取得了令人满意的效果。

根据少年司法部的统计数字,未成年人惩教院的总人数1998年是1888人,2009年是1222人,2014年是992人,也出现了下降的趋势。[③]

[①] http://www.giustiziaminorile.it/ricerca.asp?id=ipm(2013年6月26日访问)。

[②] 少年惩教院2007年第二学期到2008年第一学期的专业培训、表达力、文化娱乐活动,http://www.giustiziaminorile.it/(2013年6月26日访问)。

[③] 意大利少年司法部网站:Dati statistici relative all' utenza dei servizi della Giustizia Minorile, http://www.giustiziaminorile.it/(2015年4月9日访问)。

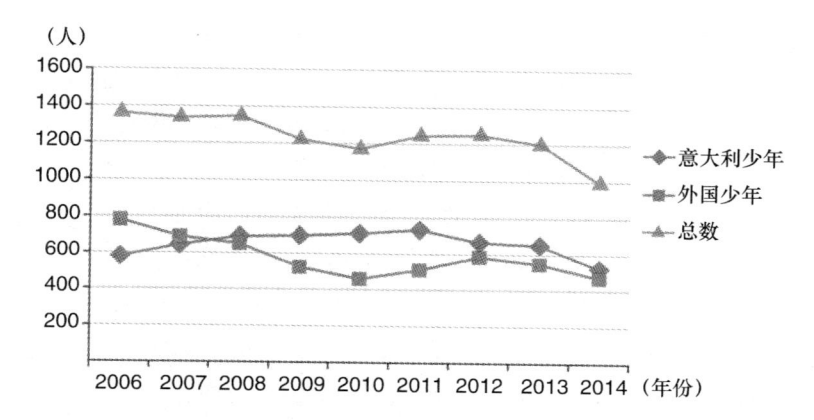

图 2—3 意大利进入少年惩教院的未成年人数量（2006—2014，按国籍分类）

资料来源：意大利少年司法部网站 http://www.giustiziaminorile.it/。

四 少年社会工作办公室

社会工作（servizio sociale）[①] 在意大利的少年司法中地位重要，是社会部门的代表，也是司法社会化的核心力量。少年社会工作办公室最初于 1934 年根据第一部《少年法》（R. D. n. 1404/1934）而设立。1956 年对复杂的少年司法机构规定了的服务功能，这其中就包括社会工作办公室（1956 年 7 月 25 日通过的第 888 号法案），将少年司法部下每个区域的再教育中心作为中心。[②] 但直到 20 世纪 70 年代之前，社会工作都是隐藏的，没有介入到少年司法中，没有在少年司法体系中发挥真正作用、承担重要功能。一直到 1977 年第 616

[①] 意大利语直译成汉语为社会服务，而不是社会工作。即意大利并没有直接按照 social work 的英文直译，而是根据其内容与职能翻译为社会服务。

[②] Centro di Studi e di Ricerca sulla Giustizia Minorile, *Il Processo Penale dei Minori: Quale Riforma per Quale Giustizia*, Giuffrè Editore, 2004, p. 16.

法案①通过，国家的行政权力去中心化改革后，中央进一步放权到各个城市（comuni），成立了地方少年社会工作行政管理机构，这时社会工作才开始真正在少年司法体系中发展起来。目前意大利全国共有29个社会工作办公室。

　　社会工作助人自助的宗旨在少年司法中得到了直接表达。社会工作根据第272号法案第13条②开展特别活动，与少年司法体系中的职权部门沟通、协调。具体而言，根据第448号法案，少年司法社工开展如下活动：1. 依据第12条，在刑事诉讼的各个阶段提供少年犯的心理援助；2. 依据第18条第1款和第18条增款，司法警察讯问前对少年采取保护措施；3. 依据第31条第3款和第33条第4款，接受初审法院和上诉法院的通知参加庭审；4. 依据第19条第3款、第28条第2款、第30条第2款、第40条第2款，在刑法执行中采取保护措施以及在缓刑中辅导少年。③ 保安措施也是社会工作办公室负责的一部分工作内容。对于14岁以下不具有可归罪性或者没有犯罪意愿和动机的少年，如果确实具有社会危险性（socialmente pericolosi），很可能在未来犯罪，根据《少年刑事诉讼法》第36—41条适用保安措施，适用司法教养院（riformatorio giusiziario）或者监视自由（libertà vigilata）的方式。但是这部分内容很少使用，可以说是真正被边缘的

---

　　① 全称为：Decreto del Presidente della Repubblica 24 luglio 1977，n. 616. 参见 http://www.edscuola.it/archivio/norme/decreti/dpr616_77.html.

　　② 第13条，服务的协调。1. 大区和地方相关部门合作，每一个少年司法中心设立一个专员，负责协调地方少年司法行政部门和地方司法服务部门之间的关系。2. 少年司法部在中央设立总的协调部长，负责第一款事项。协调人员的组成、结构和功能由司法部长和地方共同决定。

　　③ Alessio Anceschi, La Tutela Penale dei Minori, Giuffrè Editore, 2007, p. 4.

内容。①

司法行政部门的少年服务通过社会工作者来实现。跨部门合作可以提高服务质量。少年司法社会工作者代表社会力量，他们将职业化关怀渗透少年司法程序中。社工通过专业化支持，帮助矫正罪错少年的行为，调适少年与其家庭和社会环境的不良关系，阶段性地向监督法官报告少年的表现，在认为适当情况下修改对少年的要求。② 社会工作者不仅仅直接服务于少年，而且整合资源，激励、指导志愿者，承认并挖掘少年自身潜力，为他们寻求各种资源，帮助他们摆脱不良境遇。

根据意大利少年司法部的统计数字，接受社会工作服务的对象稳中有升，从 1998 年的 13058 人，上升到 2009 年的 18885 人。③ 同时与其他机构相比，少年司法中提供的社会工作服务总量远远高于其他机构。2011 年，社区接纳 1926 人，少年惩教院接纳 1246 人，而在社会工作服务办公室却有 20157 名少年。④

五 社区（处置）

除了中央层面的少年司法体系外，各个地区有地方当局的少年保护系统（enti locali），根据本地区的地方特色形成少年保护机制。司法机构与社区的合作机制体现预防少年犯罪的目标，同时也是司法社会化的重要举措。全国目前共有 12 个少

---

① Armando Caputo, *Devianza e Disagio Minorile*, ISTAT, 2001, p. 104.
② Ibid., pp. 101—102.
③ Dati statistici relative all'utenza dei servizi della Giustizia Minorile, http://www.giustiziaminorile.it/（2013 年 4 月 26 日访问）。
④ Anno 2011 I MINORENNI NELLE STRUTTURE DELLA GIUSTIZIA, http://www.sistan.it/fileadmin/redazioni/IMMAGINI/Minorenni_ nelle_ strutture_ della_ giustizia_ -_ 02_ lug_ 2013_ -_ Testo_ integrale.pdf.

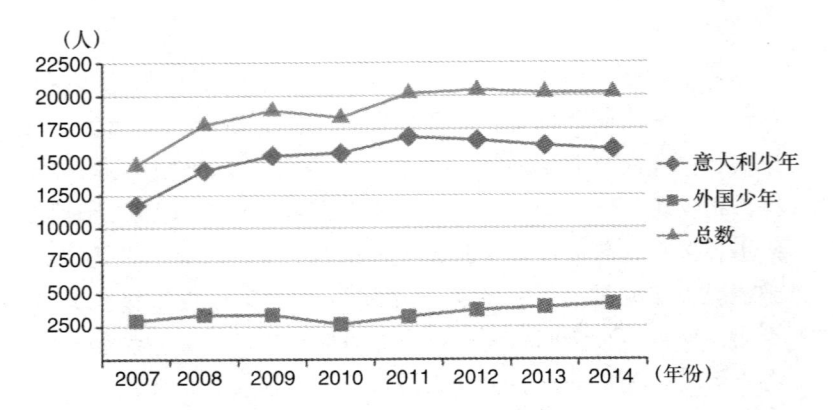

图 2—4　意大利社会工作办公室的服务数量（2007—2014，按国籍分类）

资料来源 http：//www.giustiziaminorile.it/statistica/dati_statistici/DatiAggiornati/dati_aggiornati.pdf。

年社区。

地方机构在不同社区，形成了对问题家庭和少年保护性介入的综合网（rete integrata），具体包括[①]：

- 家庭和少年的心理社会服务（servizio psico-social per la famiglia e i minori，SFM），以保护为目的，与司法机构相衔接；
- 家庭教育援助服务（servizio per l'assistenza educativa domicilare，ADM），目的是为了保护和修复家庭关系，加强父母教育的能力；
- 未成年人犯罪机构（unità penale minorile），预防未成年人犯罪，负责对失去自由的少年进行看管；

---

① Alessandra Pè, Antonella Ruggiu, *Il Giusto Processo e la Protezione del Minore*, FrancoAngeli, 2011, p.130.

- 地方收养中心 (centro adozioni territoriale, CAT), 与地方健康专业机构 (azienda sanitaria locale, ASL) 一起向地方法院提供收养或者寄养的候选家庭。

社区保护处置网主要由社工和心理咨询师组成, 主要内容包括介入社区敏感地方对未成人进行保护; 对保护少年的环境进行监督和控制; 进行社会心理调查; 在社区中, 可以对药物依赖或者酗酒少年进行戒瘾治疗。也可以提供跨部门的少年服务, 比如在米兰周边的罗扎诺 (Rozzano) 镇, 有 "少儿桌 (tavolo dei minori)" 服务, 涉及部门包括关注少儿神经发育与心理问题的医疗公司 (azienda ospedaleiera)、幼儿园的教育者、学校领导与教师、牧师、家庭协会、社会组织的代表等; 少儿桌的设立是少年保护的重要方式, 是少年福利的体现。[①]

这一机构在意大利少年司法体系中的地位并不是很突出。但是社区与少年法院的联系呈现出逐渐增多的趋势, 根据少年司法部统计, 社区介入从1998年的834人上升到2009年的2100人。[②] 近年来, 少年社区处置在总体上有所波动。值得关注的是2012年后, 社区处置总量 (图2—5) 和社区每天活动数量 (图2—6) 有所下降, 部分原因是更加强调家庭的康复作用。

由图2—7可知, 在2001年到2011年的十年间, 与首次接待中心和未成年人惩教院相比, 社区的介入量也明显上升。

---

① Patrizia Bergami, "La Tutela dei Minori Come Bene Comune, Anzi, di Più Comuni: l'Ambito di Rozzano", *La Tutela del Minore: dal Diritto agli Interventi*, FrancoAngeli, 2008, p.191.

② 意大利少年司法部网站: Dati statistici relative all'utenza dei servizi della Giustizia Minorile, http://www.giustiziaminorile.it/ (2015年3月26日访问)。

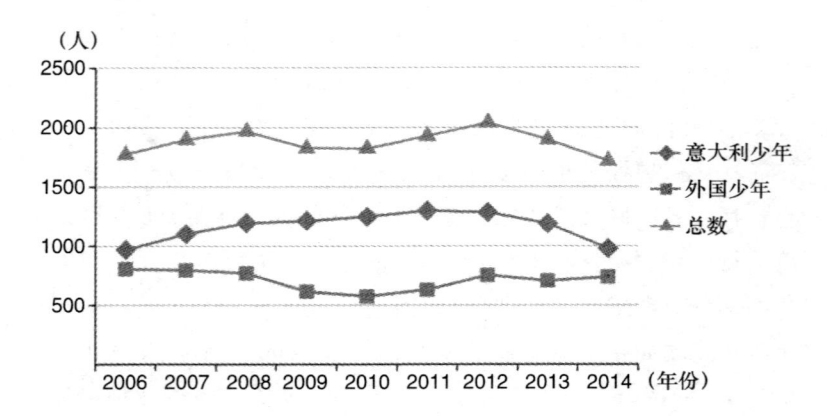

图 2—5 意大利全国社区处置的数量（2006—2014，按国籍分类）
资料来源：意大利少年司法部网站 http://www.giustiziaminorile.it/。

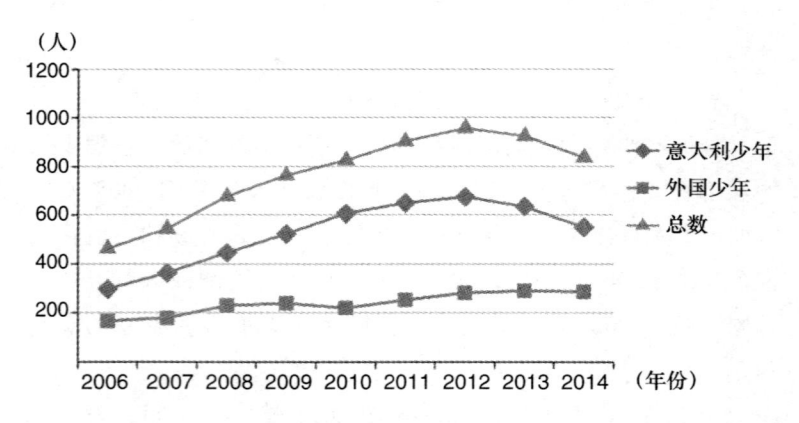

图 2—6 社区平均每天活动的数量（2006—2014，按国籍分类）
资料来源：意大利少年司法部网站 http://www.giustiziaminorile.it/。

法律颁布对社区作用的发挥起到了决定性作用。意大利《少年刑诉法》第 22 条"安置在社区"（collocamento in comunità）规定法官可以将未成年人委托给授权的社区公共机

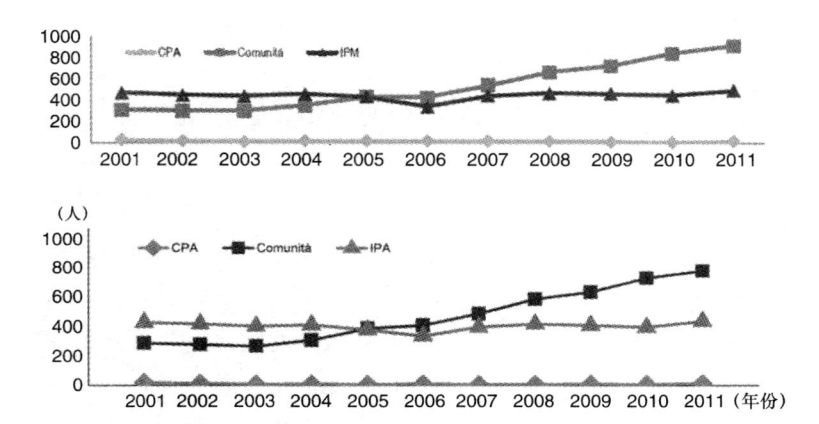

图 2—7 青少年社区、首次接待中心和未成年人惩教院的服务数量比较图（2001—2011）

资料来源：Anno 2011I MINORENNI NELLE STRUTTURE DELLA GIUSTIZ-IA，http：//www. sistan. it/fileadmin/redazioni/IMMAGINI/Minorenni _ nelle _ strutture_ della_ giustizia_ - _ 02_ lug_ 2013_ - _ Testo_ integrale. pdf。

构实施有助于少年教育、学习或者工作活动相关的特别措施。也可以对被采取保安处分的主体（第36条），或者对违反了第21条的拘留在住所（misura della permanenza in casa）的少年实施社区安置处遇。除了常用的委托社会工作（affidamento in prova al servizio sociale）和暂缓判决（sospensione del processo e messa alla prova）外，社区处置可以对缺少父母关爱或被认为不适合待在自己家庭中的少年开展。又如从1999—2001年间，1999年11月23日的宪法第2条，修改了第111条的所谓"司法程序"规定；2000年11月8日的第328号法案改革了社会服务内容，规定介入的主要原则是社会工作；2001年10月18日宪法第3条修改了宪法第5章的标题，特别是第

117 条。①

第二节　少年法院

意大利少年法院的重要职责是刑事保护。为此，少年法院不能像成人法院一样被动地接受罪错少年，而是要积极与社区配合，介入到社区、学校和家庭环境中。少年法院紧紧围绕未成年人的刑事保护理念，通过社会化因素的注入，为这一群体量身定做了人性化的检察、审判和矫正机构。具体而言，少年法院内设下列机构：检察官办公室、调查法官、预审法官、监督法官、少年上诉部门等。②

意大利的少年法院是独立、自治的专门司法机构，负责未满18岁未成年人的刑事、民事和行政诉讼的所有事项。③ 在地域设置上，少年法院在各大区首府、每个上诉法院所在地都设立少年法院。至今，全国共有29个少年法院。④

少年法院中法官与检察官的人事安排由专门机构——司法官⑤最高委员会（Consiglio superiore della magistratura）负责，

---

① Alessandra Pè, Antonella Ruggiu, *Il Giusto Processo e la Protezione del Minore*, FrancoAngeli, 2011, p. 134.

② Alessio Anceschi, *La Tutela Penale dei Minori*, Giuffrè Editore, 2007, p. 2.

③ Charles O'Reilly, "Italian Juvenile Delinquency Legislation", *The American Catholic Sociological Review*, Vol. 12, 1951, p. 95.

④ Valerio Pocar, Paola Ronfani, *Il Giudice e i Diritti dei Minori*, Editori Laterza, 2004, p. 40.

⑤ 在意大利的普通司法体制中，"法官"（giudice）与"检察官"（procuratore）统称为"司法官"（magistratura）。前者也被称为"审判司法官"（magistratura giudicante），后者则被称为"检控司法官"（magistratura inquirente）。参见[意]罗伯特·隆波里、阿尔多·贝特鲁奇等《意大利法概要》，薛军译，中国法制出版社2007年版，第42页。

司法官最高委员会是根据意大利宪法成立的法官自治机构。[1]这一机构的重要职能就是对司法官进行管理：通过公开竞聘与任命司法官员，包括任命最高法院法官，任免名誉法官；同时还负责法官的分配与调动、培训与职业化、纪律处分；惩戒司法官的不端行为等。[2] 它虽然是管理性质的机构，更重要的功能是保障整个司法阶层的"外部独立性"，即不受外部力量的不当干预。[3]

一　检察官办公室

意大利的司法制度实行"审检合署制"。[4] 意大利没有独立的检察院体系，检察官组织与法院体系相结合，同驻一幢办公大楼。由于少年法院不同于普通法院，所以少年检察机构也不同于普通的检察机构。在普通法院中系统内的检察院包括三个层次：（1）驻一审法院的共和国检察院，包括驻初审法院检察院、驻普通法院检察院和驻重罪法院检察院、驻未成年人法院检察院4种。这类检察院分布很广，共有163个。（2）驻上诉法院检察院，包括驻普通上诉法院检察院和驻上诉重罪法院检察院，共有29个。（3）驻最高法院总检察院。意大利总检察官驻于最高法院中，被称为"驻最高法院的总检察官"。较低级别的检察官，也分别驻于上诉法院

---

[1] 意大利1948年宪法在司法体制方面确立的最为核心原则就是司法官独立原则。宪法第104条的规定："司法官构成一个自主阶层，并且独立于任何其他权力。"由此而带来最重要的制度变革就是将先前由政府的司法部长行使的对从事司法工作的人事管理职能转由司法官最高委员会来行使。

[2] ［意］罗伯特·隆波里、阿尔多·贝特鲁奇等：《意大利法概要》，薛军译，中国法制出版社2007年版，第41—63页。

[3] 同上书，第45页。

[4] 徐鹤喃：《意大利的司法制度》，《人民检察》2000年第5期。

和其他初审法院中。①

意大利普通法院的检察官办公室下设多个工作组：公共管理组、有组织犯罪组、弱势群体组等，每个检察官办公室由一名总检察官和几名普通检察官组成。② 少年检察官办公室设置在少年法院之中。按照级别分为在最高法院充当控诉机关的总检察长办公室、二审法院的驻上诉法院检察官办公室和驻下级法庭检察官办公室和驻合议法庭检察官办公室，这些是在预审法官面前履行职务的控诉机关。

二　少年检察官

在整个少年司法活动中，少年检察官与普通法院中的检察官一样独立行使起诉权。宪法保障检察官与其他司法官员一样，完全独立于行政权力或其他权力。检察官的决定只服从于法官，只有法官可以对之提出异议。

少年检察官的基本任务主要包括两个方面。首先，少年刑事案件。支持其他检察官的检察工作，对所有少年案件开展初步调查（indagini preliminari），最后提起公诉（esercitare l'azione penale）。其次，少年民事案件。少年检察官收集对少年可能存在危险的信息，提前向少年法院报告（avanzare istanze al Tribunale per i minorenni），对他们进行保护。③

意大利的少年检察官代表公共利益，代表着公正（imparzialità），但是少年检察官同时还需要保护少年这一弱势主体（soggetto debole）。少年检察官的职责与具体工作，都灵

---

　　① 参见徐鹤喃《意大利的司法制度》，《人民检察》2000 年第 5 期。
　　② 参见都灵少年法院调研资料。
　　③ http：//www. tribunaleminorimilano. it/dettaglio. asp？id_ articolo = 365&id_ categoria = Procura（访问日期 2013 年 7 月 3 日）。

少年法院的检察官玛尔塔·考姆布拉罗(Marta Combraro)介绍说:

> 每个少年法院的少年检察部门都会有特别的管辖区域,都灵的少年法院负责皮埃蒙特大区和奥斯塔地区(Piemonte, Valle D'Aosta, Asti, Alessandria, Verbania, Biella, Aosta),这些地区流动性的移民和吉普赛人比较多。我管辖这些地区所有的少年案件,即使这些地方居住的少年在其他地区作案也是由我来负责。接到任务后需要决定如何开展调查。对少年的调查工作有两个原则:一是对已经承认的事实是否有主观因素,即是否属于过失或者疏忽;二是查明少年是否具有可归罪性,因为14岁以下的少年被推定不具有可归罪性,14岁以上的推定相对不具有可归罪性,因此少年检察官应该积极证明少年是否具有可归罪性。
>
> 我们与警官交流犯罪信息(comunicazione di notizia di reato),或者从地方、医院、路人、社会工作者、居民等方面获知发生的刑事案件,做好登记后分配给不同的检察官。此外,在少年刑事诉讼的过程中,有多种快速退出刑事诉讼的方法和解决方案。这些措施包括:事实的不相关性、不成熟性(不具有认知和理解能力)、司法宽免和缓判。因此经常是从调查开始,检察官就要在初步调查中存储与事实不相关性、不成熟性或者司法宽免的信息。检察官也要给少年犯教育的信息,因为审讯也是教育的一个方面。审讯之后要归档,工作量巨大。
>
> 检察官平时依级别开展工作。普通法院体系为了防止腐败和对同一种工作的倦怠,规定了司法官的轮换制:如

果一位检察官在一个组工作 10 年,那么必须转换到其他办公室或者同一个办公室的其他组(cambiare o ufficio o gruppo di lavoro),或者如果不愿意换办公室,也可以做其他类型的检察官,但是必须到另外城市任职。而少年检察官没有这个限制,可以在一个地区任职十年以上。

一旦检察官收集了所有证明少年嫌疑犯行为有罪的证据,就需要决定是否提交起诉书。即便检察官决定起诉,也需要根据未成年人的特点,考虑是否有替代刑罚,比如决定社会工作、心理学、精神病学或者物质成瘾性等服务的介入,如果可能,这种介入要尽量提早。检察官结束初步调查之后,整理调查结果,然后按照刑诉法第 416 条[①]的要求提起公诉,移交有关卷宗。案件到达法官那里之后,进入到预审、上诉阶段。同时,还要与地区服务机构、警察、学校、医院等多方面保持良好联系和有效沟通。

相对于所管辖的地域而言,检察官的数量远远不够。因为对于检察官而言,不仅办理刑事案件,同时还有民事案件,而且民事案件的责任更为重大。检察官有排除收养诉讼案件启动的权利,一旦检察官启用此权利,法院就不能启动诉讼程序,责任非常重大,因此检察官经常在紧急的状态下工作。[②]

[①] 意大利刑事诉讼法第 416 条(公诉人的审判要求)规定:1. 公诉人将提交审判的要求储存在法官的文书室里;2. 在提出要求是已送有关的卷宗,其中包括犯罪信息、关于已进行的侦查工作的材料、在负责初期侦查的法官面前实施行为的笔录。无须另地保存犯罪的物证和与犯罪有关的物品一并附卷。

[②] 参见都灵少年法院调研资料。

由此可见，少年检察官责任重大。在意大利，检察官是很让人羡慕的职业。如果一名法学院的学生要想成为一名检察官或者法官（统称司法官），需要通过全国公开的司法官资格考试。这一考试与律师资格考试分开，独立进行，内容更难，除了笔试之外，还有口试，通过率很低。法学院的学生在大三的时候就在律师事务所和法院实习，然后有选择性地参加律师和司法官考试。

三　少年法庭

少年法院内设少年法庭，按照案件的类型，分为民事、刑事和行政案件。在意大利，将民法和刑法分离一直是遭到反对的。[①] 少年法院介入了所有可能不利于少年身心发展的情况，以实现社会融合，提升个人福利。[②] 在地域管辖上，少年法院的地域管辖权与上诉法院或者上诉法院中的少年法庭部分相一致（比如都灵少年法院管辖皮埃蒙特大区和奥斯塔地区）。[③]

对于判处刑罚的少年，根据意大利1988年《少年刑诉法》第32条，少年法庭在预审过程中可以使用替代刑，如半自由刑或者半拘役，目的是尽量将少年犯移到刑罚以外，进入社会融合中。同时，少年法庭也对民事案件具有管辖权，与刑事案件相比，民事案件的数量更大，约占到案件总数的80%，主要集中在对少年的收养上。意大利有国际和国内收养。关于

[①] Edwin M. Lemert, "Juvenile Justice Italian Style", *Law and Society Review*, Vol. 20, 1986, p. 526.

[②] Filippo Dettori, *Giustizia Minorile e Integrazione Sociale*, FrancoAngeli, 2002, p. 25.

[③] Valerio Pocar, Paola Ronfani, *Il Giudice e i Diritti dei Minori*, Editori Laterza, 2004, p. 43.

少年儿童的收养法律，法官需要参照《意大利民法典》第8章第291—314条。① 除了收养，还有起诉要求对方承担抚养权以及履行抚养义务的案件。不论民事还是刑事，法官在判案时都需要以儿童的最大利益为原则，保护少年儿童的成长并有利于他们接受教育。在判决这类案件时，不仅有少年法官，同时还有司法社工、心理学家等一起讨论，这样就能综合少年在社会发展中的多学科优势，多视角地看待少年成长，避免只考虑法律问题。

除了民事和刑事案件，少年法庭还管辖行政案件。最初规定体现在1934年的《少年法》，后来在1956年的第888法案中进行了修改。行政案件有两个主要原则：首先，要以再教育方式进行；其次，委托社会工作。② 如果上述措施都不奏效，那么可以考虑通过机构或者社区的方式控制少年自由。

同时，法律要求少年法庭不公开审理少年案件，也不允许将少年案件的照片或者其他个人信息见诸报纸等媒体，以保护少年隐私。

四　少年法官

意大利少年法官体系与我国有所不同，分为初步调查法官（giudice per le indagini preliminari，GIP）③、预审法官（giudice dell'udienza preliminare，GUP）和监督法官（giudice di sor-

---

① 《意大利民法典》，费安玲、丁玫译，中国政法大学出版社1997年版，第87—91页。

② Armando Caputo，*Devianza e Disagio Minorile*，ISTAT，2001，p.17.

③ 初步调查法官的设立是根据《意大利刑事诉讼法典》第328条："在法律规定的情况下，根据公诉人、当事人和犯罪被害人的要求，由负责初期侦查的法官做出决定。"参见《意大利刑事诉讼法典》，黄风译，中国政法大学出版社1994年版，第117页。

veglianza)。① 初步调查法官需要证实或者批准检察官提交的证据材料，批准窃听等刑事侦查手段等。预审法官是在初步庭审中决定是否推迟对被告的判决，或通过缓诉等方式分流少年犯，只有最严重的罪行才进入审判程序。每个少年法庭都会有监督法官，是监督法院处罚和安全措施执行的特殊法官，以确保任何形式的司法措施在法律和法规指引下有效执行，也监督在羁押和监狱中进行治疗的未成年人。

除了上述的专业法官以外，少年法官还包括非专业的名誉法官，专业法官与名誉法官合议审案成为意大利少年司法体系的一大特色。

（一）专业法官与名誉法官合议审案

少年法院与普通法院相比，重要的特点是不论民事案件还是刑事案件，都由专业法官（giudici togati）和名誉法官（giudici onorari）组成的合议庭审理。② 1956 年 12 月 27 日意大利第 1441 号法案规定有专业特长的公民个人可以作为专业"评审团"参与判案，合议庭由两位专业法官与两位名誉法官③共 4 名法官组成。④ 这是法律第一次在少年司法中规定了"名誉法官"这一角色。名誉法官需要一名男性，一名女性，他们要具有教育学、心理学、生物学、人类学等人文学科的教育

---

① Valerio Pocar, Paola Ronfani, *Il Giudice e i Diritti dei Minori*, Editori Laterza, 2004, p. 50.

② Filippo Dettori, *Giustizia Minorile e Integrazione Sociale*, FrancoAngeli, 2002, p. 17.

③ 有的学者在介绍少年司法制度时，将名誉法官介绍为法官助理或者法官陪审员并不确切，因为意大利的名誉法官与职业法官角色相同，他们共同讨论案件，有同等的判决投票权。名誉法官的意见是决定案件的重要因素，而并不是法官助理等辅助角色。

④ John Winterdyk, *Juvenile Justice Systems: International Perspectives*, 2nd edition, Canadian Scholars' Press, 2002, p. 197.

背景，可能是教师、心理学家、精神病学家、犯罪人类学家或者生理学家。[1] 名誉法官在巡回法庭和上诉法庭活动，但不允许在其他法庭（裁判官庭、合议法庭和最高法院）活动。名誉法官最低年龄是30岁，通常每4年重新进行选任，没有工资。名誉法官是少年司法社会化的重要体现，审理案件时强调他们的专业职能，有利于将复杂的社会因素考虑进去，特别是对那些需要特殊对待的家庭和少年。[2] 在司法文化中，就法官组成方面而言这是一个创新。[3] 这些规定培养了具有生物学、心理学、犯罪学、精神病学、教育学等专业背景的女法官。

笔者在意大利少年法庭旁听时对4名法官讨论案件的印象颇为深刻。他们每个人事先被分配几个案件，在预审时每个人首先陈述案情，然后4位法官在少年利益最大化的原则下积极讨论。除了两名专业法官外，还有一名男性名誉法官是教师，有多年的教育背景，另一名女性名誉法官是资深的心理学家，他们非常投入地讨论案情，分析少年犯的心理、教育、家庭等多种影响因素，最后对案件处理达成一致意见。

然而，现在少年法官的组成制度并非一开始就像今天这样，而是经历了一个漫长的过程。长期以来，意大利的实证主义者坚持：由于少年法官审理对象的特殊性，不应该仅就少年犯的行为本身判案，而更应该从生物、心理等多方面的人文学科出发，综合考虑少年犯的成长环境与人格发展，故少年法官

---

[1] Alessio Anceschi, *La Tutela Penale dei Minori*, Giuffrè Editore, 2007, p. 3.

[2] Filippo Dettori, *Giustizia Minorile e Integrazione Sociale*, FrancoAngeli, 2002, p. 21.

[3] Centro di Studi e di Ricerca sulla Giustizia Minorile, *Il Processo Penale dei Minori: Quale Riforma per Quale Giustizia*, Giuffrè Editore, 2004, p. 17.

不仅要懂法律，同时还要接受生物、心理等科学的特殊培训，以完成这一特殊任务。但是在第一个少年法院成立之时，既没有这样的法官，也缺乏法律依据。满足实证主义需求的办法就是建立起集民事、刑事和行政三项权利的少年法院，以及职业法官和具有人文学科背景的名誉法官共同判案的制度。在1934年第一部《少年法》中，规定了三位少年法官：两位职业法官和一位名誉法官。但是后来希望在意大利出现一批特殊的少年法官的意愿并未实现，因为无法找到愿意接受并有能力实现实证主义目标的法官，少年法官的人选问题成为这一制度中的最大障碍。[①] 1956年立法引入了第二位名誉法官，使法官总数成为4人，并要求第二位名誉法官必须是一名女性，因为她的性别角色会注入独特的柔性视角。

少年法庭的程序与成年人的普通法庭相比有较大差异。在少年法官的审理程序上，检察官提起公诉的案件经调查法官提交到预审法官（giudice dell'udienza preliminare，GUP）处，预审法官决定是否进入下一步庭审阶段。在普通的程序中，初步调查法官同时也有预审法官的职能。但是在少年法庭则不同，初步调查法官不能同时兼有预审法官的职能，因为初步调查法官是独任制的，而预审法官是合议制的。[②] 普通法院的初步调查法官是文书法官，确认检察官经过初步调查阶段所提交的行为，确定是否有立即司法判决的要求和条件。少年法庭的检察官不仅审核文书，还要对案件的事实、证据进行核实，重点收集可以分流少年的证据。

---

① Alfredo Carlo Moro, *Manuale di Diritto Minorile*, seconda edizione, Zanichelli Bologna, 2000, p. 57.

② 参见都灵少年法院调研资料。

（二）法官合议审查制度的效果与评价

意大利的少年法官制度尽管在构成形式上类似于英格兰、威尔士、法国、波兰和俄罗斯等国的少年法院，比如英格兰少年法官的组成中也有两名非职业和不拿薪水的名誉法官。但是在这些国家，名誉法官形同虚设，名誉法官的任命主要是获得广泛声誉，他们并不会在很大程度上影响案件的判决。[1] 而意大利与其他国家相比，名誉法官角色就很重要，他们的地位与职业法官基本相同，积极贡献专家意见。意大利少年法官的平等精神盛行，名誉法官与职业法官之间会有激烈的争辩，也的确会发生平局投票的情形，出现4名法官两两对峙。这时根据法律要撤销案件，释放少年犯。但这只能在刑事案件的合议庭出现这一情况时才能如此办理，民事和行政程序不可以。

这一制度在发展过程中也不乏批评之声。有人认为少年法官的角色定位模糊。例如一位官员说："将法律与其他学科混在一起是有害的，也使少年法官要倾其一生去学习。"有意思的是，1948年宪法禁止创设更多的特殊法官。这一制度受到欧洲司法关注并也成为国家会议的议题。[2] 实践中，也有些法官不喜欢做专门的少年法官，因为这个领域适用法律相对较少，没机会运用更多法律。

笔者认为，对少年司法而言，名誉法官与职业法官组成合议庭制度弥补了法官知识结构的不足，有利于全面分析少年犯的人格与成长发育阶段。一名少年法官不可能在精通法律的同

---

[1] Edwin M. Lemert, "Juvenile Justice Italian Style", *Law and Society Review*, Vol 20, 1986, p.525.

[2] Ibid., p.526.

时，再全面掌握少年心理、家庭、教育以及社会环境等多方面的知识，而 4 名具有多学科背景的法官对案件进行合议就很好地解决了这个问题，有利于全面权衡环境对未成年人的影响，有利于弥补专业法官从单一的法律角度进行制裁的缺陷，有利于做出更加适合未成年人成长的处理结果，也体现了社会力量介入司法审理的积极作用。

（三）监督法官（Magistrato di Sorveglianza）

意大利每一个少年法院都有监督法官。监督法官的引入是意大利少年司法独立的象征。因为监督法官是特别法官，他们的职责是负责监督刑罚措施和保安处分的施行，最终保证每一个案件的执行形式与法律规定相符。根据《意大利惩教法》第 13 条，监督法官的职责包括组织未成年人惩教院的相关拘留和惩教项目，依照法律进行心理—教育等再教育项目，修改社会工作的委托措施和外部劳动项目，给予直接处置以减少少年拘留中的暴力事件，适当情况下可以更改或者撤销保安处分，提供允许和许可证（刑事诉讼法第 679 条），主管少年替代措施的执行（第 488 号法案第 30 条第 2 款）。[①] 同时，监督法官也对少年监狱实施监督，注重在监狱和其他矫正机构教育职能的发挥。监督法官应该在少年进行刑罚的 3 天之内，与少年和少年的实际监护人（esercente la potestà genitoriale）见面，并必须考虑少年的教育需求。[②] 职责要求监督法官必须经常出现在机构，了解少年所在团队的变化情况。

---

① Romano Ricciotti, *La Giustizia Penale Minorile*, CEDAM, 1998, p. 187.
② http://www.diritto-penale.it/il-magistrato-e-il-tribunale-di-sorveglianza-procedimento.htm（2013 年 7 月 8 日访问）。

第三节　少年司法服务与矫正机构

意大利少年司法机构除了行政管理机构、少年法院体系以外，还建立了少年司法矫正与服务机构，是体现司法社会化的重要制度。

意大利的少年矫正机构与少年法院联系紧密。根据法律，每个少年法院都有"少年再教育中心"，包括观察机构（istituto di osservazione）、管理轻微犯罪和问题少年的再教育之家（casa di rieducazione）、管理罪行较重者的司法教养院（riformatorio giudiziario）、管理罪行最为严重的少年犯的少年监狱（carcere per minorenni）。

观察中心相当于拘留处所，18 岁以下的未成年人在这里等待他们的案子进入审讯状态，警察可以将被遗弃的未成年人放在这里。[1] 在这里，如果必要，未成年人可以得到生理、心理和法医学检查。这里的工作人员观察未成年人的行为，并就案件的处置向法官提出建议。在这里的工作人员帮助他们发现自我，了解他们的困难和对未来的愿望，以及走出刑事司法体系后如何适应社会。再教育之家对轻微越轨行为的少年进行管理，这里同时也收治社会适应不良的未成年人。

在矫治方面，意大利的矫正机构发达但是社区矫正比较薄弱。这与历史传统有关。早在 17 世纪还没有少年司法概念的时候，意大利就开始建立少年机构，收容需要帮助的少年儿

---

[1] 不是所有进入司法系统的未成年人都要拘留。未成年人被分为三部分：由家人或者警察带进司法系统等待检查和审讯的；被逮捕的；已经进入审讯程序等待进入相应机构的。

童。现在社区矫正薄弱是因为没有足够的社区制度来安置从少年司法体系中分流出来的未成年人。而就全世界而言，机构矫正也正受到家庭矫正的挑战。意大利的少年司法学术界普遍认为应该将少年法院升级为家庭法院，从整个家庭的角度来分析判断少年的行为，同时对不能提供合格亲权的父母采取一定措施，比如对他们进行培训或者心理治疗等家庭介入手段。因为少年犯的父母也极深地嵌入整个诉讼过程中，是可以帮助少年改变的重要力量，因为任何父母都不希望自己的孩子身陷囹圄。同时，行政机构和地方政府中的社会工作和社会服务人员，连接机构、家庭和环境资源，是帮助罪错少年康复的重要力量。

一　少年公共服务机构

纵观意大利少年司法历史可知，少年司法的不断发展过程中一直伴随着专业社工及其机构的参与和支持。意大利的少年服务从最初的教会团体发展到后来专业化的公共服务机构，是公共服务介入少年司法的重要形式，也是社会力量保护少年的关键载体。

现代意义上的社工机构发展经历了三个阶段[1]：首先是20世纪80年代专家中心阶段。此时，第一个专家服务中心诞生（nascita dei primi servizi specialistici），少年保护文化日益浓厚，这一中心致力于对受虐待儿童提供服务，帮助他们走出阴霾。这些服务声讨严重遗弃和疏忽儿童的父母犯罪行为［所谓的

---

[1] Teresa Bertotti, "I Cambiamenti nel Sistema Giudiziario e i Suoi Effetti nei Servizi per la Tutela dei Minori: Necessità di Ripensare i Reciproci Posizionamenti", *Il Giusto Processo e la Protezione del Minore*, FrancoAngeli, 2011, p.153.

"社会案件"（casi sociali）]，提出了保护家庭的第三条道路。意大利以英国的经验为参考，投入公共资金设立研究中心和少年服务网络作为"经验实验地（laboratorio di esperienze）"。1984 年建立了"米兰儿童虐待中心（Centro per il Bambino Maltrattato di Milano）"，1987 年在罗马建立了耶稣儿童医院（Ospedale Bambini Gesù di Roma）与儿童专家中心和年龄发展协会，同一年，卡利亚里（Cagliari）[①] 第一家公共救助服务中心（Centro pubblico Numero Blu）成立，在 1993 年这些中心得到了国家协调。在 1987 年诞生求助热线（Telefono Azzurro）是意大利第一个服务少年受害者的机构。[②] 这些机构意识到少年可能受到的侵害，明确在少年保护与照管的理念下对需要的少年进行系统介入。对保护和照管少年与对照顾家庭交织在一起：儿童虐待被定义为家庭功能失调的体现，在儿童虐待背后存在着家庭危机，在家长福利（benessere dei genitori）与儿童福利（benessere del bambino）之间存在着潜在的利益冲突（conflitto d'interessi）。这一阶段开始探索介入模式，将介入保护分不同阶段，对康复的可能性进行评估。

　　第二阶段是公共服务（servizi pubblici）——地方健康专业机构（azienda sanitaria locale，ASL）的推广阶段。从 20 世纪 90 年代起，这一机构在全国范围内广泛建立，服务升级，推广专家中心经验，为少年法院提名的少年提供多学科综合服务。这一结构从地方源起，有多种模式，通常情况下由经理对服务项目负责，致力于少年保护不同阶段机构参与者的协同一

---

　　① 卡利亚里位于意大利的撒丁岛（Sardegna）南部。
　　② Teresa Bertotti, "I Cambiamenti nel Sistema Giudiziario e i Suoi Effetti nei Servizi per la Tutela dei Minori: Necessità di Ripensare i Reciproci Posizionamenti", *Il Giusto Processo e la Protezione del Minore*, FrancoAngeli, 2011, p.153.

致。这一时期的特点还表现为相关法律在加强少年保护方面的不断健全与完善,主要包括针对少年的《反性暴力和性侵法》;以"促进儿童与少年权利和机会"(promozione dei diritti e delle opportunità per l'infanzia e l'adolescenza)的第285/1997 法案,① 尤其是在少年的性侵案件中,服务系统希望能够最高限度地接近正义(alta vicinanza con il sistema della giustizia),希望能在超越司法(extragiudiziario)的情境下加强控制与监管服务。② "负责公共服务"的工作人员需要进行报告偏见、控诉与停止虐待儿童的初步处理,并在接纳原则下,在有压力的情况下能够进行专业判断。

第三阶段是地方政府新的管理服务阶段。2000 年底的社会工作改革,撤回各城市的地方健康专业机构,改革使得司法机构和服务机构的关系发生了巨大变化。改革之后,两者之间的合作日益紧密,司法机构更加依赖社会服务机构提供的社会服务,使得从司法诉讼过程中分流出来的少年能够得到社会工作者的照管和项目化教育。在历尽了重重困难后终于找到两者的合作渠道。③ 这种现象有助于有效利用社会康复资源,有效获取社会服务,英美法的经验已经让双方尝试共同管理的新形式,加强社会和教育措施。重申地区中心化是对儿童和家庭世界的更大接近。在这一过程中,一些因素

---

① T. Bertotti, "Bambini maltratti e organizzazione dei servizi", in *Maltrattamento e abuso all' infanzia*, FrancoAngeli, Milano, 1999, n. 3, pp. 69—88. 这篇文章提及全国层面发展的主要经验。

② Teresa Bertotti, "I Cambiamenti nel Sistema Giudiziario e i Suoi Effetti nei Servizi per la Tutela dei Minori: Necessità di Ripensare i Reciproci Posizionamenti", *Il Giusto Processo e la Protezione del Minore*, FrancoAngeli, 2011, p. 154.

③ Emma Avezzù, "Il Pubblico Ministero e 'gli Altri'", *Il Giusto Processo e la Protezione del Minore*, FrancoAngeli, 2011, p. 67.

与欧洲层面的儿童福利相一致：区域化、新的治理体系和专业评审。[1]

少年保护服务采取多种新形式。通常而言不仅仅是司法措施，问题家庭和危险少年也可以选择一般服务（servizi generalisti）或者区域化服务（servizi di area）和工作者的独特专业，可以选择服务领域，比如可以选择社会工作服务或者心理或者教育服务。[2] 新的结构面临着与社会健康体系的整合（integrazione con gli interventi socio-sanitari）。这种保护的结构是多学科的，不仅有司法社会工作者，同时也有心理咨询师和教育者[3]，有利于保护少年被害人、被性侵少年儿童。

二 司法社会工作者

随着世界范围内儿童权利不断得到重视，1989年联合国的《儿童权利公约》明确规定了少年也是在诉讼中的保护主体，他们的声音应该得到倾听，应该得到帮助并有人代表他们的利益。意大利著名学者Alfredo Carlo Moro在《少年权利手册》一书中，对少年的社会生活权利写道："少年不仅仅是社会家庭中的子女，他们也是社会生活的主体，需要意识到他们也具有自主权（autonomia），以实现他们的发展。他们与社会组成一体，有社会关系网络（rete di relazioni），他们也是经

---

[1] Teresa Bertotti, "I Cambiamenti nel Sistema Giudiziario e i Suoi Effetti nei Servizi per la Tutela dei Minori: Necessità di Ripensare i Reciproci Posizionamenti", *Il Giusto Processo e la Protezione del Minore*, FrancoAngeli, 2011, p. 155.

[2] Teresa Bertotti, "I Cambiamenti nel Sistema Giudiziario e i Suoi Effetti nei Servizi per la Tutela dei Minori: Necessità di Ripensare i Reciproci Posizionamenti", *Il Giusto Processo e la Protezione del Minore*, FrancoAngeli, 2011, p. 155.

[3] Centro di Studi e di Ricerca sulla Giustizia Minorile, *Il Processo Penale dei Minori: Quale Riforma per Quale Giustizia*, Giuffrè Editore, 2004, p. 17.

济、政治和社会生活的主体。"[1]

在意大利的少年司法程序中，司法社会工作者（简称司法社工）是专业的少年服务力量，强调在诉讼中保护少年利益。通过少年司法社工服务，帮助少年康复。司法社工服务保证并提高了少年福利的机会，公开介入危机，降低少年出现偏差的风险。司法社工的工作方法通常情况是通过个案和小组介入治疗，也会运用社区工作方法，以少年为核心形成一个社会支持网络，对少年进行赋权增能，运用优势视角发掘蕴含在他们身上的潜在资源并与家庭、社区甚至社会资源进行整合，推动个体在成长中的蜕变。2008年威尼托（Veneto）地区社会工作遵循健康与社会的原则，就保护和照顾少年儿童中的责任，定义了4项责任内容：一起协调、社会介入与整合、健康与教育以最终提高少年福利、将少年儿童转移并离开风险或存在损害的环境。[2] 他们工作的中心就是保护家庭并提升少年和家庭的生活环境，家庭关系可以提升少年福祉。因此对需要的活动和措施做出决定是艰难的，充满多重挑战和困难。[3] 社工强调对每个家庭成员、成员之间关系、家庭资源、风险、能力的观察与倾听能力，以一种发展的眼光，建立一种互相理解的家庭关系。

司法社工是少年与法官之间的对话者（interlocutore）。2007年7月1日，n.149/2001号法令开始生效，规定了在

---

[1] Alfredo Carlo Moro, *Manuale di Diritto Minorile* (seconda edizione), Zanichelli Bologna, 2000, p. 237.

[2] Sara Serbati, "Paola Milani, Valutare gli Interventi Sociali con Bambini e Famiglie: Child Well-Being Scales, uno Strumento Interessante", *Il Giusto Processo e la Protezione del Minore*, FrancoAngeli, 2011, p. 164.

[3] Ibid. .

少年司法程序中父母的辩护义务，规定了父母的责任，比如明确规定在收养案件中有父母辩护办公室。[1] 这些都使得少年法官与少年服务之间的对话非常必要。[2] 于是少年司法程序中通过社工连接对话的项目倍增，这些对话主体包括父母、父母的辩护人、少年、少年照顾者、少年的辩护人、社工、少年检察官等。[3]

　　社工强调服务在少年司法中的重要力量。从服务角度而言，司法领域的"强制"（coatti），是基于对少年能够积极变化的信念。[4] 1988 年第 488 法案第 6 条规定在少年司法的每个阶段都需要提供少年服务。特别是增加了社会机构的参与，这些介入具有法律规定的强制性，而不是可有可无。地方政府需要在少年犯罪严重的地方投资建立服务机构，罪错少年在所在地方的社区获得服务。于是司法机构和地方服务机构在少年司法体系下进行了制度化合作（collaborazione istituzionale），刑事程序和社会资源形成了稳定的连接，激活了判决对社会化监督执行和社会服务机构和需要。比如这部法案中规定了暂缓判决制度，如果没有社会服务，这一制度就根本无法实现。[5] 2000 年后，随着意大利社会工作改革，地方出现了新的少年管理照顾形式，有助于节约资源并日益强大社会的健康服务体系。[6]

---

[1]　Maria Grazia Domanico, "I Servizi nel Processo: Tutela, Responsabilità e Difesa Tecnica", *Il Giusto Processo e la Protezione del Minore*, FrancoAngeli, 2011, p. 138.

[2]　Ibid., p. 138.

[3]　Ibid., p. 137.

[4]　Ibid., p. 138.

[5]　Centro di Studi e di Ricerca sulla Giustizia Minorile, *Il Processo Penale dei Minori: Quale Riforma per Quale Giustizia*, Giuffrè Editore, 2004, p. 21.

[6]　Maria Grazia Domanico, "I Servizi nel Processo: Tutela, Responsabilità e Difesa Tecnica", *Il Giusto Processo e la Protezione del Minore*, FrancoAngeli, 2011, p. 138.

对于社工而言,能体现专业性的工作措施之一就是对案主和家庭进行评估。社会工作者专注于少年与家庭之间的关系,从人类发展的生物生态学(bio-ecologica)视角来观察,少年的问题不总是他们自身或者家庭的,而是少年与家庭之间关系或者互动空间(spazio interattivo)的功能失调,是亲子关系和整个家庭历史、社会、文化的失调。为了提高少年福祉,成人世界必不可少地要与成长中的每个主体建立有意义的关系。[1]

如何评估少年成长的家庭环境以及家庭与少年之间的互动关系?这需要更加专业的方法,也是对专业社工的新挑战。[2]这些挑战之一就是对家庭进行个别化的专业评估和支持,减少介入时的自由裁量和随机性。[3]使用专业工具以保证评估的客观性和公正性。风险评估工具比如少年危险性的评估,包括少年危险行为的频率、强度;少年年龄;父母的虐待或者支持程度等。同时还包括预测模型、家庭评估量表、少年幸福感测量表等。其中在少年幸福感测量表中包括43个测量指标,包括了每个少年的生理需求、情绪、社会关系等综合指标,如表2—1所示。[4]

---

[1] Sara Serbati, Paola Milani, "Valutare gli Interventi Sociali con Bambini e Famiglie: Child Well-Being Scales, uno Strumento Interessante". *Il Giusto Processo e la Protezione del Minore*, FrancoAngeli, 2011, p. 163.

[2] Ibid., p. 164.

[3] F. Olivetti-Manoukian, R. Camarlinghi, F. D'Angella, Reinventare pratiche per tutelare diritti. La funzione dei sevizi nell'epoca della vulnerabilita, in Animazione Sociale, 2009, n. 10.

[4] Sara Serbati, Paola Milani, "Valutare gli Interventi Sociali con Bambini e Famiglie: Child Well-Being Scales, uno Strumento Interessante", *Il Giusto Processo e la Protezione del Minore*, FrancoAngeli, 2011, p. 168.

表2—1　少年的幸福感测量指标

1. 医疗援助
2. 食物摄入
3. 衣服状况
4. 个人卫生
5. 家具与陈设
6. 家庭拥挤情况
7. 家庭卫生
8. 居住的稳定性
9. 公共服务的供给（照明、水、煤气等）
10. 家庭安全
11. 精神健康
12. 对儿童的照管（13岁以下）
13. 对少年的照管
14. 父母不在时孩子的照管模式
15. 财务管理
16. 家长对孩子的照顾能力
17. 父母关系
18. 父母陪伴的持续性
19. 父母认识问题的能力
20. 父母解决问题的动机
21. 父母与服务的合作
22. 主要照顾者的支持
23. 社会工作的可获得性
24. 父母对孩子的接纳
25. 父母是否同意对孩子进行介入
26. 父母对孩子的预期
27. 父母教育的一致性
28. 鼓励孩子的措施
29. 体罚
30. 故意剥夺食物/水来惩罚孩子

31. 将孩子关押起来或者限制自由
32. 用抛弃到家外面的方式进行纪律处分
33. 性侵犯
34. 威胁
35. 经济剥夺
36. 保护受虐待的孩子
37. 保证到学校就读
38. 学习成绩
39. 学校出勤率
40. 孩子与家长的关系
41. 越轨行为
42. 儿童应对战略
43. 儿童残疾情况—功能水平

  这些测量指标可以描述少年个人和家庭情况，每一项都从不同角度对少年和家庭及其他们的关系进行探寻，并将这一关系分为7个程度，比如在第27项父母教育的一致性方面，用1—7分别代表"从非常不一致"到"完全一致"，评估者可以根据家庭的实际情况进行评分。同时这一量表内部有两个分区，1—28代表家庭情况，可以将每项汇总得出一个总分，29—43是家庭对孩子的对待情况，同样要分开汇总以得出结论。评估还要注意阶段性，以便清晰地记录家庭在介入之后一段时期内的改变情况，比如可以每3—6个月再做一次评估。[①]如果把这个量表再细分，有10个分别从衣、食、住、家庭卫生和家庭的经济管理等方面描述家庭的基本概况；14个描述

[①] Sara Serbati, Paola Milani, "Valutare gli Interventi Sociali con Bambini e Famiglie: Child Well-Being Scales, uno Strumento Interessante", *Il Giusto Processo e la Protezione del Minore*, FrancoAngeli, 2011, p. 169.

父母的能力，比如父母认识问题的能力，解决问题的动机等，4个代表了孩子的表现，比如在学校的出勤率等。这一量表不仅仅在意大利，在美国、加拿大和法国等地区也被儿童福利机构广泛使用。①

除了评估，社工需要熟悉少年及其家庭资源、社会环境后进行介入，在刑事诉讼的任何阶段帮助少年；提升家庭的责任及其潜能；提升问题少年（problematiche minorili）在社区内的文化和组织；预防少年越轨并根据当地的政策保护少年；与其他少年服务一起，在司法程序中介入并保护和支持少年。1996年2月15日颁布了第66号《反少年性侵法案》（Norme contro la violenza sessuale），少年司法诉讼中增加了新的内容：帮助性侵犯案件中的被害少年（minorenne vittima di abusi sessuali）。②

社工需要对分流出来的少年进行专业化辅导和帮助。在停止诉讼并暂缓判决的情况下，社工作为缓判的执行者，在衡量每个少年的不同情况后，根据其特点选择不同的教育或者工作项目，如果是缓判成功，则刑罚消失。这一过程伴随着社会工作者的社会观护措施。缓判中司法社会工作者的介入是按照法律要求的，是强制性的。

另外在刑罚的替代措施中有委托社会工作（affidamento in prova al servizio sociale），即如果少年的法定刑如果是在3年以下，则可以委托给社会工作者在机构外执行。司法行政机构的少年服务，通过社会工作手段，有义务控制少年主体的行为，

---

① Sara Serbati, Paola Milani, "Valutare gli Interventi Sociali con Bambini e Famiglie: Child Well-Being Scales, uno Strumento Interessante", *Il Giusto Processo e la Protezione del Minore*, FrancoAngeli, 2011, p. 170.

② Armando Caputo, *Devianza e Disagio Minorile*, ISTAT, 2001, pp. 95—96.

支持他们渡过困难。① 司法社工提供社会服务的形式多样，不仅仅与司法资源密切联系，同时也对问题家庭（famiglia in difficoltà）与风险少年（minori a rischio）进行处理。司法社工的工作中会遇到难以应对的群体，比如那些外国少年、游牧民族少年，由于缺乏家庭与社会之间的联系，建立服务网络比较困难，对他们的服务难度相当大。②

意大利最近由于财政危机的影响，社会福利提供的服务受到缩减，社会工作的介入不充分。③ 而对于非缓判的其他案件，社会工作者的干预与之相比更少，甚至没有社会调查报告。

三 少年监狱

意大利的少年监狱也称为少年矫正之家（casa di correzione）。与以往相比，无论监狱数量还是监禁少年犯的数量都明显减少。意大利是欧洲各国中未成年人监狱人口最低的国家之一。④ 法国和德国的少年监禁数量要比意大利高出4倍。⑤ 现在意大利专门的未成年人监禁场所包括25个未成年人临时监禁中心和17个未成年人监狱，男性与女性设施分开，设置专职的社会工作者提供服务。意大利少年法官在使用少年监狱的问题上非常审慎，轻易不会将少年犯投入监狱，而是尽量给少年一个教育环境，让他们远离监狱，以有利于其成长。只有在

---

① Armando Caputo, *Devianza e Disagio Minorile*, ISTAT, 2001, pp. 98—101.
② Ibid., p. 97.
③ Alessandra Pè, Antonella Ruggiu, *Il Giusto Processo e la Protezione del Minore*, FrancoAngeli, 2011, p. 189.
④ 潘效国：《意大利的青少年犯罪与青少年司法状况》，《青少年犯罪问题》2009年第1期。
⑤ 参见对《少年司法》主编访谈的调研资料。

所有的替代措施无适用可能时，比如在南方发生的恶性武装抢劫[①]时，法院才对未成年人适用剥夺自由。

（一）都灵模式

在采访《少年司法》主编皮埃尔卡罗·帕载（Piercarlo Pazè）时，他介绍了意大利少年监狱的都灵模式。

> 都灵是意大利第一个用替代刑取代监禁刑的城市。一系列替代方法能够获得同样结果，而且投入的经费少。都灵的少年监狱管理有两种形式：一种是'城市进入监狱'，社区人员走进监狱，与工作人员一起帮助监狱中的少年；另一种是'监狱进入城市'，少年在刑罚结束后，走出监狱寻找工作。在1975—1980年'城市进入监狱'与'监狱进入城市'这两种模式并行存在。由于替代刑的适用，现在的监狱规模减小，在20世纪80年代都灵每年有700个少年被监禁，现在是150个，只有那时的五分之一。在1993年，有一天都灵少年监狱一个人都没有，但是只有一天。都灵模式在1975—1985年期间被广泛复制，从米兰到威尼斯。出现了少年监狱人数普遍锐减的情况。比如我在1982年参观佛罗伦萨的少年监狱，监狱里有14个孩子，10个从监狱中出来，又回到学校，或者找到工作。只有4个较危险的在监狱里面。[②]

[①] David Nelken, "Italian Juvenile Justice: Tolerance, Leniency or Indulgence?", *Jouth Justice*, Vol. 6, 2006, p. 115.

[②] 参见意大利调研材料。

（二）贝卡里亚监狱

意大利的少年监狱如何发挥矫正功能？现以意大利米兰的"贝卡里亚"少年监狱为例说明其功能与职责。这是伦巴第地区唯一的少年矫正机构，负责米兰和布雷西亚地区罪错少年的处罚。机构接待的少年来自地方首次接待中心（一年大约600人）和外面的少年，实施照管计划或者减轻最终判决。贝卡里亚矫正中心的前身是古老的监狱矫正机构。在这里每天约有80—90人，其中一半是外国人。[1] 他们的平均逗留时间与族群有关，由于缺少地方的适当建议与有效的社会接纳手段，外国少年犯一般要比意大利少年犯拘留的时间要长。

机构多年来一直致力于教育少年，以帮助他们成长。机构目的包括：[2] 响应社会要求，对少年进行有效控制与介入，以期改变少年行为；发展少年教育，将教育作为个人项目的中心；用未来发展的眼光，审视少年本身的问题，寻找校园资源，为每个少年制订一个详细而现实的教育计划；提高少年自身能力和对社会的责任感；尽可能成功地实现教育目标，考虑个人资源、环境和个人问题的相互作用，找到可行的解决方式。

组织结构上，贝卡里亚少年监狱分为三个模块：首次接待模块、治疗模块和半居住模块。首次接待是少年进入监狱的第一个阶段。首要任务是对第一次来到机构的少年进行照顾，通过动画等方式让他们学习与人共处的基本规则。与其他地方、社区进行项目合作，比如米兰地区的"社区共存项目"（对问题少年的教育服务）与贝卡里亚监狱的工作人员一起合作。[3]

---

[1] Cristina Brumat, "Istituzionalizzazione dei Minori e Servizi Sociali: il Beccaria", *Minori Giustizia Penale e Intervento dei Servizi*, FrancoAngeli, 2008, p. 240.
[2] Ibid., p. 241.
[3] Ibid., p. 242.

这一阶段约两个月。

治疗措施（trattamento）。工作人员深入观察少年，评估他们的能力、动机和愿望，集中教育资源，制订教育计划。特别突出用动画效果进行治疗，通过实施这些教育项目以支持和提高他们的综合发展能力。[1]

半居住措施（semiresidenzialità）。半居住措施是一种强调拘禁的刑罚措施。但正如名字所示，少年们可以一半时间在机构，另一半时间享有自由，他们可以利用白天的自由时间去学校学习或者工作，但前提条件是有外面学校或工作合作的项目。而晚上他们必须回到机构，接受管理。

少年监狱不仅要照顾他们在机构内的生活，更重要的是考虑他们释放后的处境，通过机构化的内部引导提前激发可能的外部资源。释放过程循序渐进：开始有教育工作者相伴，工作者在监狱内部以及在外面的学校、工作等环境对少年进行支持，然后与地方建立越来越紧密的工作联系。因为在少年走出监狱时，获得一定的外界支持非常必要。

监狱中的环境与导致他们犯罪的环境没有差别，甚至更加糟糕。社会工作者对监狱中的少年犯进行再教育，相信少年有潜力改变自己，减少他们的暴力倾向，改变他们对未来不抱有任何希望的现状。[2]

在监狱设计上，有训练区、文化区、艺术表现区、动画区、运动区，这些分区相连，唯一的目标是推动少年成长，培养未来公民责任意识。训练区域的介入目标包括提供不同专业

---

[1] Cristina Brumat, "Istituzionalizzazione dei Minori e Servizi Sociali: il Beccaria", *Minori Giustizia Penale e Intervento dei Servizi*, FrancoAngeli, 2008, p. 243.

[2] Valentina Dolara, http://www.16guidelines.org/europe/243 – italy-transforming-the-juvenile-justice-system（2013 年 11 月 20 日访问）。

实验的可能性，不同阶段的学校教育和司法人员情境，在下一个阶段与外界相联系；提供将来少年可以使用的职业资格；提供实现个性化职业项目的可能性，操作灵活，通过适用内部的资源和激发外部的劳动资源；从方法学的角度，项目重视观察、倾听、会谈等过程。训练区域有4个层次：定向服务、训练活动、注入社会任务和加入劳动资源。各机构通过不同项目以多样的方式达到教育目的。

系统中的专业人员及其开展的活动包括：

- 司法部的教育者，少年司法中心办公室，负责技术区域、个性化的教育项目和社会服务网；
- 警察、劳教院、司法部、少年司法中心办公室等控制机构，保证少年教育过程中的活动与合作；
- 心理服务人员：介入心理服务；
- 中小学教师：负责教育、康复和综合文化项目；
- 米兰社区的教育者：负责首次接待中的动画项目；
- 体育老师：来自意大利体育联盟（Unione Italiana Sport per Tutti，UISP）、社区和中学，负责运动项目和竞技体育；
- 志愿者：与工作人员一起介入地区联系项目；
- 目标和受训者：观察和陪伴；
- 牧师：负责宗教训练，积极合作，研究机构外问题的具体解决方法；
- 健康工作人员：负责医疗和护理服务，与定期的健康和预防文化活动合作；
- 负责外部项目资金（公共和私人）的工作人员。

上述职业组成了一个系统，各种职业、职能、职责共生与碰撞，互补与合作。共同的目标使他们超越了教育层面与惩罚机构层面的矛盾，不同的职业之间通过参与项目紧密合作。各角色尽可能地提供措施,使少年远离越轨或犯罪集团,保护他们免受诱骗。[1] 同时,也激励居民积极参与。

少年监狱暂时隔离少年,对他们先前罪错行为进行惩罚。事实上这些少年的遭遇与他们早年被迫流动或者居无定所密切相连,他们无法停留,以花时间去思考、自省、发现自己寻找的东西,他们一直在抓住负面的自己。进入监狱有可能会打击他们的自尊,但未必是件坏事,因为这种冲击可以帮助他们瞬间开启心智,拯救他们,保护他们的未来。

尽管如此,少年监狱仍被普遍认为不但不能帮助解决罪错少年的问题,本身还成为问题和诸多麻烦的来源。比如就在贝卡里亚少年监狱中,经常会有少年试图翻越围墙逃跑[2],引起警方、社区和媒体的关注。因此,尽管少年监狱没有被取消,但是少年法官只有在迫不得已时才会启用监禁刑措施。

意大利的少年矫正机构还有少年司法教养院。司法教养院是意大利司法改革后执行保安处分措施的重要机构,根据1988年第448号法案第36条,满足未成年人的心理需求,对他们进行再教育。司法教养院是针对18岁以下触犯法律少年的矫治机构。司法教养院的适用需要查明具有社会危险性(pericolosità sociale del minore)。按照刑法要求第223条要求[3],少年在这里

---

[1] Francesca Mazzucchelli, "Disadattamento Sociale e Psicoterapia: i Minori del Penale tra Prescrizioni ed Opportunità", *Minori, Giustizia Penale e Intervento dei Servizi*, FrancoAngeli, 2007, p. 285.

[2] 参见http://www.informa-azione.info/milano_presidio_fuori_dal_carcere_minorile_beccaria (2013年5月3日访问)。

[3] 意大利刑法第223条规定:将未成年人收容于司法教养院是专门针对未成年人的保安处分,它的最短持续期不得少于1年。如果这样的保安处分应当全部或部分在有关未成年人满18岁后适用或者执行,将其更换为监视自由,除非法官认为应决定将其送往农垦区或劳动场。参见《意大利刑法典》,黄风译,中国政法大学出版社1998年版,第70页。

的时间不得少于 1 年。如果是职业犯、惯犯或者倾向犯（delinquente abituale, professionale o per tendenza）的少年，则不少于 3 年。如果少年的年龄到了 21 岁，法官则分配他们到农场（colonia agricola）或者劳动之家（casa di lavoro）。

四 律师

意大利少年司法体系的参与者中还有辩护律师。《意大利宪法》第 24 条第 2 款规定，辩护权在刑事诉讼的任何阶段都是不可侵犯的权利。《意大利民法典》第 336 条第 3 款规定"在紧急情况下，为了子女的利益，法院可以根据请求、也可以依职权采取临时性措施。对于前数款提及的措施，在法律规定的情形下，父母或者未成年人可以获得由法律援助的辩护人的帮助。"[1]

意大利并不存在少年司法的专职律师体系，没有少年案件的律师队伍，而是与成年人的律师制度合一。意大利将全国所有的律师名录做成名册，少年司法部根据这个名册在相关案件中与律师联系，为少年进行民事、刑事、行政等方面的辩护。律师与整个少年司法体系的连接并不紧密，但是从权利保障的角度而言，国家出资对少年进行法律援助，少年律师这一角色非常接近代表保障和支持少年权利的角色，保护孩子的亲权[2]，维护社会公正。

---

[1] 《意大利民法典》，费安玲等译，中国政法大学出版社 2004 年版，第 87 页。
[2] 《意大利民法典》第 9 章规定了"亲权"的相关内容（第 315—337 条），包括亲权的行使、丧失亲权、恢复亲权等内容。参见《意大利民法典》，费安玲等译，中国政法大学出版社 2004 年版。

少年司法中的律师通常连接着其他司法程序，或在刑事程序中，或为了分离冲突。① 事实上，有的意大利学者认为，由于少年司法工作人员和律师角色之间缺乏比较空间，所以两者经常存在偏见。少年司法体系中的工作人员并不认为律师是合作者，认为律师对儿童福利的作用不大；而律师则认为司法人员用固有的偏见来进行指导，像官僚一样，权力过大却丝毫不敏感。②

意大利律师对少年犯罪嫌疑人的特别训练不多，往往没有其他国家，比如法国的少年律师更受重视。比如法国少年司法有一句简单的口语"周三，去和我的律师谈"（法语"Mercredi j'en parle à mon avocat"；意大利语"Mercoledì vado a dirlo al mio avvocato"）。③ 在司法程序中，法国少年有权自主（autodeterminazione）决定律师的选择，该服务常常明确和直接的表达为：

> 无论你是儿童或是少年……你想了解或者行使你的权利，你想获得协助或者代表，你可以与律师会面、咨询并获得解释，或者在网络上沟通……你可以针对少年案件与律师交谈并加入协会……单独或在你信任的人的陪伴下会见律师，他们会倾听你，尊重你的意愿，你有困难可以找

---

① Teresa Bertotti, "I Cambiamenti nel Sistema Giudiziario e i Suoi Effetti nei Servizi per la Tutela dei Minori: Necessità di Ripensare i Reciproci Posizionamenti", *Il Giusto Processo e la Protezione del Minore*, FrancoAngeli, 2011, p. 159.

② Teresa Bertotti, "I Cambiamenti nel Sistema Giudiziario e i Suoi Effetti nei Servizi per la Tutela dei Minori: Necessità di Ripensare i Reciproci Posizionamenti", *Il Giusto Processo e la Protezione del Minore*, FrancoAngeli, 2011, p. 160.

③ Rossella Di Costanzo, *L'Avvocato del Minore nel Modello Operativo Lionese*, *Il Giusto Processo e la Protezione del Minore*, FrancoAngeli, 2011, p. 81.

他……①。

综上,意大利的少年司法在长达80年的发展过程中,逐渐建立了一整套权责分明的少年司法体系。这一体系的特点表现为:

首先,少年司法体系的独立与自治。少年司法系统完全独立于成年人刑事司法体系,这一做法符合国际化趋势,因为少年与成年人共同羁押在一起会导致诸多问题。国际少年保护协会在2003年的一项违法少年的研究中发现,很多国家的少年被关在成人监狱中。与被监禁在少年机构的少年相比,他们被性侵犯的可能性高出5倍,被殴打的可能性高出2倍,被武器侵犯的可能性高出50%。②

其次,强调刑事保护,而非惩罚。各个机构都以保护少年为职责,强调对少年儿童的福利与观护。少年检察官和少年法官以教育和再社会化为出发点。比如检察官着重收集能不将少年投入监狱的证据,再如少年监狱中与多方社会资源相联系,帮助少年重返社会。

最后,司法与社会工作并生共存的双轨制是意大利少年司法体系的突出特点。司法部门与社会部门双轨结合与双向输入。与普通法院的构架不同,少年司法在传统司法的框架下引入以社会工作为代表的社会服务机制,形成司法与社会的双轨运行。司法向社会不断的输入过程体现为将罪错少年不断而快

---

① Il "gruppo de defense des mineurs" istituito press oil Barreau des Hautes Alpes. www.avocats-hautes-alpes.fr.

② Defence for Children International (DCI) —The Netherlands, Kids Behind Bars, a study on children in conflict with the law: towards investing in prevention, stopping incarceration and meeting international standards, 2003.

速地分流到社会服务中去。而社会向司法的输入过程体现为社会服务、柔性理念、心理疏导、多种资源介入到从事前预防到进入司法体系,而名誉法官的引入更加突出了社会因素对少年综合评价与社会视角的重要性。矫正机构的整个过程,司法与社会两者融合发展,在少年监狱中都配备社会工作者。通过对司法和社会部门的双向协同管理,自上而下地打通司法部门与社会部门的沟通渠道。少年检察官和少年法官代表司法力量,社会工作者代表社会力量,两种力量紧密联系,互相支持,充分合作。一方面,受雇于中央或者地方政府的社会工作者,为少年司法提供人性化的社会观护服务;另一方面,在少年检察部门和少年审判部门,也注入了柔性的社会化因素,尤其以非法学专业的名誉法官与两名职业法官预审案件为特色,他们不仅审查未成年人的犯罪行为本身,而且对少年心理和社会环境因素进行综合考量。

意大利司法与社会密切合作的少年司法制度,除了司法机构、社会部门的建立与人员的配备,还需要进行信息、资源、人员等的双向互动,下一章将详细阐释。

第三章

少年的司法保护措施

意大利的少年司法是司法与福利混合型模式，重点体现在保护少年权利和强调少年教育。刑法介入应尽量减少对少年成长的干扰，并要在可归罪性的前提下。在少年司法中涉及的不同角色，少年法官、少年检察官、律师、家长、司法社会工作者、教育机构等共同致力于保护处于不良社会环境中的"小公民"（piccolo cittadino）。办案过程中，司法人员需要假定少年是无辜的，为他们提供法律帮助，不谴责、惩罚，或者恐吓少年，而是将少年权利始终放在第一位。[1]

司法和社会的跨界合作突出体现在少年司法程序中。司法社会工作者通过法律授权介入相关的司法程序，如社会调查中查明少年的年龄、个性、家庭背景、成长经历，以及暂缓诉讼进行缓判等。对少年限制自由的措施也比成年人更加富有弹性，比如拘禁在家中，安置在社区，引入社会化服务。普通的少年司法审判程序包括预审（udienza preliminare）和庭审（udienza dibattimentale）阶段。如果少年不服判决，可以提出

---

[1] David Nelken, "Italian Juvenile Justice: Tolerance, Leniency or Indulgence?", *Youth Justice*, Vol. 6, 2006, p. 120.

上诉。在程序确定上,也给少年一定的选择权利,他们可以选择简易程序,如果被告要求简易程序,刑期可以缩短至法定刑的三分之一。

在少年处罚上,通过司法宽免、事实的不相关性和暂缓判决成功等途径增加少年免于刑事处罚的机会,尽量将少年分流到刑事司法体系之外,同时对少年的刑事制裁明显区别于成年人,比如少年不适用无期徒刑,减轻刑罚和采取转处保护和替代措施等,体现出少年处罚的社会转向,比如委托社会工作,另外对具有社会危险性的少年进行保安处分。

第一节　少年司法介入

一　少年司法介入的理念

意大利的少年司法崇尚教育理念。少年是不断发展的,他们的身体、心智、个性等随着年龄增加而逐步完善。少年如果只有一个权利,这个权利就是受教育权;如果只有一个义务,那就是温顺地服从教育者的义务。[①] 联合国《儿童权利公约》第 28 条规定了儿童具有教育的权利,要在机会均等的基础上逐步实现此项权利。[②]《联合国保护被剥夺自由少年规则》第 38 条规定:达到义务教育年龄的所有少年均有权获得与其需

[①] Empey, LaMar Taylor, *American delinquency, its meaning & construction*, Wadsworth Publishing Company, Belmont, California, 1991, p. 549.

[②] 具体内容为:缔约国尤应:(A)实现全面的免费义务小学教育;(B)鼓励发展不同形式的中学教育,包括普通和职业教育,使所有儿童均能享有和接受这种教育,并采取适当措施,诸如实行免费教育和对有需要的人提供津贴;(C)根据能力以一切适当方式使所有人均有受高等教育的机会;(D)使所有儿童均能得到教育和职业方面的资料和指导;(E)采取措施鼓励学生按时出勤和降低辍学率。

要和能力相应并以帮助其重返社会为宗旨的教育。根据意大利宪法第 27 条，刑事司法强调的理念是再教育，不管是成年人还是未成年人，由于少年的特殊性，而更加注重教育的作用，因为刑罚措施打扰甚至破坏了少年的发展和康复之路，如果对少年康复和回归社会有利，则甚至可以放弃对他们的刑事处罚。

在意大利，少年司法介入的理念和程序设计目的不是要惩罚少年（contro di lui），或者高高在上地训斥他们（su di lui），而是为了他们（per lui），或者陪伴他们（con lui）。[1] 少年是权利的主体，也是改变的主体。为了使他们成功地融入社会，司法体系中的各种角色必须与他们合作。这一视角决定了对罪错少年的理念和刑罚措施的选择。律师、少年司法社工、警察、少年法官、少年检察官和其他少年司法人员通过培训学习少年司法的教育理念，这成为少年司法系统内部各种角色的共识。

同时，意大利的少年司法体系强调社会化的教育方式。心理学临床经验表明，孩子尚不成熟，如果用成人的方式进行干预，他们往往心理受到惊吓，内心感到不安。意大利建国三杰之一的加里波第[2]写过一段话："少年的不良状态不是源于通常所散布的未成年人危机，而是因为令人焦虑的虚无主义包围着他们，贯穿其思想，使他们困惑，使他们面对前景感到迷茫、无所依靠。审问不能知道他们的烦恼与不安。如何让他们

---

[1] Alfredo Carlo Moro, *Manuale di Diritto Minorile* (seconda edizione), Zanichelli Bologna, 2000, p. 443.

[2] 朱塞佩·加里波第（Giuseppe Garibaldi）（1807—1882），意大利统一的著名领袖，与撒丁王国的首相加富尔和创立青年意大利党的马志尼合称为建国三杰。

摆脱这种虚无主义？要教会他们生活的艺术，让富有感情的教育避免他们的生命之河干涸。教育在一个人成熟地走向社会之前是不可或缺的，富有权威的成年人有责任教育孩子应该做什么，帮助他在内心创造一个合法的罗盘。富有情感的教育不让未成年人感到束缚，而是给他们在社会上有立足之地，可以扮演一定角色的机会，从而不惧怕失去自己。"[1] 在司法介入中，教育对少年犯的改造发挥了重要作用。有效的教育项目可以促进其社会融合。

一系列刑事程序设计的原则是少年利益最大化，减少他们进入刑事司法体系的可能性，最大限度地不影响少年正常成长，通过社会化的服务和介入来尽快弥合少年所犯错误和所受的惊扰。在不断强化教育的理念下，少年司法与成年人刑事司法最重要的区别体现在程序上，比如根据少年个性调查的情况与结果采用多种处置路径。[2] 在团伙作案的情况下，如果其中可能有未成年人，那么需要将其移送到少年法院。意大利《刑事诉讼法》第67条规定："在诉讼的任何阶段和审级中，当有理由认为被告人可能是未成年人时，司法机关将有关材料移交给未成年人法院的共和国检察官。"[3] 这也是对少年的特别保护规定。

二　少年司法介入的前提

在刑事案件上，少年法庭是在可归罪性的概念下判定未成

---

[1] Filippo Dettori, *Giustizia Minorile e Integrazione Sociale*, FrancoAngeli, 2002, p. 87.

[2] Sara Serbati, Paola Milani, "Valutare gli Interventi Sociali con Bambini e Famiglie: Child Well-Being Scales, uno Strumento Interessante". *Il Giusto Processo e la Protezione del Minore*, FrancoAngeli, 2011, p. 179.

[3]《意大利刑事诉讼法典》，黄风译，中国政法大学出版社1994年版，第26页。

年人是否应该得到刑事惩罚。可归罪性（imputabilità），或称"可罚性"、"可归责性"，是意大利刑法中判定是否构成罪犯的基本前提。[1] 可归罪性根据被告的年龄、认识与理解能力综合判定，重点考察行为主体理解能力和意思能力（capacità di intendere e di volere），具有理解和认识能力的人是可归罪的。对于未成年人，刑法规定考虑到主体是否达到一定生理年龄，区分为两种情况：14 岁以下和 14—18 岁。

《意大利刑法典》以 14 岁作为不可归罪的年龄下限，原则上 14 岁以下的少年都因为具有未成熟性而免于刑事处罚。第 97 条规定："在实施行为时不满 14 岁的，是不可归罪的"，即如果年龄不到 14 周岁，由于缺少理解和意思能力，那么绝对不受到刑法制裁。意大利刑法第 85 条规定：如果某人在实施行为时是不可归罪的，不得因被法律规定为犯罪的行为受到处罚。[2]

在意大利刑法下，14—18 岁的少年具有相对可归罪性，即这一年龄段的未成年人只有在被确认为有"认识和理解能力"时才具有可归罪性，14 岁以上的少年也可能因为具有未成熟性而免于起诉。第 98 条规定[3]："在实施行为时已满 14 周岁，但尚不满 18 岁的，如果具有理解和意思能力，则是可归罪的；但是，刑罚予以减轻。如果所科处的监禁刑低于 5 年，或者科处的是财产刑，不适用有关的附加刑。如果所科处的刑罚较重，只适用不超过 5 年的褫夺公职，并且在法律规定的情况下，适用停止父母权。"这一阶段，理解和认识能力不是推定的，不能假设，根据实证主义的观点，应该具体查明各

---

[1] Romano Ricciotti, *La Giustizia Penale Minorile*, CEDAM, 1998, p. 18.
[2] 《意大利刑法典》，黄风译，中国政法大学出版社 1998 年版，第 32 页。
[3] 同上书，第 34 页。

个案件。这时少年法官需要综合了解行为人的精神状态、理解和认知能力,根据每个案件的具体情况分别判定。① 如果法官决定判刑,则比较成人应当减轻刑罚,通常接受成年人三分之二的刑罚。

如果行为人在实施犯罪时已满 18 岁,法律推定具有刑事责任能力,应被视为成年人,推定他(或她)具有理解能力和带有意图的行为能力,因此应负刑事责任,即 18 岁以上,是完全具有可归罪性的。② 根据这一内容,意大利少年的可归罪性不仅要看其年龄,同时也要综合考虑他的理解和意思能力,即是否成熟并能为其行为负责。③

与成人刑事司法程序不同,少年法庭不必进行烦琐的技术调查,因为法庭意识到少年在认知和理解能力上尚达不到成人的水平。在这个意义上,法庭建立了"未成熟"的观念,包括未成年人的生理、心理和社会发展上的未成熟。

第二节 少年的司法保护程序

一 社会调查

社会调查是意大利少年司法中针对未成年人设计的特别保

---

① Alfredo Carlo Moro, *Manuale di Diritto Minorile* (seconda edizione), Zanichelli Bologna, 2000, p. 232.
② Romano Ricciotti, *La Giustizia Penale Minorile*, CEDAM, 1998, p. 18.
③ 根据《意大利刑法典》第四章第一节(第 85 条到第 98 条)专门规定排除或减少刑事责任能力的原因,从人为原因、年龄、精神和生理缺陷等四个方面分别进行了排除和规定。具体包括:以实施犯罪为目的使他人处于无能力状态者对无能力人实施的犯罪负责;预先安排的无理解或意思能力者不适用不可归罪原则;完全丧失心智者不可归罪;部分丧失心智者对所实施的犯罪负责,但是减轻处罚;意外事件或者不可抗力不可归罪;聋哑状态的人实施行为时因其残疾而不具有理解或意思能力的不可归罪;实施行为时不满 14 岁的未成年人不可归罪。

护程序。因为非专业人员对少年犯信息的收集可能非常有限，所以意大利少年法律要求在审判之前需要请专业人士（主要是社会工作者和心理咨询师）对少年犯进行社会调查。

调查的内容包括：是否采取以及采取何种少年保护措施，少年年龄的查明与少年个性与人格的评估。少年法院或者少年检察官会委任地方社会工作机构开展少年的"心理社会调查（indagine psico-sociale）"，包括少年的心理状况、父母能力情况与家庭概况等，系统阐释介入建议。[1] 社工和心理咨询师需要分析父母与少年的情况，从家长那里获取改变少年行为的家庭资源。对少年犯的性格评估，旨在建立他承担责任的程度，少年的成熟程度、个性、社会和家庭的环境，对犯罪的参与程度等，考虑到上述这些因素，做出最适当的裁决。对少年犯服务的社会工作者在判决前需要向法官提交这个调查报告，法官可以考虑用缓判或其他刑罚替代方式。[2]

最初社会调查并没有统一规范的要求，也缺乏系统的记录，根据司法机构要求进行，并根据少年的年龄相应调整。直到 20 世纪 90 年代初，社会调查才有了比较统一标准的模式，同时在书面上更加规范："少年社会调查的要求……集中在父母、成长环境和工作环境方面，同时也集中在少年的个性、心理调查与父母能力方面。"[3] 在有些案件中存在明显的损害，也需要对少年进行心理评估，寻找某一损害的特别证明，或者

---

[1] Susanna Galli, Mauro Tomé, *La Tutela del Minore: dal Diritto agli Interventi*, FrancoAngeli, 2008, p. 132.

[2] Anna Costanza Baldry, *Il Sistema di Mediazione tra Vittima e Autore del Reato nel Tribunale Minorile-il Ruolo del Servizio Sociale*, p. 3.

[3] Susanna Galli, Mauro Tomé, *La Tutela del Minore: dal Diritto agli Interventi*, FrancoAngeli, 2008, p. 133.

明显的心理不适。

最近的研究聚焦在"社会评估",梅尔里尼（Merlini）和波尔托蒂（Bertotti）认为,社会调查有五个阶段：澄清问题（precisazione del questito）、收集信息（raccolta delle informazioni）、制定社会诊断意见（formulazione della diagnosi sociale）、确定完善战略（individuazione delle strategie di miglioramento）、回归当事人（restituzione agli interessati）。[1]

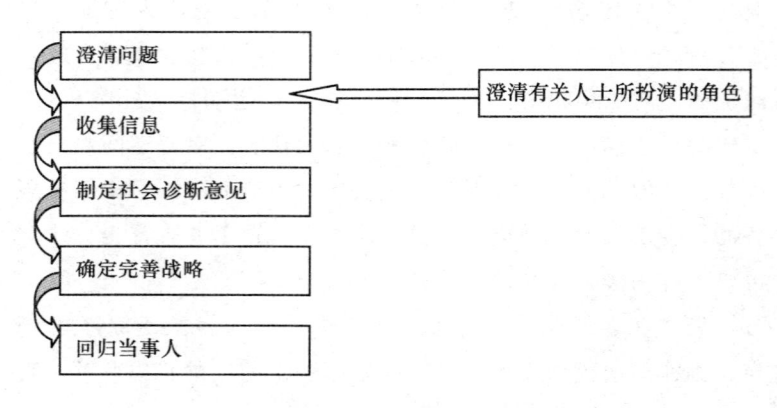

图 3—1 调查的阶段

资料来源：Susanna Galli, Mauro Tomé, *La Tutela del Minore: dal Diritto agli Interventi*, FrancoAngeli, 2008, p. 137。

澄清问题阶段。澄清问题是必不可少的,对于工作人员而言,可以准备法庭需要的所有信息和必需资料。需要查明,是什么因素促进社会调查,是案件告发者,是执法部门的记录,还是服务中的关系：如医院、儿童神经心理学家、少年所在学

---

[1] Susanna Galli, Mauro Tomé, *La Tutela del Minore: dal Diritto agli Interventi*, FrancoAngeli, 2008, p. 136.

校等。在这一阶段，有很多问题需要向法官澄清，结果并不明朗。一方面需要初步确定可能的风险，另一方面需要在熟悉情况的不同主体之间构建信息网络并形成背景资料。这些信息的来源包括核心家庭、服务网络、家庭支系等，社工允许对复杂资料进行重构，并尽力确保这些资料的可靠性。

为了这一目的，这一过程中需要对调查中涉及的不同角色进行定义（definizione dei ruoli），澄清服务体系的提供者：辅导者、心理社会中心（Centro psico-sociale，CPS）、儿童神经精神机构（Unità Operativa di Neuropsichiatria Infantile）、药物滥用服务机构（servizio tossicodipendenze）等[1]，通常情况下，这些机构由司法部门投资而特别设立，从不同方面对少年提供支持性服务，社工需要积极争取这些家庭外部支持网络资源的合作。

社会工作具有特别的专业能力，其使命就是受地方政府之托服务少年、保护少年、修复少年与家庭的关系。[2] 调查初始的工作非常重要，包括分析信息、制订工作计划，安排服务阶段并建立工作网。如果信息来自家庭外部，比如学校或者教育机构，社工需要澄清调查客体，了解使用材料和所获得信息的透明度，有助于了解对方是否采取防御态度并确定对话在何时关闭，以及这些方面对合作关系的影响。

收集信息。不同主体是收集信息阶段的特别研究主题，采访这些主体是这一阶段的主要任务，也是收集信息的重要手段，社工与之探索感兴趣的多个领域：社会背景、父母与扩展

---

[1] Susanna Galli, Mauro Tomé, *La Tutela del Minore: dal Diritto agli Interventi*, FrancoAngeli, 2008, p. 136.

[2] Ibid., p. 138.

家庭的故事、少年及与兄弟姐妹的故事及与服务系统的关系、核心家庭的保护资源等。同时需要对家长能力进行评估，父母能力的观察、认知与评估是非常重要的，至少是部分评估，因为这在很大程度上能够反映少年遇到的困扰与问题。这一阶段强调收集各种能够帮助解决问题的信息。如果信息非常困难或者无法得到，那么需要不同主体之间合作调查，分享战略。这一阶段是在倾听中形成有价值的理解工具，拒绝空想得出的材料。

制定社会诊断意见。这一阶段需要对法院提出的问题进行专业回答，因而非常关键。为此要对前期收集起来的客观因素、情感成分、社会关系和社会资源等纷繁复杂的资料进行整理，形成摘要，保持一致性与连续性，并形成调查表支持法院判决。

确定完善战略。这个阶段需要结合调查结果，与调查中的所有主体协同合作，明确对介入少年及其家庭的时间和方式提出建议，提出改善少年行为和提高康复可能的优化战略。

返回当事人。当结束上面所有的调查后，需要重新反观当事人，重返他们的父母，最后的也是最关键的问题是如何定义少年的风险状况，包括司法处置的局限性，家长是否具有保护少年的能力，少年是否会进行防御性攻击等。少年的改变是渐进式的，所以这一阶段往往需要在找到少年行为的情感来源基础上，对少年采取逐渐地保护性干预，初步提交司法机构。

结束所有这些过程后，将调查意见形成一份正式的司法文件交给少年法院。在这一阶段，也需要评估各种法律风险，形成明确可行的介入战略，为司法机构制定更加完善的战略提出建议。

二 附条件不起诉

这一制度是在少年司法检察起诉阶段的主要分流措施。意大利宪法第 112 条[①]确立了强制起诉原则，即普通法院的检察官必须对所有进入他们视野的犯罪嫌疑人进行起诉，是否以及如何惩罚犯罪人的判决由裁判法官做出。[②] 要求所有的检察官必须严格遵循诉讼程序，否则就有可能构成犯罪。根据这一原则，检察官没有权利释放已经逮捕的罪犯，只有法官才有权利释放少年嫌疑人。

但是少年检察程序有特殊规定。少年检察官可以根据 1988 年第 448 号法案第 27 条第 1 款[③]《少年刑事诉讼法》，对少年嫌疑犯进行附条件不起诉，也称为"因情节轻微而中止诉讼"。根据这一条，如果审前调查表明案件情节轻微且行为具有偶然性，继续诉讼会不利于未成年人的教育时，少年检察官可以向少年法官提出"因情节轻微而中止诉讼判决"的建议。法官在很大程度上有权自由决定是否采用这种措施；如果法官考虑到犯罪的轻微性和偶然性认为继续审判对未成年人的成长不利，他或她可以中止诉讼。这也是未成年人刑事法律的一个特点。[④]

这一制度的设计，是因为很多影响少年犯罪的因素要归咎于宏观社会环境变迁而导致的少年成长环境扭曲。因此少年检

[①] 意大利宪法第 112 条规定：检察院有义务进行刑事追诉。

[②] Edwin M. Lemert, "Juvenile Justice Italian Style", *Law and Society Review*, Vol. 20, 1986, p. 527.

[③] 意大利宪法法院 1991 年第 250 号判决宣布该规定因越权而违宪，但 1992 年第 123 号法案第 1 条又原封不动地重新规定了这一措施。

[④] [意] 杜里奥·帕多瓦尼：《意大利刑法学原理》（评注版），陈忠林译评，中国人民大学出版社 2004 年版，第 323 页。

察官与普通检察官不同,他们在保护社会的同时,还要倾向于保护少年,对情节轻微,并初犯的少年尽量不予刑事制裁。在这一理念下,与报案的少年犯罪相比,被提起公诉的案件明显减少。下表是意大利少年案件的报案数和提起公诉的数量在20世纪70年代到90年代的比较。

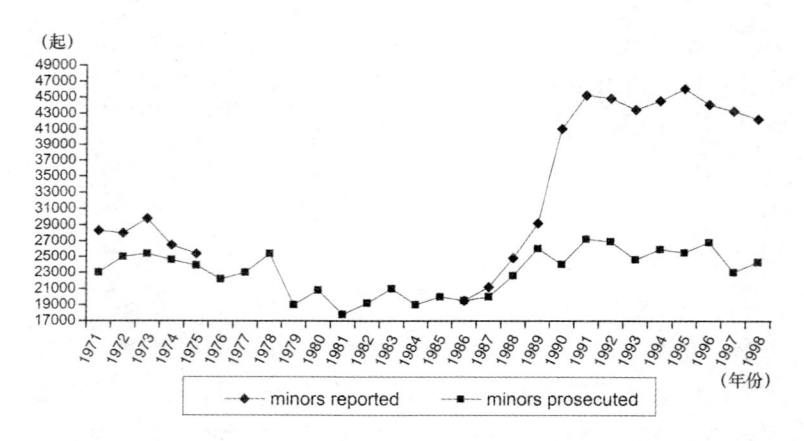

图3—2 1971—1998年少年案件的报案总数和被提起公诉总数比较

资料来源:Gatti, U. and Verde A. (2002), "Comparative Juvenile Justice: an Overview on Italy", Juvenile Justice Systems: International Perspectives (second edition), J. Winterdik (ed.), Toronto: Canadian Scholars Press, pp. 297—320。

由图3—2可知,尽管在1988年之后,少年案件的报案率急剧增长,但是被提起公诉的少年并没有大幅度上升,而且与以往相比,报案数与提起公诉数之间的比例相差更大。这一现状主要是由于检察官可以采用附条件不起诉这一措施。除此之外,还有一部分可以通过调解的方式在检察阶段被分流出去,相关内容会在第四章中专门论述。

这一制度是国际少年司法的通行做法。我国吸收了这一做法，在 2012 年修订的《刑事诉讼法》第 271—273 条中规定了附条件不起诉制度，成为检察过程中重要的分流措施。

三 暂缓判决

意大利在 1988 年《少年刑事诉讼法》中设立了少年暂缓判决制度，并在司法实务中逐步增加适用比例。作为一种分流措施，暂缓判决体现了非监禁刑和非刑罚化，也是意大利宽宥与温和少年司法理念的重要体现。

暂缓判决（sospensione del processo e messa alla prova）[1]，简称缓判，作为推迟判决的一种手段，是预审阶段的主要分流措施，是 1988 年意大利少年刑事司法改革推出的最重要的创新措施。暂缓判决的最大特点是一种"审判前措施"，在少年法庭的预审阶段，由 4 位少年法官组成的合议庭对案件进行初步审理。如果预审法官认为情节比较轻微，则可以直接适用暂缓判决或者拘留的替代措施。这一过程就像非常快的过滤器，少年法官决定是否适用缓判，是否继续庭审，抑或开启其他替代措施。[2]

这一制度主要规定在意大利 1988 年《少年刑事诉讼法》（Codice Processo Penale Minorile, D. P. R. 448/1988）中第 28 位和第 29 条，以及 1989 年第 272 号法令（Decreto Legislativo 272/89）的第 27 条。具体内容是："法官在听取各方意见，评估孩子的个性之后，可以按照第二款下令暂停审判，处以缓判。暂停诉讼，

---

[1] 意大利语的直译是：中止程序进行考察。经常会被简称为 messa alla prova，可以比较形象地从它们的本意去理解：messa 放置，prova 试一下，即不继续下面的程序，而是先放下试一试少年可否通过非刑罚化的方式得到矫正与康复。

[2] Claudia Cesari, *Il Minorenne Fonte di Prova nel Processo Penale*, Giuffrè Editore, 2007, p. 53.

预计其所犯罪行将被判处无期徒刑①或者不低于12年的有期徒刑时,缓判不得超过3年;在其他情况下,缓判期限不超过1年。法官中止案件,宣告暂缓判决。"在这段时间内暂停法庭审理,少年法官委托司法行政机构中的少年服务部门或者本地区的服务部门,开展适当的考察、治疗和支持活动。在这个过程中,法院可以决定进行刑事调解以修复对受害人的伤害。

这一制度的主要目的是保护少年成长,使未成年人迅速退出刑罚体系,最终让其所犯罪行消灭。因为立即对未成年进行处罚,他们可能在将来造成更大的不可逆的损害。② 国家因此而放弃惩罚,作为回报,希望能提高他们回归社会的可能性,减少未来犯罪的概率。少年要在这一程序中成长、改变和重新融入社会。③ 可见,面对一个不断发展的客体——未成年人,立法机关将关注他们的个性研究作为直接手段,帮助未成年人理解他们行为的真正意义。

(一)缓判官与缓判考察机构

少年法官宣布暂缓判决之后,将未成年人委托给司法社会工作者,由少年司法社工担任缓判官,几乎所有的缓判项目都由专业司法社会工作者来负责,充分体现了少年刑罚的社会化参与。代表了社会福利的司法社工,对缓判的成功起了重要作用。司法社工首先帮助未成年人选择适合他们的项目与活动,然后进行监管并帮助少年康复。无论是在中央还是地方政府工作的社会工作者,他们精心收集未成年人的个性、家庭、社会

---

① 1994年宪法法院第168号判决中确定对未成年人不得适用无期徒刑。
② Cristina Bartolini, *La Messa alla Prova del Minore*, Exeo Edizioni, 2008, p. 19.
③ Maria Gloria Basco, Simona De Gennaro, *La Messa alla Prova nel Processo Penale Minorile*, Giappichelli, Torino, 1997, p. 1.

信息，为法官的决定提供参考，在缓判中保护孩子们的心理康复。① 如果少年在这些项目中表现很好，则通过考察，他们的案件也将被撤销。同时，第 28 条还规定："少年检察官、被告及其律师可以针对该判决，向最高法院提出上诉。如果被告要求简易判决或立即判决，不能适用暂缓判决。如果未成年人在此期间反复和严重越轨，则应当撤销暂缓判决。"

缓判机构是一个相当不寻常的机构，因为它对少年犯进行审判前治疗，而不是审判后的刑罚执行。但根据一些学者的观点，该机构应该被视为分流机构。② 随着 1988 年《少年刑事诉讼法》的颁布，意大利的缓判部门被认为是意大利司法领域最有创意的机构。

缓判项目尽可能针对少年的个别化需要。这些项目包括教育项目、志愿者项目或者有益于未成年人康复的项目。缓判有很多种方式：修复性的，进行刑事调解，修复与受害人的关系和犯罪带来的损害；返还式的，返回盗窃的物品，至少返还一部分；社会性的，帮助学校、社区做事；提高性的，到学校读书，参加某项技能的培训③……总之是可以带来改变的事。

（二）暂缓判决的执行情况

通常情况下，意大利的少年法庭越来越倾向于使用缓判和社会服务。④ 表 3—3 显示了意大利近 20 年时间缓判措施占少年刑事处罚的总数及其比例。可以看出，少年刑事案件的报告总数和起诉总数都逐渐呈现出下降的趋势，而缓判的适用比例

---

① Cristina Bartolini, *La Messa alla Prova del Minore*, Exeo Edizioni, 2008, p. 28.
② Ibid., p. 46.
③ Alessio Anceschi, *La Tutela Penale dei Minori*, Giuffrè Editore, 2007, p. 107.
④ Ferrando Mantovani, *Il Problema della Criminalità*, CEDAM, Padova, 1984, p. 503.

却逐年上升，从 1992 年不到 3%，一直到 2010 年超过 14%。在这期间，除了在 1994 年、1995 年、2006 年在适用比例上有所降低外，其余各年都呈现逐步增长的趋势，尤其是在 1996 年，缓判比上年度增长超过 25%。从 2004 年开始，缓判的适用比例在全国范围内超过 10%，这意味着每 10 个少年犯中就有一个适用缓判。

表 3—1　意大利少年犯案件数与缓判适用总数及比例关系

年份	Minorenni denunciati（a）少年案件数	Avvii dell'azione penale（b）起诉总数	Provvedimenti messa alla prova（c）缓判总数	Rapporti（c/b）缓判比例（%）
1992	44788	26928	788	2.9
1993	43375	24451	845	3.5
1994	44326	25807	826	3.2
1995	46051	25683	740	2.9
1996	43975	26568	938	3.5
1997	43345	22936	1114	4.9
1998	42107	24138	1249	5.2
1999	43897	25294	1421	5.6
2000	38963	17535	1471	8.4
2001	39785	18965	1711	9.0
2002	40588	18935	1813	9.6
2003	41212	19323	1863	9.6
2004	41529	20591	2177	10.6
2005	40364	19289	2145	11.1
2006	39626	19702	1996	10.1
2007	38193	19174	2378	12.4
2008	36512	18590	2534	13.6
2009	39118	19938	2701	13.5

续表

年份	Minorenni denunciati（a）少年案件数	Avvii dell'azione penale（b）起诉总数	Provvedimenti messa alla prova（c）缓判总数	Rapporti（c/b）缓判比例（%）
2010	41316	20859	3067	14.7
2011	n. d.	n. d.	3216	-
2012	n. d.	n. d.	3368	-

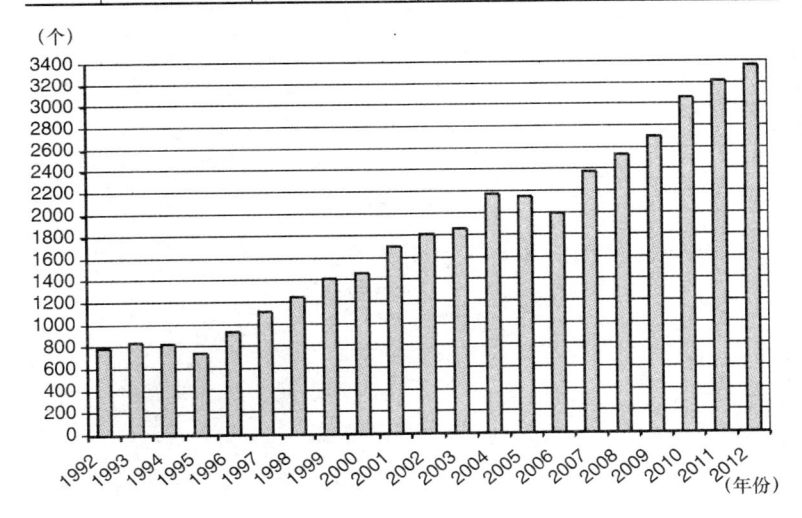

图 3—3　意大利缓判适用总数趋势（1992—2012）

资料来源：意大利少年司法部网站：La sospensione del processo e messa alla prova（art. 28 D. P. R. 448/1988） Analisi statistica-Anno 2012 http：//www.giustiziaminorile.it/statistica/analisi_statistiche/sospensione_processo/Messa_Alla_Prova_2012.pdf。

缓判的决定阶段。意大利少年司法的缓判决定可以来自诉讼过程中的不同阶段，包括预审、庭审和上诉法院。预审阶段由预审法官做出，大部分的缓判决定在这一阶段，所占比例接近85%。如果案件继续进入庭审（T. M. dibattimento），那么这一阶段适用缓判的比例为 14.7%。而在上诉法院（Corte d'appello），缓判决定不到 1%。

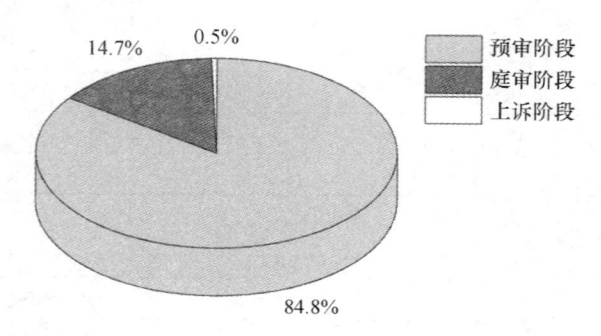

图 3—4 2011 年各诉讼阶段适用缓判的百分比

资料来源：意大利少年司法部网站：La sospensione del processo e messa alla prova（art. 28 D. P. R. 448/1988）Analisi statistica-Anno 2011 http：//www. giustiziaminorile. it/statistica/analisi_statistiche/sospensione_ processo/Messa_ Alla_ Prova_ 2011. pdf。

缓判的案件类型。缓判最重要的特点是所有犯罪的类型都可以适用缓判，包括严重的杀人罪。这意味着对于数量较少的杀人案件（在意大利大约每年有 60 起少年杀人案，差不多同样数字的杀人未遂案），大部分少年可以不被送进监狱。而且由于缓判是审前程序，一旦通过缓判，就可以甚至不必有刑事犯罪记录。[①] 缓判考察还可以用在假释中。从表 3—2 可知，2012 年，在各类缓判的少年犯罪中，侵犯财产类人数最多 2558 人（2011 年是 1347 人），其次是侵犯人身类的犯罪 1447 人（2011 年是 799 人），然后是违反麻醉品管制类犯罪 830 人（2011 年是 625 人），侵犯国家和公共安全的最少为 223 人（2011 年是 85 人）。

[①] David Nelken, "Italian Juvenile Justice: Tolerance, Leniency or Indulgence?", *Youth Justice*, Vol. 6, 2006, p. 120.

表 3—2　　2012 年意大利适用缓判的各类案件数

侵犯人身类犯罪（Contro la persona）	1447
杀人（Omicidio volontario）	6
故意杀人（Omicidio volontario tentato）	19
过失杀人（Omicidio colposo）	13
性侵犯（Violenze sessuali）	186
故意伤害（Lesioni personali volontarie）	634
家庭暴力、威胁（Violenza privata, minaccia）	315
侮辱和诽谤（Ingiurie e diffamazione）	91
殴打（Percosse）	54
其他侵犯人身案件（Altri contro la persona）	129
侵犯财产类（Contro il patrimonio）	2558
敲诈勒索（Estorsione）	136
抢劫（Rapina）	648
窝藏（Ricettazione）	222
盗窃（Furto）	1295
损坏财物（Danneggiamento）	229
其他侵犯财产类犯罪（Altro contro il patrimonio）	28
侵犯国家和公共安全（Contro lo Stato e l'ordine pubblico）	223
暴力抵抗公职人员（Violenza, resistenza a P. U.）	173
其他侵犯国家和公共安全（Altro contro lo Stato e l'ordine pubblico）	50
违反麻醉品管制（Violazione legge stupefacenti）	830
违反武器法（Violazione legge armi）	306
违反交通法规	191
其他犯罪（Altri reati）	255
总数（Totale complessivo）	5810

资料来源：意大利少年司法部网站 La sospensione del processo e messa alla prova（art. 28 D. P. R. 448/1988）Analisi statistica-Anno 2011 http：//www.giustiziaminorile.it/statistica/analisi_ statistiche/sospensione_ processo/Messa_ Alla_ Prova_ 2012. pdf。

项目来源。罪错少年被暂缓判决之后,在缓判考察期可以进入不同项目之中,这些项目由不同机构负责,有的来自社会工作办公室(USSM),有的来自与其他团体的合作,也有的是地方团体或者机构的合作项目。其中大部分来自于私人机构的项目,并呈现增长的趋势,比如在 2010 年有 2112 个,而在 2012 年达到 2385 个;其次是社区的合作项目,2010 年有 1037 个,2012 年达到 1300 个;与地方康复机构的项目在 2010 年有 753 个,到 2012 年达到 870 个;与其他机构的合作由 2010 年的 300 个增加到 485 个。[①] 表 3—3 列出了 2012 年参加缓判项目合作的机构数量。这些项目为少年提供义务教育与职业技能培训、康乐活动、社区服务、志愿者活动等。

表 3—3　参加缓判项目合作的机构数量(2012 年)

机构性质(Enti)	项目数量(N. Progetti)
地方康复机构(Azienda Sanitaria Locale,ASL)	870
社区(Comune)	1300
私人机构(Privato Sociale)	2385
其他(Altri)	485

资料来源:意大利少年司法部网站 La sospensione del processo e messa alla prova (art. 28 D. P. R. 448/1988) Analisi statistica-Anno 2011 http://www.giustiziaminorile.it/statistica/analisi_ statistiche/sospensione_ processo/Messa_ Alla_ Prova_ 2012. pdf。

缓判后的康复措施。意大利的缓判有一系列具体措施,根据《少年刑事诉讼法》第 28 条,实践中有志愿者活动、社区服务、学习、培训、体育活动、调解、赔偿等活动,表 3—4

---

① 意大利少年司法部网站:http://www.giustiziaminorile.it/(2014 年 5 月 2 日访问)。

为 2012 年各项活动适用情况。司法社工会根据每个少年的性格、爱好等特点进行个性化设计,从志愿者、社会活动、学习与劳动活动,到刑事和解。其中,社区服务和志愿者活动的参与者最多,其次是学习和劳动。在这一过程中,让少年进行学习和劳动体现了对少年的教育理念,让少年去学习某种技能,如理发,为他们以后可以在社会上立足创造条件。这些活动符合少年的年龄特点,提高罪错少年重返社会的可能性。

表 3—4　少年缓判考察期的康复措施（2012 年）

处理状态（STATUS）	数量（N. Provvedimenti）
志愿者活动和社区服务（Attività di volontariato e socialmente utili）	2484
学习活动（Attività di studio）	1453
定向培训/工作（Orientamento formativo/lavoro）	466
工作（Attività lavorativa）	919
体育活动（Attività sportiva）	480
社会活动（Attività di socializzazione）	326
调解受害方（Conciliazione parte lesa）	227
对损害进行象征性赔偿（Risarcimento simbolico del danno）	219
讨论和支持教育（Colloqui e sostegno educativi）	2580

资料来源：意大利少年司法部网站 La sospensione del processo e messa alla prova（art. 28 D. P. R. 448/1988） Analisi statistica-Anno 2011. http：//www. giustiziaminorile. it/statistica/analisi_ statistiche/sospensione_ processo/Messa_ Alla_ Prova_ 2012. pdf

缓判期限。 意大利的少年缓判期限根据少年行为的严重程度从 1 个月到 36 个月不等,一般情况不超过 3 年。从表 3—5 可见,大部分集中在 1 年以内,以 7—12 个月居多,1—6 个月的次之，超过 2 年的很少。

表 3—5　　　　　　　　缓判的期限统计

缓判月数（Durata in mesi）	缓判数量（N. Provvedimenti）
1—6 个月	1124
7—12 个月	1845
13—24 个月	389
24 个月以上	10
总数（Totale）	3368
平均（Media）	9.4

资料来源：意大利少年司法部网站 La sospensione del processo e messa alla prova（art. 28 D. P. R. 448/1988）Analisi statistica-Anno 2011，http：//www. giustiziaminorile. it/statistica/analisi_ statistiche/sospensione_ processo/Messa_ Alla_ Prova_ 2012. pdf

暂缓判决案例[①]。W，男，16 岁，学习成绩差，经常辍学，家境不好。在街道上实施盗窃时被警察当场捉获。司法社工对他的一份报告中写道：

> W 的性格比较内向，从不与人多说话，社交圈非常狭窄……他个子矮小，长相平平……他的父亲没有固定工作，靠临时工维持家用，母亲养育了四个孩子，是家庭主妇……W 的大哥在一次意外中失去一条腿，父母花了很多精力去照顾他，所以对其他子女照顾不够……他在社工介入后表示愿意配合……

法官在综合对这一案件进行预审后，决定对他暂缓判决 6

---

① 参见都灵少年法院调研资料。

个月，进行社区服务。司法社工将他安排在个性提升培训小组中，并通过志愿者帮助他提高学习成绩。在缓判报告中，司法社工认为 W 很有进步，对他的未来充满信心：

> ……W 需要家庭的温暖与爱，他喜欢有挑战的事情，同时改变他的交往伙伴，让他与生活态度积极的人在一起，这在缓判后将有助于问题的解决……

通过一系列的个案和团体活动，司法社工发现他比以前更加有自信，能够主动完成作业。同时，司法社工也走访他的家庭，引导他的父母对他给予更多关心和家庭支持。最后 W 的成绩有所提高，少年法院在综合考虑他的教育和个性问题等情况，认为他的缓判考察是成功的，宣布罪行消灭，并没有让他进入刑罚体系。

（三）对意大利暂缓判决制度的评价

审前缓判制度是意大利少年司法的重要创新，体现了意大利少年司法的宽宥与温和的司法理念。暂缓判决制度是为了将少年犯分流[①]到刑事司法体系外的一种方法，是为了阻止案件在诉讼程序中进一步发展到审判阶段的一种手段，其本身并不是刑罚措施。

这一制度导致诉讼程序暂停，体现了对少年最小限度地干预思想和对尚未成熟少年的特别照顾，给他们一个机会反观自我，防止进入到刑事司法领域可能给少年带来的负面心理影响，避免

---

① 分流是国际公认的少年司法处遇措施之一，是少年司法社会化的重要内容，是少年司法轻刑化和非监禁化的重要体现，其本质是对进入刑事审判程序的少年采用替代性措施，进行转换处置。

交叉感染。如果少年在缓判项目中表现良好，那么少年法官就放弃进一步诉讼，罪行与刑罚同时消灭。如果结果是否定的，那么继续正常的司法程序。缓判是平衡对少年犯罪惩罚的一种方式，将分流出来的少年进行庭外调解，或者交由社会工作机构进行社会观护，让他们重新回归社会，接受教育，不再越轨。意大利《少年司法》的主编皮埃尔卡罗·帕载（Piercarlo Pazè）道出了这一制度的深刻本质：

> 暂缓判决在本质上是一种谈判。在少年法庭上，一方是国家，另一方是少年。如果少年接受这一协议，参加缓判考察，并表现良好，改过自新，那么国家就放弃对少年的刑罚。如果少年不接受这个协议，还可以有司法宽免等其他方式，如果少年再次犯罪仍不接受这一协议，那么就要被问罪。①

这一制度有诸多优点。首先，缓判极大地降低了少年被监禁的可能性，从而避免了监禁刑的负面效应：在定罪后给少年贴上标签，给他们的人生带来负面影响；在监狱中的交叉感染；与司法当局接触而对未成年人造成心理伤害等。其次，这一制度提供合适的资源，帮助未成年人提升改变的可能性，有利于对罪错少年的再教育，成为非刑罚措施的重要内容。每年进入意大利少年司法程序的有2万多名儿童，包括本国人和外国人。对一部分人来说，进入监狱是唯一的答案，但缓判却给了他们重新走进社会的机会。正如意大利研究少年司法的著名学者卡罗阿尔弗雷多·莫罗所言："对少年而言，最重要的不

---

① 对意大利《少年司法》主编调研资料，受访者曾经是都灵少年法院法官。

是分析过去,而是编织未来。"①

意大利少年司法系统中的工作人员也非常认可这种方式。在访谈都灵少年法院的少年检察官玛尔塔·考姆布拉罗(Marta Combraro)时,她说:

> 缓判是对待少年最好的方式。让孩子们停止犯罪,这样可以帮助他们找工作,继续正常的生活节奏,保持健康的环境,他们可以发现自己的价值,因为在缓判中他们经常能够发现以前没有发现的美好东西。我经常看到缓判后的少年肤色变了,看人的方式变了,与人交往的态度变了,回答问题的方式也变了,在缓判成功的案例中我看到了少年们太多的改变。这种方式对少年非常有用。比如一个少年抢劫了一位老人,非常可恶。他被缓判,考察期的任务是服务老年人。这个孩子非常喜欢说唱音乐,是一个说唱音乐者(rapper),他在老人院期间想了一个主意,搞一个派对,之前他把每个老人的声音录下来,然后配上音乐,做成说唱音乐的形式,在派对上播放,结果他和所有的老人都非常满意,非常开心。对老人来说,他们经常感到被遗弃,但是此时也觉得又能发挥作用了。对少年而言,他收获了很多,他重新想到所犯之罪,对自己的罪行进行了深刻的反思。不仅有悔改之意,而且是自我提升的过程,可以更好地面对未来生活。②

当然,缓判制度也有不足之处。首先,可能会出现犯罪人

---

① Cristina Bartolini, *La Messa alla Prova del Minore*, Exeo Edizioni, 2008, p. 49.
② 都灵少年法院调研资料。

对其行为严重性认识不足的风险。其次，有时候也会出现牺牲少年法律权益的情况。比如少年在适用缓判前，还没有搞清楚少年是否认罪，或者是否愿意参加缓判。① 最后，构造这一制度体系的人力和资金投入巨大。另外，少年犯的资料在缓判时长时间悬置，与少年司法保护系统的迅速性和即时性原则相矛盾，因为缓判将延长刑事诉讼程序长度。② 意大利的研究人员认为，缓判制度从开始至今已有 20 多年，其发展并非尽善尽美，如果要实现立法机关在 1988 年的良好愿望，必须克服机构本身和外部社会的一些问题。③

除了上述特别规定以外，意大利《少年司法》中体现对少年权利尊重与保护的还包括保护隐私。少年犯可以自己请律师或者获得公共辩护服务。法院不公开审理少年案件以保护少年的隐私。只有少年犯、受害人、目击证人、相关亲属、机构代表，或者利害关系方能够参加审讯。如果认为有必要保护未成年人，他可以不参加审讯。

第三节　少年处罚与保安处分

一　免于刑事处罚

（一）司法宽免（Perdono Giudiziale）

司法宽免是少年法官最常用的判决方式，是使少年免于监狱刑的另一种重要方式。司法宽免是为年轻人量身定做的制度。这一制度下，法官需要积极查明少年的可归罪性、是否有罪及

---

① David Nelken: "Italian Juvenile Justice: Tolerance, Leniency or Indulgence?", *Jouth Justice*, Vol. 6, 2006, p. 124.
② Cristina Bartolini, *La Messa alla Prova del Minore*, Exeo Edizioni, 2008, p. 62.
③ Ibid., p. 63.

有关罪行等。尽管法官认定少年是有罪的，但为了预防少年犯罪的特别需要，放弃对他们判处刑罚。司法宽免可以比宣判有罪和执行矫正有更多的优势，主要体现在没有将少年立即投入法律程序，给少年伴随成长自动修复曾经所犯错误的机会，而不是人为地通过严肃的法律程序让其感到惧怕。① 这样既能让未成年人认识到罪错的存在，又可以进一步约束其行为，避免未来可能的犯罪。司法宽免以承认罪过为前提，同时也包含犯罪的消灭，与通过缓判、大赦②一样是犯罪消灭的原因，但是司法宽免更加有利，因为其效果是立即的、无条件的且不可撤销的。

"司法宽免"制度首见于1930年的第1398号刑法典的第169条。③ 在1988年《少年刑诉法》颁布之前，司法宽免已经被普遍应用，成为少年司法系统中分流儿童和少年的主要手段。④ 现行刑法典第169条第1款延续了对不满18岁未成年人的司法宽免："如果法律对不满18岁未成年人实施的犯罪规定处以最高不过2年有期徒刑或者最高不超过1万里拉⑤的财

---

① Romano Ricciotti, *La Giustizia Penale Minorile*, CEDAM, 1998, p. 62.

② 《意大利刑法典》第151条规定：大赦使犯罪消灭；如果已经宣告处罚判决，不再执行处罚判决和附加刑。在数罪并罚的情况下，大赦适用于符合大赦条件的各单项犯罪。因大赦而消灭的犯罪仅限于在大赦令发布的前一天已经完成的犯罪，除非大赦令另外规定了日期。大赦可以附加条件或者义务。大赦不适用于第99条后几款规定的累犯情况，也不适用于惯犯、职业犯和倾向犯，除非大赦令做出不同的规定。

③ 1934年第1404号国王令第19条作了很大修改。宪法法院开始认为刑法第169条违宪，因为扩大了其他罪的司法宽免，但后来最高法院进一步宣布允许司法宽免。这一条的具体内容是：不论是成人还是未成年人，法官推测被告可能会判处不超过两年的拘留或不超过300万里拉（1500欧元）的罚款，同时将不会再越轨，则可以决定给予司法宽免。

④ Alfredo Carlo Moro, *Manuale di Diritto Minorile* (seconda edizione), Zanichelli Bologna, 2000, p. 429.

⑤ 里拉是意大利以前的货币。1936里拉＝1欧元。1999年1月1日意大利与奥地利、比利时、法国、德国、芬兰、荷兰、卢森堡、爱尔兰、葡萄牙和西班牙开始正式使用欧元，并于2002年1月1日取代上述11国的货币。

产刑，即使后一刑罚与前一刑罚并处，当考虑到第133条列举的情节推测犯罪人将不再实施新的犯罪时，法官宣布可以不移交审判。当进行有关审判时，法官可以依据同样的理由在判决书中不宣告处罚。"这意味着如果少年法庭认为违法者可能被判处2年以下剥夺自由，并且推定犯罪人不会再犯新罪的情况下可以适用司法宽免。[1] 这种赦免只适用于未因重罪被处过监禁刑，并且不是惯犯、职业犯者（刑法典第169条第3款）。司法宽免对同一人只适用一次（刑法典第169条第4款）。被判司法宽免后发现有漏罪，如果全部犯罪应判的刑罚相加仍然符合适用司法宽免的条件，仍可适用司法宽恕[2]，（宪法法院1973年第168号判决）为的是避免那些本该一次审理（数罪并罚）的犯罪，因分别判决而使被告人失去了获得司法宽免的机会。司法宽免不包括严重的刑事案件。少年司法宽免的判决记录会保存直到他21岁。

判处司法宽免的具体案例，比如16岁的意大利男孩M被指控持有41克的毒品大麻，被分成了小包装，但他声称这只是个人使用，并非用于贩卖。这个案件有点严重。社会工作者调查了他的家庭和学校表现等成长情况，认为尽管父母离异给M带来了一些影响，但他还是与家庭有着很强的联系。他的犯罪并不是因为本性恶劣，而是因为家庭的关爱有所缺失。他是可以被挽救的，最后在律师和检察官的一致要求下，他被判处司法宽免。[3]

---

[1] Romano Ricciotti, *La Giustizia Penale Minorile*, CEDAM, 1998, p. 61.

[2] Alessandra Pè, Antonella Ruggiu, *Il Giusto Processo e la Protezione del Minore*, FrancoAngeli, 2011, p. 85.

[3] Vincenzo Scalia, "A Lesson in Tolerance? Juvenile Justice in Italy", *Youth Justice*, Vol. 5, No. 1, 2005, p. 38.

由此可见，司法宽免承认"去烙印化"的必要性，并激励被赦免者积极进取，树立、加强并巩固对未来的信心。司法宽免是更加富有弹性的惩罚策略。随后意大利的少年司法在更大宽度上给予少年犯"事实的轻微性"判决方式，这成为一种新的阻止少年进入刑罚体系的工具。

(二) 事实的不相关性 (Irrilevanza del Fatto)

1988 年改革后的意大利《少年刑事诉讼法》第 27 条引入了新的宣告无罪方式，即事实的不相关性。根据第 27 条，这一规定适用在初步调查 (indagini preliminari)、初步庭审 (udienza preliminare)、法官的直接审判 (giudizio direttisimo)，或者在立即裁判 (giudizio immediato，这种情况下，没有检察官的书面申请也没有反对他的申请) 的过程中，当法官证明了事实的不相关性、行为的偶然性或者损害未成年人的教育需求等原因时，可以宣布因为事实轻微而不起诉，从而使案件不进入后续诉讼程序。[①]

为了达到这一目的，立法者在刑事诉讼阶段授予法官中止执行刑罚行为和对抗检察官起诉书的权利。[②] 这与其说是程序上的修改，不如说是实体权利的修改。开始只是在程序法中进行规定，后来意大利宪法将之引入。

对少年行为人宣告事实的不相关性需要下面三个前提：①犯罪情节轻微，或者在数量和程度上不显著；②偶然为之或者不是惯常犯。③下一步诉讼可能损害少年的教育需求。可见，不相关性案件一般是轻微案件或者偶发案件，一般是对第一

---

① Romano Ricciotti, *La Giustizia Penale Minorile*, CEDAM, 1998, pp. 40 – 41.
② Ibid., p. 41.

次，最多是第二次的盗窃①、商店扒窃②等类型案件。

---

① 案例1：几个年龄在16岁和17岁之间的年轻人被指控"团伙斗殴"，涉嫌持有毒品，打架斗殴和故意伤害，都没有正式的刑事犯罪记录，最后以轻微事实的理由处理。团伙的一名前成员X向警方报告说他的两个前朋友，与其他3人一起，曾侮辱并殴打他。X告诉警方，那两个少年和他人经常去博洛尼亚足球体育场附近的一家酒吧。X还报告说该团伙青少年拥有一把剪刀，用于剪断摩托车锁后偷车，他们也曾在学校盗窃。X的指控得到另外两个团伙前成员的确认，并在被控青少年家中发现盗窃的物证。最后，8名青少年被起诉，其中一人是女孩。社会工作者的情况报告如下："我们一直与家长和孩子打交道，面对指控，家长会很惊讶，有的甚至不知道他们的孩子已经被起诉。对这种情况，开始的处理非常困难……"几乎所有参与这次起诉的未成年人都和父母有正常的生活。警方也提供了两个团伙领导人的背景信息。一个在一家商店做搬运工，16岁辍学，踢美式足球，与他的父母和兄弟在一起生活；第二个现在高中就读，明年即将毕业，他定期去健身房。这个孩子的父亲由于杀人罪和非法持有武器被判处有期徒刑15年，现在是某家清洁公司的所有人，但是他的儿子没有任何案底。其他少年情况类似。法官的最终判决：8名被告中的2名获得司法宽免，在上诉阶段，判决结果是事实的不相关性。另外两个人同样以不相关性处理，被指控"非法组织"团伙的所有成员被宣告无罪。他们向法官保证以后不做越轨之事。司法社工概括了每个青少年如何生活，以及刑事指控的严重性与他们一般的生活似乎相左。他们之中有的在读书，有的在工作，并在闲暇时间也很充实。他们的家庭都没有任何严重问题。不要打断少年"正常"发展的原则在这里发挥到了极致，任何监禁处罚显然不利于他们的发展，最终，不打扰正常成长的过程成为容忍犯罪的有效理由。参见 Vincenzo Scalia: "A Lesson in Tolerance? Juvenile Justice in Italy", *Youth Justice*, Vol. 5, No. 1, 2005, p. 37。

② 案例2：女孩G，17岁，吉卜赛人，罗马尼亚籍，她在一家超市偷衣服时被发现，而这是她第二次在同一家超市中偷东西，第一次已经得到司法宽免。女孩有意大利居留身份。法官对她的判决中这样写道："本案的事实并不严重，行为属于偶然，特别是在社会家庭和生存环境中，这个女孩比较绝望，受到剥夺，所盗物品是为了维持生计……"社会工作者的报告也支持了法官的判决，写道："G身边的环境依旧没有改变，在家庭的重压下甚至更糟……G经常要担起维持家庭生活的责任，住宿条件差，生活很困窘。G的家庭依靠政府福利为生，她最近申请到了一项职业培训项目（Borsa-lavoro），很担心刑事判决会对之造成负面影响……"阅读本案，我们可以得知拒绝被判刑的因素有：第一，少年法官更多地关注被告的社会家庭环境，而不是犯罪的行为本身。是令人绝望和被剥夺的环境使案件被定义成不严重的。第二，被盗物品价值150美元，但是价值多少并没有在法庭上被强调，重要的是强调了为了"维持生计"；第三，法官强调她的行为是偶然的，不是惯犯，而且法官的判决并没有建立在上一次判决的基础上，或者中止案件。因为她生活的物质条件糟糕，居住条件恶劣，法官拒绝对其进行惩罚。这在很大程度上依赖于社会工作报告。在这种情况下，社工报告认为，被告人的家庭有相当大的责任："她的嫂子正经历艰难的怀孕期，她的母亲患有白血病，她的父亲残疾，她的弟弟还在上学……"这个女孩成了这个家庭的顶梁柱，需要承担家务，又要挣钱养家糊口。她已经完成了学业，正在申请职业培训项目，她犯罪是由于家庭需要，并不是有意挑战社会的道德观念和价值观。参见 Vincenzo Scalia, "A Lesson in Tolerance? Juvenile Justice in Italy", *Youth Justice*, Vol. 5, No. 1, 2005, p. 35。

除了上述两项内容，意大利少年司法发展的早期，针对罪错少年还提出了"未成熟"的重要概念。这一概念与可归罪性相关联，未成年人由于在认识和理解能力上的欠缺，导致不能辨识自己的行为，故具有未成熟性。然而，这一概念并非一开始就得到广泛认同，而是慢慢被社会所接受的。从1934年到40年代末，学者和法官对刚刚建立少年未成熟的概念进行了争论。未成熟的概念如何界定在当时并不明确，也没有得到普遍认可。当时一部分少年罪犯有精神疾病，而另一部分心智正常但是认识和理解能力无法达到成人水平。未成熟的无能力与精神疾病的无能力有着深刻的差异，他们未成熟主要是心理发展未达到一定程度。[1] 后来社会渐渐取得共识：一个人要随着年龄的增长而不断成熟，缺乏责任感阶段是一生必然要经历的特殊阶段。法律要与公众保护未成年人的态度相一致，提供照顾与保护，尽可能维持家庭完整。

在意大利少年司法的实践中有因为未成熟性而宣告无罪判决的历史传统。在司法实践中，人们以"成熟"作为衡量未成年人认识和控制能力的标准。少年的未成熟性有多方面因素，包括生理、心理甚至是身处的社会发展环境。[2] 这里的成熟包括生理器官方面（如思维器官的发育）、心理方面（如激情和情绪的成熟）和社会方面的因素。同一个未成年人，完全可能对某些犯罪行为有认识和控制能力，但对另一些犯罪行为缺乏这种能力，因为人不可能一下子就能全部理解所有的社

---

[1] Bianca Barbero Avanzini, *Minori*, *Giustizia Penale e Intervento dei Servizi*, FrancoAngeli, 2007, p. 35.

[2] John A. Winterdyk, *Juvenile Justice System: International Perspetives*（Second Edition）, Canadian Scholars' Press, 2002, p. 298.

会文化价值（例如，一个未成年人就盗窃行为而言，有认识与控制能力，但对于窃取信件的行为就可能没有控制能力）。[1] 少年尚未成熟，显然要与成人的刑罚要有所区分。意大利的少年法官通过未成熟性的概念使未成年人免于刑事处罚，成为分流的方式之一。

上述几种措施中，不相关性、司法宽免与缓判最为重要。司法宽免可以占到案件总数的 40%，而缓判的比例从 2% 到 20%，平均而言在 8% 左右。[2] 通过这些途径让案件"消失"或"消灭"，或者延迟，从而将少年分流到刑事惩罚体系之外。在上述方法之中，司法宽免是规定在 1930 年《意大利刑法典》中，不成熟性是 1934 年第一部《少年法》中引入的，而轻微事实和缓判制度是在 1988 年的新《少年刑事诉讼法》中规定的。

意大利少年法官在判决少年免于刑事处罚时也带有时代特征。一项对米兰少年法庭从 1934 年到 1988 年期间判决结果的研究表明：[3] 在 20 世纪 30 年代和 40 年代的判决以个人的病理学为核心主要针对少年是否成熟进行假设；50 年代和 60 年代的判决以个体的不适应为刻板印象，注意从心理学的角度进行判决；70 年代到 80 年代以个体的未成熟为考虑因素，着力从社会学视角进行判决。

---

[1] ［意］杜里奥·帕多瓦尼：《意大利刑法学原理》（评注版），陈忠林译评，中国人民大学出版社 2004 年版，第 330 页。

[2] David Nelken, "Italian Juvenile Justice: Tolerance, Leniency or Indulgence?", *Jouth Justice*, Vol. 6, 2006, p. 118.

[3] Bianca Barbero Avanzini, *Minori, Giustizia Penale e Intervento dei Servizi*, FrancoAngeli, 2007, p. 35.

二 刑事制裁与转处保护措施

少年不适用死刑和无期徒刑。意大利是没有死刑的国家[①]，而且意大利在全世界范围内主张废除死刑。意大利的少年处罚除了不适用死刑外，还不适用无期徒刑。在1994年前，少年还是可以被给予无期徒刑的，但是1994年4月28日，宪法法院颁布的第168号法案，确认少年不可以适用无期徒刑。

减轻刑罚。意大利《刑法》第98条规定："在实施犯罪时已满14周岁、不满18周岁的，如果具有理解和意思能力，则是可归罪的；但是刑罚予以减轻。"同时，根据意大利少年刑事诉讼法第23条第3款规定："根据《刑事诉讼法》第303条规定，18岁以下少年犯的判决减半，16岁以下的减2/3，从逮捕、拘留时开始计算。"

转处保护与替代措施（sanzioni sostitutive）。意大利少年司法尽量不将未成年人投入到监狱，为此，立法者设计了诸多刑罚替代措施。《少年刑事诉讼法》第30条规定只有在具体刑罚不超过2年时应用这些替代措施（包括少年所有可罚的罪）。[②] 替代措施按照少年的个性和他的劳动需要、学习需要以及结合家庭条件与社会环境条件，包括假释、半自由刑、委

---

① 意大利早在1948年《宪法》第27条第4款就规定："除战时军事法律规定的情况外，不得适用死刑。"

② 第30条：1. 法官的判决，如果应当判处2年以下有期徒刑，可以用半拘留或者缓刑的方式来替代，兼顾未成年人的个性、工作、学习需求，以及他的家庭、社会和环境条件。2. 检察官负责将判决的执行声明转发给负责罪犯的少年惯常居住地的地方法官。监督法官在接到通知的3天内召集未成年人、父母权人、托管给青少年服务机构，以确保执行判决按照现行法律并考虑到未成年人的教育需要。

托社会工作、附条件的自由刑和财产刑等。①

1. 假释（libertà controllata）。这一期间，允许少年生活在正常的社会环境中，禁止社区隔离，少年需履行向警察机关报告的义务，假释期间吊销驾照，同时按要求参加教育项目，在社会工作者的支持下进行学习、劳动，消除对受害者的影响。

2. 半自由刑（semilibertà，或者叫作半监禁刑 semidetenzione），是一种半监禁半控制自由的形式，由1975年第354号法案（第48条）引入（Co.1, L.354/75）。在这一处遇下，少年白天可以外出，开展劳动等社会活动，自由时间同样需要委托社会工作者进行监督执行，但是晚上必须在指定的少年教养院（按照刑诉法第48条规定，要求每天至少10个小时）进行工作、学习等一系列有利于重新返回社会的活动。这段时间吊销驾照和护照并禁止非法持有武器。② 少年需按照机构的要求，在社会—心理—教育团队的帮助下，加入到一定治疗项目中，监督法官同意之后刑罚消灭。

3. 委托社会工作（servizio sociale）。这是替代监禁刑的重要措施，让罪错少年加入再教育项目。这时少年需要尊重法庭在居住、劳动、人员交往方面的规定，尊重司法服务，做社会公益活动，并由监督法官对他们进行监督。如果取得理想的效果则刑罚消灭。③ 意大利的成人刑罚也有这一替代措施。提出委托社会工作开始后，监督法官暂缓判决的执行，监督法庭必须在45天内做出决定。④

4. 附条件的自由刑（liberazione condizionale）。在意大利，

---

① Romano Ricciotti, *La Giustizia Penale Minorile*, CEDAM, 1998, p.78.
② Romano Ricciotti, *La Giustizia Penale Minorile*, CEDAM, 1998, p.81.
③ Armando Caputo, *Devianza e Disagio Minorile*, ISTAT, 2001, p.116.
④ Ibid., p.101.

未成年人犯罪可能获得附条件自由刑，相当于缓刑，或者放在机构中。法院需要考虑到未成年人家庭环境，社会危险性和他所犯罪行的严重程度。将少年犯投入机构是最后方可启用之手段。事实上，对于犯某些罪的少年犯而言，进入机构是强制性的。少年犯被剥夺自由可以进入少管所（reformatory）①，如果少年犯被判处3年以下或者12万里拉以下罚款，则可以申请附条件中止（sospensione condizionale）。不论刑期多长，18岁以下的未成年人都可以申请"有条件的自由"，包括监视自由，21岁以下的进入少管所，21岁以上的进入农场或者工厂，在农场或者工厂里的时间折抵刑期。②

5. 财产刑（pena pecuniaria）。因为少年没有自己的财产，没有收入或者收入捉襟见肘，所以在只判财产刑的情况下，他们经常无法全部上交罚款或者赔款。这种情况下，可以按照意大利刑法第136条③实行转换。④ 按照75000里拉（约合39欧元）折抵管制一天计算，单罚金折抵管制的刑期一般不得超过1年，罚款折抵管制一般不得超过6个月；在数罪并罚或数罪并处的情况下，罚金折抵管制不得超过1年半，罚款折抵管

---

① Henry W. McGee, Jr. and John Adamo, "Juvenile Court Jurisdiction in Italy and Europe", *The American Journal of Comparative Law*, Vol. 29, No. 1, 1981, p. 144.

② Charles O'Reilly, "Italian Juvenile Delinquency Legislation", *The American Catholic Sociological Review*, Vol. 12, No. 2, 1951, p. 96.

③ 意大利刑法第136条规定：因被判刑人无支付能力而未执行的罚金或者罚款可依法实行转换。

④ 1979年前一直采用"没有财产的人，以身抵债"的原则，但是宪法法院（1971年第139号判决）指出，这一规定违反《宪法第3条》规定的平等原则，因为这实际上是对无财产的人的歧视：在本应受财产性处罚的情况下，只是因为没有钱，这些人就必须受到监禁刑的制裁。根据这个判决，1981年第689号法案对这个问题做出了新的规定。该法第102条第1款规定，被判刑人无力缴纳罚金和罚款时，财产刑转换为管制。

制不得超过 9 个月。①

6. 住宅拘留（detenzione domiciliare）。由 1986 年第 663 号法案第 47 条引入（663/86），随后由 1998 年第 165 号（165/98）法案修订，即如果判处监禁不超过 4 年（non superiori ai quattro anni），为了学习、工作、健康和家庭、女性怀孕等原因，可以在家庭住所、私人住宅或公共服务机构居住，并获得相应福利。经常援引的法案是 L. 165/98，扩大了家庭拘禁的适用范围，为了预防少年再次犯罪，即刑罚或者剩余刑罚不超过 2 年。② 正如名称所示，在家中或者其他适合的地方执行限制自由。除非涉嫌参加黑社会组织、团伙强奸和敲诈勒索，这一处遇的最多期限是 4 年。③ 在此期间，需要履行报告等义务。拘禁的时间一般是三分之一，与成年人分开被拘禁。不论刑期多长，少年犯可以在一定条件下得到释放。如果少年不服管教、被忽视、被虐待而必须对其进行机构化保护，那么要以不能接触到犯罪或越轨行为为前提。

三 保安处分

1930 年《意大利刑法典》颁布以来确立的刑事制裁制度是"双轨制"（doppio binario），即除了对所有已经犯罪的罪犯施以刑罚以外，对没有犯罪，但是具有社会危险性者施以保安处分。保安处分的概念直译为"安全措施"，是建立在社会危险性概念基础上的，受刑事实证主义学派影响，该学派主张在刑法中用"危险性"来取代"责任"的概念，并按社会防

---

① ［意］杜里奥·帕多瓦尼：《意大利刑法学原理》（评注版），陈忠林译评，中国人民大学出版社 2004 年版，第 329 页。
② Armando Caputo, *Devianza e Disagio Minorile*, ISTAT, 2001, p. 103.
③ Ibid., p. 116.

卫的观念将刑事制度变为预防犯罪的体系。① 现行意大利刑法第 203 条②采用了主流观点：一个人当被认为可能犯新罪时，具有社会危险性。③ 刑罚是一种带威慑性的痛苦制裁，目的在于镇压已实施的犯罪；而保安处分则是一种预防性的制裁，目的在于防止将来实施其他犯罪。④ 《意大利刑法典》第 8 章"行政保安处分"⑤ 可分为对人和对财产两大类，其中对人的

---

① 从 1934 年少年司法制度产生一直到 40 年代，人们经常讨论的问题之一就是"社会危险性"的概念。也正是在这个概念上建立起来保安处分的刑罚措施。1930 年《洛克法典》是调和刑事古典学派与实证学派主张的结果，然而这种调和却有浓厚的专制主义色彩。表现为，刑罚和保安处分不仅具有可选择性（即对应负责任的犯罪适用刑罚，对有危险性的犯罪人处以保安处分），具有可相加性，即对被认为既有责任也有危险的犯罪人，同时适用刑罚和保安处分。而且，保安处分的适用有很大一部分不是以已经证实的具体的危险性为根据，而是所谓"推定的危险性"，将这种措施的适用变为一种自动和必然的过程。于是，这种措施的实质功能就由预防蜕变为镇压：对那些被推定具有社会危险的应负责任的犯罪人来说，保安处分实际上是一种无限增大的制裁负担；对那些不应负责任但被推定有危险的犯人而言，保安处分相当于刑罚的代用品。参见［意］杜里奥·帕多瓦尼《意大利刑法学原理》（评注版），陈忠林译评，中国人民大学出版社 2004 年版，第 331 页。

② 意大利刑法第 203 条规定：社会危险性刑事法律的意义上，当实施了前列举的某一行为的人员可能重新实施被法律规定为犯罪的行为时，即使是不可归罪的或不可受处罚的，均被视为具有社会危险性。具有社会危险性的人身特点，根据第 133 条列举的情节推论。参见《意大利刑法典》，黄风译，中国政法大学出版社 1998 年版，第 64 页。

③ Bianca Barbero Avanzini, *Minori, Giustizia Penale e Intervento dei Servizi*, FrancoAngeli, 2007, p. 36.

④ ［意］杜里奥·帕多瓦尼：《意大利刑法学原理》（评注版），陈忠林译评，中国人民大学出版社 2004 年版，第 330 页。

⑤ 最初保安处分被规定在"行政性"措施内容中，但是现代意大利的刑法理论认为这一处置应该是"刑事制裁"措施，属于刑法调整的领域。由专门法律调整的"预防措施"（misure di prevenzione）才是真正的行政处分，它们不以实施犯罪为适用的前提，适用的对象是某些特定的对公共安全具有危险性的主体。参见［意］杜里奥·帕多瓦尼《意大利刑法学原理》（评注版），陈忠林译评，中国人民大学出版社 2004 年版，第 330—331 页。

保安处分又可以分为监禁性和非监禁性两种。保安处分规定最低期限，具体执行期限灵活处置，一旦行为主体的社会危险性消失，就可以取消保安处分措施。

针对不同情况的未成年人，保安处分可能的处分包括：(1) 对满 18 岁的惯犯（delinquente abituale）、职业犯（delinquente professionale）、有犯罪倾向者（deliquente per tendenza）以及具有其他特殊情况者送往农垦区（colonia agricola）和劳动之家（casa di lavoro）（第 216 条），期限按刑法典第 217 条[①]规定确定；对未满 18 岁的惯犯、职业犯、有犯罪倾向者时，一律收容于司法教养院，且收容时间不得少于 3 年（第 226 条[②]）。(2) 对惯常性酗酒者送到治疗监护之家（casa di cura e di custodia），最短 6 个月（第 221 条）。(3) 因精神病、酒精或麻醉品慢性中毒、又聋又哑等原因而免罪者，送至司法精神病院（ospedale psichiatrico giudiziario）（第 222 条[③]）。(4) 对 14 岁以下不可归罪的未成年人，当其实施的行为是重罪，且具有危险性时，送往司法教养院（riformatorio giudiziario）或对其进行监视自由（libertà vigilata）

[①] 《意大利刑法典》第 217 条：最短持续期，送往农垦区或劳动场的最短持续期为 1 年。对于惯犯，最短续期为 2 年；对于职业犯，最短持续期为 3 年；对于倾向犯，最短持续期为 4 年。

[②] 《意大利刑法典》第 226 条对未成年的惯犯、职业犯或倾向犯：对于被宣告惯犯、职业犯或者倾向犯的，不满 18 岁的未成年人，一律决定收容于司法教养院；并且收容时间不得少于 3 年。当该人满 18 岁时，法官决定将其送往农垦区或劳动场。法律规定在哪些其他情况下应当决定将未成年人收容于司法教养院。

[③] 《意大利刑法典》第 222 条：在因精神病、酒精或麻醉品慢性中毒或者又聋又哑而被开释的情况下，一律适用收容于司法精神病院，时间不少于 2 年；除非属于违警罪、非过失重罪或者其他依法应判处财产刑或者最高不超过 2 年的有期徒刑的情况，在此种情况下，将有关的开释判决通知公共安全机关。

(第 224 条①)。而对于未成年人，只有在将其托付给父母、负有养育或者抚养义务的人或社会扶助机构时，才能对其实行监视自由。如果上述托付不能够实行或者被认为是不适宜的，将根据情况决定收容或者继续收容于司法教养院或者治疗看守所。如果未成年人在监视自由期间无悔改表现，将监视自由改为收容于司法教养院或者治疗看守所（第 232 条）。只有当父母、他人或者其他社会机构能够保证提供教育、监督和支持时，才能给予这项最终措施。

四 总体评价

意大利少年司法具有司法和福利的二重性。司法程序的每一个链条，都渗透着保护、教育和轻刑化理念。对少年的教育和保护理念转化为程序上的分流措施，即不断地从司法体系向社会体系进行输出。分流（diversion），又译转处，是指由社会福利部门等的咨询、工作训练、就业帮助等代替司法机关的审判等活动的社会运动和措施。② 分流是中断司法介入和刑事司法程序，通过赔偿、恢复原状等康复、治疗和教育的非刑罚方式取代。③ 分流程序就像一个漏斗，不断将少年从刑事司法程序中"过滤"出来，分流保护措施不断完善的过程也是少年法律走向成熟的过程。通过程序化分流方式进行筛分，

---

① 《意大利刑法典》第 224 条规定："如果由不满 14 岁未成年人实施的行为被法律规定为重罪，并且该人具有危险性，法官考虑到行为的严重程度以及该未成年人所生活的家庭道德环境，可决定将其收容于司法教养院或者对其实行监视自由。如果法律规定对所实施的犯罪处以无期徒刑或者 3 年以上有期徒刑，并且该犯罪不属于过失犯罪，一律决定收容于司法教养院，为期不少于 3 年。"以上法条参见《意大利刑法典》，黄风译，中国政法大学出版社 1998 年版，第 64—73 页。

② 吴宗宪：《西方犯罪学》，法律出版社 1999 年版，第 540 页。

③ Sul punto. V. Risoluzioni del XIII Congresso internazionale di diritto penale sul tema "Diversione e mediazione", par I. 3 Lett. b）.c）. in Cass. Pen, 1985, p. 534.

避免少年正式接触刑事惩罚体系或者进入到下一个司法程序。分流促使通过社会康复和沟通的手段来使少年获得教育，减去受到正式司法干预。[①] 意大利少年司法在起诉、预审和庭审等各阶段的分流措施有效地控制了进入刑事司法体系的少年数量。

分流程序是标签理论（teoria del labeling approach）的应用。标签理论认为少年越轨者往往是因为在其社会互动过程中被贴上带有耻辱性"烙印"的"坏孩子"、"不良少年"标签，这些标签将越轨者同"社会的正常人"区分开来。而被贴上"标签"的少年也不知不觉接受社会对其的负面评价，修正了"自我形象"，逐渐认同他人观点，确认自己是坏人，久而久之则愈陷愈深。标签理论强调社会的反应是促使初级越轨者最终陷入"越轨生涯（deviant career）"的重要原因。而分流措施使得少年不被标签化和边缘化。

分流体现在意大利少年司法的各个环节。从侦查、检察到审判和执行，立法者注重将罪错少年移除司法程序之外，尽量避免案件进入到下一个司法环节。警官、少年法官、少年检察官、司法社会工作者对分流、非犯罪化、非监禁刑化有着一致的观点和看法。事实的轻微性、司法宽免和缓判这三个司法手段组成一个强大的过滤器，将未成年人尽可能地分流到刑罚体系之外，采用替代刑的方式对他们进行社会观护。对越轨少年容忍的主流趋势反映在司法判决中。对少年案件最后很少采用刑罚的制裁手段。[②]

[①] Centro di Studi e di Ricerca sulla Giustizia Minorile, *Il Processo Penale dei Minori: Quale Riforma per Quale Giustizia*, Giuffrè Editore, 2004, p. 68.

[②] Vincenzo Scalia, "A Lesson in Tolerance? Juvenile Justice in Italy", *Youth Justice*, Vol. 5, No. 1, 2005, p. 33.

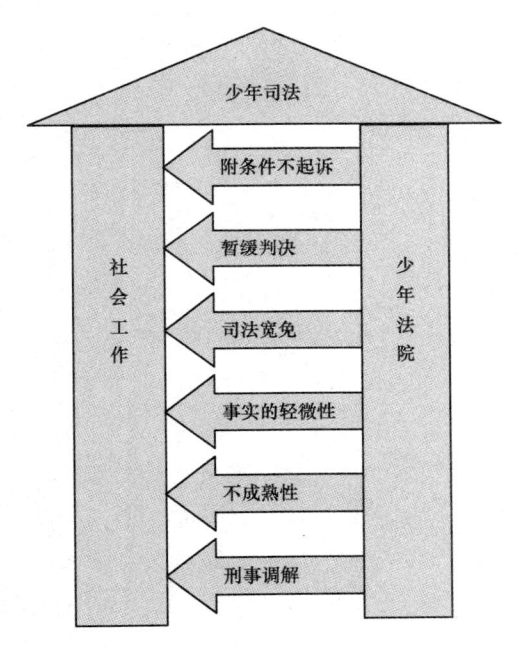

```
        ┌─────────────┐
        │   少年司法    │
        └─────────────┘
   ┌──── 附条件不起诉 ────┐
   │                    │
   │ ──── 暂缓判决 ────  │
 社                     少
 会 │ ──── 司法宽免 ──── │ 年
 工                     法
 作 │ ──── 事实的轻微性 ──│ 院
   │                    │
   │ ──── 不成熟性 ────  │
   │                    │
   └──── 刑事调解 ──────┘
```

图3—5　意大利少年司法分流示意

意大利少年司法的指导思想是尽量采用非刑罚方式，对罪错少年进行社会化处遇。因为人们越来越认识到监狱刑只会起到破坏作用，无益于少年身心的健康成长。要从融入社会的效果出发，利用刑罚替代措施来预防犯罪，对少年进行社会观护。正如实证主义学派的代表人物菲利的观点，他反对少年监禁，认为："从把对流浪儿的生理和心理治疗作为最有效的刑罚替代措施着手，到推进对未成年人的具有改造作用的限制性刑事判决，已经有了一套呼唤全面改革的完整制度。依照这种制度，永远不能对未成年人实行监禁。所以，我们必须废除所谓的教养所……教养所不能产生任何有益的作用，因为在成群地挤在一起的少年中会比青年犯更容易产生骚乱和腐蚀。"① 早在 19 世纪初，意大利在这种理念的影响下就开始探索非刑罚化措施。意大利《少年司法》的主编这样评价这一体系：

> 意大利的少年司法体系诞生于 20 世纪 30 年代，1934 年颁布了第一部少年法律。但那时多以行政措施为主。随后，特别是 1970 年后进行改革，（少年司法）不仅是矫正性司法，而且成为保护性司法。1967 年颁布了特别收养法，在这种保护性司法的观念下，我们放弃较重的刑罚，比如监禁。承担让少年改变的义务，让他们不再犯罪。不仅仅要惩罚坏少年，同时也着重从不称职的家长那里保护少年。不仅仅是少年司法改变了，现在的刑事司法也因此而改变了。我们开始放弃监禁刑，于是少年很少被投入监狱，因为认为监狱并没有效果，监禁的过程就舍弃了教育。缓判、司法宽免和事实轻微等介入手段都是为了矫正少年的行为。只有这些保护方法都不奏效时才会使用监禁刑。自从 20 世纪 80 年代以来发生了很多变化，而且现在也处在变化之中。这一体制在意大利很奏效。意大利少年犯罪远远低于法国、德国、英国，因为意大利有更加发达的少年儿童帮助系统。意大利的少年司法是先锋，走在前面。②

---

① ［意］恩里科·菲利：《犯罪社会学》，郭建安译，中国人民公安大学出版社 2004 年版，第 67 页。
② 翻译自调研资料。

第四章

少年刑事调解与社会化参与

意大利的少年刑事调解开始于20世纪90年代，独立于成年人的刑事调解，是意大利少年司法的分流措施之一。在国际范围内，意大利的少年刑事调解制度得到普遍认可。本章系统介绍了意大利这一制度的原则理念、发展历史、相关法律和调解实践，在深入评析的基础上提出了对我国少年刑事调解发展的借鉴，认为应该扩大少年刑事调解在司法程序中的适用阶段，由少年司法社工担任专业调解员，并建立少年刑事调解立法。

第一节 少年刑事调解的发展

一 少年刑事调解的概念

意大利少年刑事调解（mediazione penale minorile）[①] 发生

[①] 与我国一样，意大利语中同时存在调解（mediazione）与和解（conciliazione）两个词，但是在意大利的少年刑事实践以及学术界，更多使用调解一词，强调第三方的介入。笔者认为，由于中西方文化的差异，我国语境更多地使用"和解"，强调"和为贵"的思想，而西方国家多将之称为刑事调解，或"被害人—加害人的调解"（victim-offender mediation，VOM）。

在少年刑事案件的处理过程中,关注的重点是冲突问题。案件双方当事人在有资质的调解者帮助下,通过协商与讨论找到双方都满意的解决方案。这一过程没有官方权力介入来施加压力,也不强调双方的权利和义务。

意大利的少年刑事调解并没有严格的定义,被认为最好有充足的弹性和自由裁量权。尽管如此,学者还是从不同角度对之进行了分析,有的凸显了第三部门的介入,即调解员的重要性;有的强调双方的磋商,认为调解员是辅助者和咨询者;有的则侧重从沟通的角度出发,认为调解搭建了罪犯者、受害者双方的桥梁;还有的从认知和治疗的角度出发,认为调解是个案治疗方式。[1]从调解的功能角度,一种认为少年刑事调解是少年刑事司法系统的辅助工具,特别强调了它的授权功能;另外一个视角中,调解被理解为独立的项目,不仅对司法体系发挥功能,而且对整个社会的和谐与文化共存有积极的促进意义。

少年刑事调解目标是通过中立的第三方,在被害人和少年犯之间搭设起建设性的交流平台,修复对被害人造成的损失,协调被害人和加害人之间的冲突。具体体现在三个方面:对于加害人而言,使少年犯意识到并承认自己的过错和行为后果并承担责任,让他们从被动接受审判变为积极主动的救赎;对于被害人而言,给他们提供一个空间和时间,公开表达自己的内心感受、经历,进一步明确他们的需求,为被害人提供了获得补偿、增强安全感的可能;对于社会而言,提醒社区对越轨问题采取可行的解决办法,找出少年犯罪的根本原因,促进社区

---

[1] Lucio Luison, Silvia Liaci, *Mediazione Sociale e Sociologia. Riferimenti Teorici e Esperienze*, FrancoAngeli, Milano, 2000, p. 89.

福利并预防少年犯罪。总之,少年刑事调解超越了被害人—加害人对立的传统意识形态,并将之与社会上的越轨行为管理结合起来。

少年刑事调解体现了意大利少年司法的理念与原则。首先,意大利的少年司法是温和司法(giustizia mite)或者叫甘甜司法(giustizia dolce),注重预防和教育,强调少年司法的福利性,注重少年的社会化与再教育,贯彻教育理念,不以惩罚为导向。其次,意大利少年刑事调解秉承少年司法的"最小侵犯"原则,这一原则也是国际少年司法发展的经验与反思[1],减少司法介入及其对少年的负面效应,不让少年进入到报复性的惩罚措施之中,特别是减少强制性的监禁措施,只在最后必要的时候使用刑罚。

少年刑事调解在本质上是一种分流措施。与传统的刑事司法不同,少年调解是恢复性与和解性的。司法者在评估每个案件具体情况的前提下,通过刑事调解的方式切断案件进入到下一步司法程序的可能性,减少刑事司法下的打击和惩罚。同时,跨部门、多形式、有规则地适用行政手段和其他非刑罚化的方式,对被指控犯罪的未成年人,将少年司法中央办公室的各项措施与公私提供的服务相联系,中央、地方、公共部门、私人机构等多方面采取措施,形成合力。少年刑事调解的实现形式包括对国家赔偿、被害人支持小组、直接通过受害人或者社区对犯罪人进行修复,最近还增加了家庭小组会议[2]。在有利的政策和监管环境中,充分发挥少年司法的修复功能。

---

[1] Mediazione e Giustizia riparatoria nel sistema penale italiano,参见意大利司法部网站:www.giustizia.it.

[2] Chiara Scivoletto, *Mediazionale Penale Minorile. Rappresentazioni e Pratiche*, FrancoAngeli, 2009, p. 40.

二 意大利少年刑事调解制度的历史进程

意大利少年刑事调解的产生具有国内外环境背景。一方面意大利少年刑事司法发展与整个欧洲恢复性司法和刑事调解的发展息息相关,欧盟在刑事司法一体化的进程中,将调解作为被害人的一种权利,通过法律加以确认,同时还要求各欧盟成员国修改或者完善国内与之相抵触的法律。[①] 而更为重要的是意大利少年刑事调解以本国的少年司法体系为根基,从产生就带有明显的 20 世纪 90 年代福利国家(welfare nazionale degli anni '90)的特点,是不同部门(包括机构、地方和私人社会)和不同组织的组合。[②]

意大利少年刑事调解深受全球恢复性司法浪潮的影响。传统的报复性模式,通过投入监狱的方式惩罚犯罪人,然而结果表明这种方式并未有效降低累犯率,也忽略了被害人的利益和需要。而恢复性司法是对报复性司法的颠覆,恢复性司法将犯罪解释为破坏了社会共同体生活的事件,司法的主要任务在于恢复社会平衡,综合考虑国家、社区与被害人的需要,促进违法犯罪人回归社会,使得被害人恢复到犯罪发生之前的状态,让犯罪人承担应有责任。联合国《经济社会宣言》中宣布了

---

① 在 2001 年,经葡萄牙政府提议,后经过当时的 15 个欧盟成员国部长组成的部长理事会批准,欧盟通过了《刑事诉讼程序中被害人地位的框架性决定》,其目的是保障任何成员国的被害人获得更好的司法保护和待遇。参见吕清《刑事调解在欧盟的复兴与发展》,《中国人民公安大学学报》(社会科学版) 2006 年第 10 期。

② Chiara Scivoletto, "La Mediazione Penale nel Sistema Minorile Italiano", *Mediazionale Penale Minorile. Rappresentazioni e Pratiche*, FrancoAngeli, 2009, p. 83.

刑事案件中应用恢复性司法的基本原则。[1] 宣言认为：对不断发展变化的犯罪而言，恢复性司法是一种对策，它通过使受害者、罪犯和社区复原而尊重个体尊严，平等看待每个人，建立理解并促进社会和谐。恢复性司法最著名的包括"被害人—被告人"调解项目、"家庭成员会议"项目与"圆桌会议"项目。根据学者乌姆布雷特（Umbreit）的观点，恢复性司法最直接的表达就是受害人和犯罪人调解，调解提供了修复冲突的机会。[2]

在恢复性司法的影响下，欧洲各国纷纷建立起调解中心。从20世纪中叶开始，恢复性司法（包括被害人与犯罪人调解程序）逐步传播到美国、加拿大、新西兰、英国、法国以及欧洲其他国家。欧洲的刑事调解项目最初于1981—1984年在奥地利、比利时、英国、芬兰、德国、挪威6个国家开始试点，意大利是在1995年与波兰一同起步。[3] 少年调解制度在法国发展迅速[4]，由于地缘优势，意大利北部的重要城市都灵首当其冲受到这股改革浪潮的影响，1995年在都灵创立了意大利第一个少年调解中心。同时，少年司法研究的刊物上陆续出版刊登了介绍调解经验的文章，

---

[1] Basic principles on the use of restorative justice programmes in criminal matters, *ECOSOC* Res. 2000/14, U. N. Doc. E/2000/INF/2/Add. 2 at 35 (2000).

[2] Anna Costanza Baldry, *Il Sistema di Mediazione tra Vittima e Autore del Reato nel Tribunale Minorile-il Ruolo del Servizio Sociale*, p. 3.

[3] Chiara Scivoletto, "Concetti e Pratiche di Mediazione", *Mediazionale Penale Minorile, Rappresentazioni e Pratiche*, FrancoAngeli, 2009, p. 35.

[4] 家庭调解在法国很发达，比如青少年对话小组（"gruppi di parola" con bambini adolescenti）项目，这一项目针对有孩子的离异家庭。父母在离异时，他们会被要求到公立或者私立的调解办公室，同时将他们的孩子按照年龄分别安排到不同的小组中。14—18岁为一组，6—14岁为一组，每组10个孩子，他们互相讲述自己的经历，然后写下来。每个家庭通常会有4次会议，每次几个小时，最后一次会议请父母听他们孩子写下的感受，使家长知道孩子对他们的期望。

比如以论文的形式介绍了都灵少年法院在少年检察部门中设置调解机构的创意与经验。[①] 从都灵开始,公共或者私人调解机构逐步在其他地区法院发展起来,巴里、特兰托、米兰与卡坦扎罗相继成立调解机构。到 1997 年,意大利国内已经出现了 5 个这样的调解团体,后来发展为调解中心,也处理各种家庭和邻里冲突。[②] 2002 年,意大利全国有 8 家少年案件调解中心,而到了 2009 年已经发展到 19 家。[③]

伴随着调解中心的逐步发展,调解成为少年司法案件结案的可选方式。调解中心是代表社会因素的中立第三方,成为社会力量介入司法审判的重要力量,也逐步发展为现代少年司法体系的重要组成部分,对法官的判决有深刻影响。这些调解办公室或者调解中心独立于少年法院,并与地方少年司法的社工服务机构充分合作。意大利少年调解机构是在地方政府(包括大区、省和市)、少年司法服务、法官和第三部门达成一致的基础上发展起来。[④] 所有的少年刑事调解项目都有与中央和地方政府〔包括大区、省、市(镇)〕的正式合作协议,与第三部门(terzo settore)密切合作。到 2006 年,各地少年调解中心与少年司法部签订正式协议的有 11 家。[⑤]

[①] Isabella Quadrelli, Chiara Scivoletto, "Concetti e Pratiche di Mediazione", *Mediazionale Penale Minorile. Rappresentazioni e Pratiche*, FrancoAngeli, 2009, p. 37.

[②] 安娜·迈什蒂茨等主编:《欧洲青少年犯罪被害人—加害人调解》,林乐鸣等译,中国人民公安大学出版社 2012 年版,第 414 页。

[③] 这 19 个调解机构所在地分别是: Ancona, Bari, Bolzano, Brescia, Cagliari, Caltanissetta, Catanzaro, Firenze, Foggia, Genova, Latina, Napoli, Palermo, Reggio, Calabria, Sassari, Trento, Torino, Venezia。

[④] Isabella Mastropasqua, Mediazione penale e giustizia minorile, *Mediares*, 6, 2005.

[⑤] http://www.altrodiritto.unifi.it/ricerche/Minori/imperial/cap3.htm#h1 (2013 年 12 月 5 日访问)。

但由于缺乏可操作性标准，少年刑事调解被认为是"实验性"的制度，进展不大。① 直到 2002 年，这一制度才开始得到意大利司法部少年部门的重视和支持。这一年，意大利少年司法部门为了保证调解文化的推行，颁布了一个项目，就调解员的组成、调解组织的建立、公共与私人调解中心之间的互动等方面进行了规定，这一项目极大地推动了少年刑事调解的发展。②

　　少年刑事调解也与意大利家庭法的发展息息相关。2006 年意大利颁布第 54 号法案确立了共同监护权制度③，这一制度的顺利实施需要父母双方摒弃纷争，在子女利益最大化原则的基础上进行对话，这就使得家庭调解备受关注，调解办公室正式诞生④，其工作内容不仅仅局限于家庭调解，很多发展了社区调解，而之前专门针对罪错少年的调解机构在这一背景下也得到迅速发展，少年刑事调解机构的数量更是成倍增长。

三 调解员

　　专业的少年刑事案件调解员是中立的第三方，协助加害人与被害人建立对话关系，使他们之间有情感地交流，让罪犯意识到他自己的责任，对受害人提供支持。调解员是调解原则的表达者，是沟通桥梁的搭建者，是调解程序的指引者，是调解结果的影响者，是社会化参与的体现者。他们不同于司法体系

---

　　① Chiara Scivoletto, *Mediazionale Penale Minorile, Rappresentazioni e Pratiche*, FrancoAngeli, 2009, p. 46.
　　② 参见意大利司法部网站：http://www.giustizia.it/giustizia/it/mg_1_11_1.wp? previsiousPage = mg_1_11&contentId = SPR31679（2013 年 4 月 25 日访问）。
　　③ 2006 年第 54 号法律对《意大利民法典》第 155 条进行了修订，设立了子女共同监护制度（affido condiviso），即父母在离异之后，为了更好地保护子女利益，任何一方都对孩子享有平等的监护权。
　　④ 目前调解机构常见的命名模式是为调解中心或者调解办公室。

中的少年法官角色，没有法官的权威与权力，但是他们通过循循善诱的劝导有可能带来多赢的局面。国际上对少年刑事调解尚没有统一的原则和规范。但有一些基本性的共识，比如调解员应该懂得当地文化，应该能在压力下有效管理冲突。

由于待解决问题的复杂性，意大利少年刑事调解人员组成呈现出极大的异质性。调解员多来自有威望的少年法官和司法社工、名誉法官、心理学家，其中多数调解员是社会工作者，也包括地方少年司法中心、未成年人惩教院、少年社会工作办公室的工作人员。他们的专业背景多样：心理学家、教育工作者、律师、法官、社会工作者、教师、犯罪学家，也有受过培训的志愿者，大部分都具有学士学位，女性居多。

调解员的选拔方式全国并不统一，各地方根据需要自行招募。在少年刑事调解机构中，调解员工作内容主要是被害人—加害人调解，也有些调解机构同时包括家庭调解、社区调解和学校调解。在工作方法上，调解员要尊重各方，要与少年司法服务与地区服务人员、专家和志愿者合作。调解员从不会用固定的方法与模式，而是在分别会见当事人的基础上，根据个案使用不同方法，这也使少年调解成为一门艺术。少年犯的侵略、暴力行为，让被害者怨恨、痛苦、恐惧，甚至产生复仇的欲望。在调解中，一个不经意的眼神，在特定语境下一个模糊的词语，都可能激起对方记忆深处痛苦、愤怒、叛逆的感情。[1] 这些复杂的情感交织对调解员而言常常是巨大的挑战。调解员经常要在压力中工作，因此他们需要有一定的承受能

---

[1] Adolfo Ceretti, Francesco Di Ciò, Grazia Mannozzi, "*Giustizia Riparativa e Mediazione Penale,*" in Fulvio Scaparro, *Il Coraggio di Mediare*, Edizioni Angelo Guerini e Associati, 2007. p. 4.

力。每个刑事调解总是伴随着冲突、斗争、对抗,因而解决问题并不容易。

他们的沟通能力和综合素质在很大程度上决定着调解成败,因而调解员的选聘和培训意义重大。他们毕业后需要接受岗前培训,培训时间平均为315个小时,这一数字比欧洲其他国家调解员的培训时间都要长。[①] 因而专业调解员需要应用家庭、刑罚、社会、劳动等多方面的专业知识。调解员的培训课程多样,以满足实践需求。比如在一个调解员培训的宣传册上[②],有三个模块课程,理论基础(包括家庭和犯罪的社会学分析、司法心理学、刑事调解模式、刑事调解阶段);实务技巧(包括观察少年的技巧、家庭心理分析、面谈技巧、刑事调解方法);法律知识(具体包括刑法和刑事诉讼法、社会法和社会工作服务、家庭法)。同时,由于处理罪错少年事务,调解员还要熟悉调解伦理、少年青春期特征、社会服务组织模式、心理诊断、传播心理学、越轨行为心理学、发展心理学与教育心理学、社会心理学、发展精神病理学、家庭社会学、越轨行为和法律社会学等多方面知识。

调解员最重要的原则就是保持中立性,不对任何一方有所偏袒,积极促进达成和解。同时,他们还要保证案件的保密性和公正性。调解员要对少年投以信任的目光,不让少年感到有被怀疑的阴影,他们的声音要温和,不呵斥、不批判,要用个案方式来艺术性地解决问题。机构也会定期评估他们的调解能力。

[①] 安娜·迈什蒂茨等主编:《欧洲青少年犯罪被害人—加害人调解》,中国人民公安大学出版社2012年版,第433页。

[②] http://www.ardeastudio.it/attachments/article/14/bando%20mediazione%20penale%20minorile%202%5E%20edizione.pdf.(2014年2月18日访问)。

第二节 意大利少年刑事调解的适用及评价

一 相关法律

意大利并没有制定规范少年刑事调解的专项法律。[1] 在意大利，少年刑事调解尚未得到法律的明确认可，也没有专门颁布少年刑事调解法律，但是无论是在少年司法中还是在成年人司法中，立法机关都允许适用调解。这种可能性体现在下面几部法律之中。

1. 1988 年的《少年刑事诉讼法》（D. P. R. 448/1988）。此法典规定了现代意义上的少年司法制度[2]，强调在司法程序中注入积极的心理因素和社会因素，强调少年康复，具有划时代意义。在司法实践中，该法有两个条款与少年调解息息相关，分别是第 9 条社会调查[3]和第 28 条中止诉讼暂缓判决。[4] 第 9 条社会调查制度规定在初步调查阶段，由少年检察官（pubblico minister, PM）提议，对少年犯罪嫌疑人进行个性调

---

[1] 欧洲有些国家已经对少年刑事调解建立了专门法律，如瑞士。

[2] 潘效国：《意大利的青少年犯罪与青少年司法状况》，《青少年犯罪问题》2009 年第 1 期。

[3] 意大利的社会调查强调及时性，比如学者 Maria Gabriella Pinna 认为："孩子的个性不是静态的，而是随着孩子的成长不断发展变化的，为了查明少年的可归罪性，即他是否具有理解和意愿的能力（la capacità di intendere e di volere）和犯罪的责任程度（la responsabilità），应该在知道后立刻采取行动，而不是等到司法机构通知后。往往在开展调查时，与当初犯罪时已经时隔几个月，这时候得到的结果可能并不理想或者只是近似而已。"参见 M. G. Pinna, La vittima del reato e le prospettive di mediazione nella vigente legislazione processuale penale, in F. Molinari, A. Amoroso (a cura di), Criminalità minorile e mediazione, cit., p. 117。

[4] Mediazione e Giustizia riparatoria nel sistema penale italiano, 参见 www.giustizia.it。

查（inchiesta personologica），对少年、家庭和社会环境做全面评估。这条给了审前调解以空间。① 实践中，大部分试图调解的少年案件就发生在案件的初步调查阶段（indagini preliminari）。也有一部分是由初步调查法官（giudice per le indagini preliminari，GIP）提出，然后由调解办公室或者社工服务机构进行。

此法第 28 条中止程序暂缓判决（sospensione del processo e messa alla prova）② 规定在初步庭审阶段可以进行调解，以避免使用惩罚性方式，促进少年犯的心理发育，提高他们对社会的责任感。为了达到这一目的，给少年犯通过修复或者调解等方式赔偿受害人损失。在实践中少年法官将案件转往调解中心的情况通常多于检察官。而学者的研究也发现少年法官在少年调解适用上的作用更大。意大利学者安娜·考斯坦萨·巴德利（Anna Costanza Baldry）研究发现在缓判中是否适用调解更多取决于法官，而不取决于犯罪类型，或者少年犯特点。③ 如果未成年犯罪人在此阶段表现良好，法官可以做出宽免或者终止案件的决定，或宣布未成年人的行为是"显著轻微"。

2. 意大利《刑事诉讼法》第 564 条，给检察官以空间寻求被害人和被告人之间调解。在意大利，即使在刑罚执行阶段，也可以适用调解。在预审阶段，作为替代措施的缓判，交

---

① M. Pavarini, "Decarcerizzazione e mediazione nel sistema penale minorile", in L. Picotti (a cura di), *La mediazione nel sistema penale minorile*, Padova, Cedam, 1998, p. 16.

② Emanuele Esposito, "La mediazione penale minorile: Aspetti, problem e prospettive in una vision di tipo sistemico", http://www.diritto.it/articoli/penale/esposito.html（2014 年 2 月 5 日访问）。

③ Anna Costanza Baldry, *Il Sistema di Mediazione tra Vittima e Autore del Reato nel Tribunale Minorile-il Ruolo del Servizio Sociale*, p. 6.

给司法社工（comma 8 dell'art. 47 della L. n. 354/75），财产转换刑的转换（art. 101 e ss. della Legge 24 novembre 1981, n. 689）。

3. 意大利《刑法》第169条的司法宽免制度（art. 169 c. p. perdono giudiziale）。这一制度首见于1930年的第1398号刑法典的第169条。① 现行《意大利刑法典》第169条第1款延续了对不满18岁未成年人的司法宽免："如果法律对不满18岁未成年人实施的犯罪规定处以最高不过2年有期徒刑或者最高不超过5欧元②的财产刑，即使后一刑罚与前一刑罚并处，当考虑到第133条列举的情节推测犯罪人将不再实施新的犯罪时，法官宣布可以不移交审判。当进行有关审判时，法官可以依据同样的理由在判决书中不宣告处罚。"这意味着如果少年法庭认为违法者可能被判处2年以下剥夺自由，并且推定犯罪人不会再犯新罪的情况下可以适用司法宽免。③ 这样可以获得教育的积极介入，而不是充满惩罚色彩的刑事处罚。

---

① 1934年第1404号国王令第19条作了很大修改。宪法法院开始认为刑法第169条违宪，因为扩大了其他罪的司法宽免，但后来最高法院进一步宣布允许司法宽免。这一条的具体内容是：不论是成人还是未成年人，法官推测被告可能会判处不超过2年的拘留或不超过300万里拉（1500欧元）的罚款，同时将不会再越轨，则可以决定给予司法宽免。

② 意大利《刑法》中此处规定的标准以前是1万里拉（1936里拉＝1欧元）。里拉曾经是意大利的货币单位。1999年1月1日意大利与奥地利、比利时、法国、德国、芬兰、荷兰、卢森堡、爱尔兰、葡萄牙和西班牙等国家开始使用欧元，但当时欧元只是电子货币，欧元的纸币与硬币于2002年1月1日发行，经过2个月与欧元区国家本国货币的双币流通期，从2002年3月1日开始正式取代上述国家的本国货币。

③ Romano Ricciotti, *La Giustizia Penale Minorile*, CEDAM, 1998, p. 61.

二 调解实践

实践中,调解的案件类型并没有限制,原则上任何案件都可以适用调解。大部分调解案件包括被害人、加害少年及2—3名调解员。调解前,调解员需要对双方当事人进行研究和分析,探索他们的观念、情感、家庭等多方面状况。继而,调解员根据案件的不同情况与双方当事人先后联系,询问他们是否愿意与对方交流,征得双方同意,这是案件能够进行调解的前提条件。在获得他们同意后,调解员需告知双方调解的过程、意义和一些基本的交流规则,比如不要打断对方谈话,不要使用攻击性语言,会谈具有绝对保密性和非正式性,最后安排他们见面。[①] 最后,调解员要密切关注双方的态度变化,分析双方当事人的心理状态,做到及时跟进。调解过程中调解员还需要考虑到很多因素,因为任何一个细节都可能决定调解结果的成败。比如地点选择,调解员不能选择可能带来宗教、文化和价值观冲突的地点,而要选择双方都能接受的地点。

实践中,绝大多数犯罪人都同意进行调解。意大利少年刑事调解的方式包括直接调解(mediazione diretta)和间接调解(mediazione indiretta)。直接调解是指双方当事人在调解员的安排下见面并直接沟通,而间接调解中双方当事人不见面,这种方式多用在性侵犯案件上,因为此类案件中双方见面并不合适。最后的调解结果根据案件而有所不同,在直接赔偿案件中可以是:让少年在被害者的花园干活若干天;让少年修复他们

---

① Giovanni Ghibaudi, "La Mediazione Penale: dall' Oggettivazione del Soggetto alla Soggettivazione dell' Oggetto", http://www.ristretti.it/areestudio/territorio/alba/perc_ghibaudi.pdf, 2004, p.3 (2013年11月9日访问)。

损害的篱笆墙;让少年给被害人写一封信等。间接赔偿包括社会服务,如做义工等。社工帮助积极开展修复性活动,比如每周一个下午(三个小时)到当地老人院与老人一起进行康乐活动,帮助分发晚餐;每周两个晚上(各两个小时)教外国人意大利语;设计标牌。通常的调解结果是:一旦调解结束,倘若双方成功地达成协议,案件会再次提交给要求法官终止案件审理的检察官处。如果双方没有达成协议,案件将进入正常司法程序。而对于国外移民而言,由于他们的社会支持网络缺失,调解是这一人群适用非监禁刑的有效措施。

在调解实践中,意大利各地情况有所差异,比如威尼托(Veneto)地区少年刑事调解实践中的相关数据为:缔结调解过程中所需时间为 45 天;平均双方会晤 3 次。少年司法社工基于以下原则开展调解工作:前期少年犯参加会议的情况和是否感兴趣的论证;反思所发生的事件;与受害人在会议期间参与程度;有和解欲望;道歉或其他形式赔偿。[1] 从全国范围而言,各地的调解成功率也不尽相同。在卡里利亚调解中心是 90%,米兰是 82.70%,在特兰托仅为 60%。[2] 事实上,各地对调解成功的定义存在着差异,统计数字口径并不一致,因此不能单纯从数据情况来评价各地的调解效果。

在实践中,少年刑事调解往往和家庭调解关系密切,或者在同一个调解服务机构中基本上都会承接这两个方面的项目与业务。各地区往往按照属地划分开展工作。少年司法机构与社

---

[1] http://www.csben.it/index.php/la-mediazione-penale/18-veneto.html (2014 年 3 月 11 日访问)。

[2] 安娜·迈什蒂茨等主编:《欧洲青少年犯罪被害人—加害人调解》,中国人民公安大学出版社 2012 年版,第 433 页。

会服务是紧密结合，比如在布林迪西（Brindisi）①的一所家庭资源中心（centro risorse per le familie）②是一所社工服务机构，其中就有家庭调解、刑事调解，专门有少年刑事调解项目。再如在巴里（Bari）的少年调解办公室③是一个非营利机构，服务内容包含少年民事和刑事多方面工作。它们通过实施一系列的干预措施为危机家庭和个人、家庭以及社会环境不适少年（minori in situazione di disagio personale, familiare e sociale）提供服务。他们也在"有利于少年利益"的理念下为进入到少年司法领域的少年嫌疑人、少年犯或者受害人提供服务。服务对象包括少年、家长、冲突涉及的其他成年人等，经过巴里地区司法机构的同意介入到调解中。他们的目标是对冲突关系进行重建；预防儿童出现危险；限制由冲突带来的心理损伤和社会后果；促进罪错少年的自我赋权，提升他们的自我责任感，尤其是受害者在情感层面上，往往感到不安全和受到威胁。对家庭调解和少年刑事调解进行培训、宣传。目前开展的活动包括"对话小组"，针对6—14岁的少年儿童，这是从法国引入的，对濒临解体的家庭中的少年儿童进行帮助，在保护少年隐私的前提下，帮助他们表达内心情感、疑惑、恐惧、担忧等情感，让父母更好地了解孩子需要，使他们不感到孤独，心声能够得到倾听。

意大利少年调解机构在财政经费上得到地方支持，由地方自治机关、省和地区进行预算拨款。但是在工作方法上，调解

---

① 布林迪西，意大利普利亚大区布林迪西省的首府，位于意大利靴子形地图的"鞋跟"中间。

② http://www.crf.provincia.brindisi.it/index.php（2013年10月9日访问）。

③ http://www.mediazionecrisi.it/crisi/progetti/ufficio-di-mediazione-bari（2014年1月25日访问）。

机构获得意大利少年司法部的帮助和支持。与少年司法制度中的监督法官制度相对应,少年刑事调解制度中也有专门监督机制,由少年服务办公室监督实施。

对调解中心的统计分析可以看出,少年法官和少年检察官转往调解中心调解的案件比例在逐年增加。意大利学者伊莎贝拉·马斯特路帕斯夸(Isabella Mastropasqua)认为:"虽然在意大利存在关于恢复性司法的争论,刑事调解依然存在诸多问题,只有小部分的少年案件以调解结案。但是,对未成年犯罪人适用恢复性司法已经是不争的事实。"

三 意大利少年刑事调解的评价

意大利是司法福利混合的少年司法模式,即少年司法与地方政府和第三部门密切合作,少年刑事调解制度以这一体系为基础。① 少年法院不仅是司法机构,也是社会福利部门。每一个接触到儿童和家庭的人都可以对他们施加积极影响。少年刑事调解在刑事司法体系外另辟蹊径,成为"第三条道路",是对意大利报复性司法和监禁刑的超越,是对传统刑事司法的超越,是社会发展的进步。与传统少年司法的道路不同,它有着独特的文化价值、理念,差异化技术和实现方式。这背后有司法界对刑事诉讼程序的反思,有市民对刑事司法公正性的质疑,有人们对多元化纠纷解决的现实诉求。少年犯和受害人在刑事调解中成为解决冲突的主角,他们通过调解员的个性化调解来修复问题,使受害者从犯罪行为的侵害中得以恢复。同时通过这一过程,也让少年犯懂得犯罪的代价和凶手的责任,被

---

① Isabella Mastropasqua, "La Mediazione Penale Minorile in Italia: Riflessioni e Prospettive", *Nuove Esperienze di Giustizia Minorile*, Vol. 1, 2008.

害人了解少年犯的动机与原因。

　　刑事调解表面上连接着罪犯和受害者，处理被害人与犯罪人之间的权益平衡，事实上是处理罪犯与国家之间的关系，平衡国家权力和个人权利。[①] 传统刑法理念下，犯罪被认为是对国家权益的侵害，国家本位的刑法观念较少考虑案件双方当事人的情况，比如少年犯的悔罪、赔偿，以及被害人的心理感受与期待，国家权力凌驾于当事人权利之上，并被认为是不可撼动的。但是在少年刑事调解中，国家让渡了一部分的权利给当事人，一方面，鼓励少年犯通过积极的民事赔偿与其他表现来减轻惩罚，尽量不对少年犯贴标签，征得受害人原谅的同时他们的心里会消减罪恶感，激励他们改恶从善；另一方面，对于被害人而言，增加了解、倾听加害少年的声音和感受的途径，将他们从被忽略的位置上唤醒，提高被害人的地位，体现社会化参与，通过赔偿以及补救措施增加他们对犯罪处理结果的满意度。国家让渡权利的过程也是有回报的，既可以减少少年未来犯罪的可能性，又有助于降低整个诉讼程序中的诉讼成本。

　　意大利少年刑事调解在发展中逐渐取得独立性。在欧洲其他国家，少年刑事调解基本上是少年司法制度的组成内容，比如在英国和西班牙，司法部协调私人调解中心或者组织开展活动，并提供必要的经济支持，但是意大利的少年刑事调解机构逐渐独立于少年司法体系。[②] 意大利少年司法领域的人士认为，应该将调解活动与司法活动分开，以充分发挥调解中各方的积极性，使调解活动更加有效。在这样的思路下，调解中心

---

　　① Chiara Scivoletto, *Mediazionale Penale Minorile. Rappresentazioni e Pratiche*, FrancoAngeli, 2009, p. 18.

　　② Ibid., p. 83.

的办公地点从少年法院内移至少年法院外。例如，都灵的调解办公室（Ufficio Mediazione）在 2000 年一直位于少年法院中的检察官办公室中，后来独立，并重新命名为"都灵未成年人刑事调解中心"（Centro Mediazione Penale di Torino）。[1] 这有助于调解中心独立于司法系统，成为独立自主的第三方。

意大利近 20 年的少年刑事调解积累了丰富的实践经验，这些成果推动司法界重视这一结案方式。但是刑事调解在少年司法中依然是发展中的事物，在很多方面存在问题与不足，少年司法调解程序不完善，制度化的沟通渠道不健全，评价体系缺乏以及执行标准不统一等，因此在意大利少年司法体系中仍处于边缘地位。这些问题在一定程度上也存在于其他欧洲国家的少年刑事调解中。

（一）操作体系的标准化问题

少年刑事调解是刑事契约的典型形态，需要遵守契约的制定与执行规范，通过一定程序和标准统一操作。调解是一门学问，有心理学、犯罪学、社会学、社会工作等诸多学科的知识要领，需要在操作体系上体现标准化。但是在调解实践中，意大利各地并不统一，地区之间差异很大；而且意大利人本身的特点就是不喜欢禁锢与规则，将调解看成一门艺术，灵活自由地针对少年案件中的不同矛盾进行个别化调解。

这一问题还表现在调解员的标准化和专业化问题。尽管意大利的调解员以专业的司法社会工作者为主，但是在实践中依然有少年法官和少年检察官充当调解员的情况，这样容易造成角色冲突，因为兼职的少年法官、少年检察官难以完全抛开本

---

[1] Chiara Scivoletto, "Concetti e Pratiche di Mediazione", *Mediazionale Penale Minorile. Rappresentazioni e Pratiche*, FrancoAngeli, 2009, p. 47.

职工作，公正地充当第三方，同时他们难以有大量时间投入调解工作中。

（二）评价体系的统一化问题

在意大利，少年刑事调解的效果可以通过下面几个方面进行评价：一是加害者与被害者双方满意度增加；二是加害者承担责任的可能性加大；三是这种程序让受害者更放心；四是加害者对自己的行为认识更为深刻，并且能够对受害者产生同情，降低再犯的可能性。[1] 但是这些只是大致的评价方面，意大利至今仍没有对调解效果形成统一的、量化的评价体系。如何评价调解程序适用过程中被害人的满意程度，如何来评价各地区未成年犯罪与刑事调解的关系，如何评价调解后少年犯表现等，这些方面都因为调解中心不同而存在较大差异。尤其是缺乏系统的后续评估程序，作为一种新的方法被引入到实践，但是引入后的10年间依然没有太大进展，这在目前的实践中是一个致命缺点。此外，缺乏可用于统计与研究的数据，一个少年法院的院长评论说："缺乏数据支持的调解被明确解释为调解无用。而且迄今为止，还没有建立起标准的实践流程。"

（三）沟通体系的制度化问题

意大利的少年法庭与调解中心之间缺少回馈性的联系。调解中心在实施调解后，向少年法庭告知调解结果，但少年法庭并不向其提供法庭的最终判决信息。调解员、法官、检察人员、司法社会局的社会工作者之间的相互关系在很大程度上取决于他们之间的私人关系，而缺乏制度化的沟通渠道。

---

[1] Chiara Scivoletto, *Mediazionale Penale Minorile. Rappresentazioni e Pratiche*, FrancoAngeli, 2009, p. 38.

缓判中调解的适用问题。调解程序应该支持双方当事人的成长，特别是用中立的、适当的方式管理冲突，改善案主能力。[1] 调解人的角色必须是中立的，所以如果他们已经参与到一方的工作之中，他们就不应该当调解员。比如大卫斯（Davis）和巴德利（Baldry）以及斯卡大乔内（Scardaccione）的观点，缓判中的社会工作者大部分为被告的利益进行工作，所以就不应该作为调解员。[2]

此外，还存在一些问题，比如是否需要在现有的法律体系中规定新的调解中心？调解中心究竟应该如何组织？调解中心的法律地位，即调解中心应该是司法系统的机关还是完全独立的第三方地位等。有学者认为对调解中心的法律规定有助于其更加积极地发挥作用；而否定者则认为，对调解中心做出法律规定使其民间性质弱化，导致官僚化；也有些人认为，将调解中心归为司法系统可能会使作为居中公断的法官失去作用。此外，多数调解员对工作量太少感到不满意。上岗之后，每一名调解员每年处理案件的数量不尽相同，总体而言调解员的工作量较少，超过半数的调解员每年平均处理 15 起案件。[3] 他们感觉到职业能力未被充分利用。同时调解员到岗后培训不足也是整个行业的共同问题。

四 意大利少年刑事调解对我国的启示

少年刑事调解应该成为少年司法制度的重要内容，成为我

---

[1] Chiara Scivoletto, *Mediazionale Penale Minorile. Rappresentazioni e Pratiche*, FrancoAngeli, 2009, p. 36.

[2] Anna Costanza Baldry, *Il Sistema di Mediazione tra Vittima e Autore del Reato nel Tribunale Minorile-il Ruolo del Servizio Sociale*, p. 8.

[3] 安娜·迈什蒂茨等主编：《欧洲青少年犯罪被害人—加害人调解》，中国人民公安大学出版社 2012 年版，第 433 页。

国刑事调解制度的先锋。少年司法和刑事调解都是源于西方的舶来品,尽管我国历史上早有"恤幼"的传统观念,但是终究没有成为激发少年司法制度产生的种子,也缺乏促使少年刑事调解制度产生的原动力。同时在原有的报复性和惩罚性司法的土壤上,导致少年司法福利性不强,因而少年刑事调解的适用范围必然有限。但是,我国发展少年刑事调解也有独特的文化传统与司法环境——植根于基层的人民调解制度。尽管人民调解主要集中在民事案件[①],有些地区,如上海、北京、浙江等地,人民调解的范围已经拓展到了轻微的刑事案件。人民调解作为中国特色的司法制度为减少急剧膨胀的诉讼数量起到了重要的分流作用,也成为我国少年刑事调解发展的重要基础。

现实情况是,少年刑事调解制度在我国尚没有得到全面推广和应用。有些地区开始了探索的步伐,比如一些地方法院对在校的大学生犯罪进行调解,实践中具体处理方式有和解后不起诉,退回公安机关处理,和解后起诉,以及和解后暂缓起诉等几种做法。[②] 少年刑事调解发展的过程中各地做法不一,而且存在争论,甚至是反对与质疑。有人认为刑事调解是"花钱买刑"、"私了",在社会贫富分化日益严重的当代中国,会助长富人阶层逍遥法外的气焰,进一步激化社会的仇富心理,无异于否定了法律面前人人平等、罪刑法定、罪刑相适应这些刑法基本原则,还有人认为刑事调解是以牺牲国家的利益来满足个人利益,使国家在犯罪面前失去

---

① 《人民调解工作若干规定》第 20 条对民间纠纷的主体和范围做出了规定:"人民调解委员会调解的民间纠纷,包括发生在公民与公民之间、公民与法人和其他社会组织之间涉及民事权利义务争议的各种纠纷。"

② 黄京平、张枚、莫非:《刑事和解的司法现状与前景展望》,《朝阳法律评论》2009 年第 4 期。

尊严。但是，笔者认为这些观点将调解与金钱完全画等号，不符合刑事调解的本质。我们完全可以通过一定的规范和制度性指引，发挥其优势，减少其弊端。下面就在借鉴意大利这一制度的基础上，分析我国发展少年司法调解制度应该注意的几个问题。

（一）少年刑事调解的条件与适用阶段

意大利少年刑事调解需要一定条件，最重要的就是当事人双方的自愿原则。在少年犯承认自己罪行的前提下，调解员需征得双方当事人同意，而不能强迫、恐吓、威逼任何一方。少年犯在自愿基础上进行悔罪、道歉、赔偿损失，被害人如果放弃追究刑事责任，亦需要真实的意思表示。自愿原则是刑事调解的基石，否则整个调解制度无从谈起。

在少年刑事调解的适用阶段上，意大利的少年刑事调解可以在刑事司法的各个阶段适用。具体包括：在侦查阶段，侦查机关可以根据调解情况撤销案件或不移送检察机构；在审查起诉阶段，检察机关可以对案件做出不起诉决定；在预审阶段，可以调解并适用缓判；在庭审阶段，可以进行调解并从轻量刑，或者处以司法宽免；在执行阶段，可以相应减刑或假释。

目前我国的少年刑事调解案件主要在审查起诉阶段，由少年检察官负责，而在其他诉讼阶段，我国现行的刑事立法体系并没有明确规定。[①] 我国可以借鉴意大利的做法，在各个阶段

---

① 我国现行的《刑事诉讼法》第271条规定了少年司法的附条件不起诉制度：对于未成年人涉嫌刑法分则第四章、第五章、第六章规定的犯罪，可能判处1年有期徒刑以下刑罚，符合起诉条件，但有悔罪表现的，人民检察院可以做出附条件不起诉的决定。人民检察院在做出附条件不起诉的决定以前，应当听取公安机关、被害人的意见。

都允许适用调解,将调解作为重要的分流措施,并将加害少年和被害人达成和解协议作为从轻、减轻或者免除处罚的法定情节。

(二) 少年刑事调解员的专业化

少年刑事案件的调解员对调解结果的影响重大。意大利的调解员大部分是专业的司法社会工作者,也有少年法官与少年检察官,社会工作者经过严格的培训,有较强的专业调解能力。而我国的少年刑事调解仍在探索之中,调解员队伍还有些重大的问题没有解决。

首先,调解员主体尚不明确,专业性不强。我国没有专业化的调解员队伍,除了少年法官或少年检察官兼当调解员外,没有合适主体担任少年刑事案件调解员。人民调解员不具备专业性,而且他们的管辖范围最多是情节轻微刑事案件,因而不适合。其次,调解的中立性问题。在意大利的少年刑事调解中,调解员的中立性地位非常重要。他们逐渐脱离少年司法体系,成为专业而独立的第三方。

笔者认为解决上面问题的最佳途径就是我国可以借鉴意大利做法,培育专业的调解机构,建立独立且中立的第三方,鼓励民间机构介入,由专业的司法社会工作者担任调解员,建立一支专业化队伍,作为控辩双方之外的中立第三人。这一体系可以发挥很多作用,一方面,解决了司法系统中的少年法官或者少年检察官担任调解员的角色冲突,保证案件调解的标准统一;降低了双方当事人的心理压力,有利于案件达成和解;社工受过专业训练,熟悉调解中的保密原则、自决原则等专业要求,提升了刑事调解的专业性。另一方面,我国现在每年培养出来的社会工作专业学生大量流失,很大程度上因为没有工作岗位,而在司法实践中又需要大量的社会工作者,如果能够设置调解岗位,则可以做到人尽其才,供需双赢。

意大利研究少年司法的学者关注司法社工介入少年调解的案件情况,既做了一定的统计分析,也展现了社工的调解个案。比如安娜·考斯坦萨·巴德利(Anna Costanza Baldry)在米兰的少年法院做了一项调查研究,题目为《少年法院中被害人与加害人的调解系统——社会工作者的角色》[1],通过问卷和访谈的方式对少年刑事调解的案件情况做了深入分析,研究结果为:

少年司法社工作为调解员的90个缓判案件中,被害人与加害人都出现的直接调解36起(占到40.5%),其中有两起案件被害人的父母代替出现。在其他案件的调解过程中,双方没有直接见面,社工单独联系犯罪人与受害人。在一些案件中,调解员建议犯罪少年通过书信的方式向受害人道歉。对36个直接调解案件的进一步分析表明:受害人出现的案件中,24个首先联系的受害人,12个首先联系的犯罪人。这意味着谁先提出调解建议是一个重要因素,如果是首先联系受害人,但是犯罪人拒绝调解,那

---

[1] 这一研究旨在收集信息,分析少年社会工作者在调解制度中的角色。研究进行了一年半时间,共接到90个缓判案例,每个案件向负责的社会工作者发放问卷,以了解情况。问卷分为两部分,第一部分收集犯罪人的基本信息,包括家庭背景、受教育程度、犯罪类型、受害人情况,犯罪人与受害人的关系等。第二部分包括被害人和犯罪人调解阶段、参与人员、调解内容、被害人和犯罪人的角色、他们见面的次数与地点等。另一份问卷分析社会工作者对调解的基本态度和他们的主要工作。在这一调查中,所有的问卷都回收。由负责缓判的少年司法社工来完成。研究结果表明,所有调解对象包括84名男性和6名女性,平均年龄17岁,缓判的期限平均在9个月。大部分的案件是涉及财产案件。参见 Anna Costanza Baldry, *Il Sistema di Mediazione tra Vittima e Autore del Reato nel Tribunale Minorile-il Ruolo del Servizio Sociale*, pp. 3-9。

么受害人会感到非常沮丧；另外，如果首先联系犯罪人，被害人会感到有接受的压力。在15个案件（占16.4%）中犯罪人提供了象征性的赔偿，34个（37.7%）案件中，犯罪人回答了受害人的问题。68个案件（75.9%）的调解过程中犯罪人向受害人道歉，25个案件的结果是受害人与犯罪人握手。①

尽管上述研究中的样本总数并不大，但是我们可以从中看出意大利少年刑事调解中的发展程度与研究状况。研究者已经关注到了首先联系谁等调解细节问题。同时，安娜的研究也为我们展示了一个少年调解的真实案例：

> 一位少年在毒品作用下，不受自己的意识控制，企图抢劫被害人乔瓦尼（Giovanni），被发现后当场用刀刺伤被害人，被害人的妻子听到尖叫声赶到现场并拨打报警和救护电话，因抢救及时，被害人没有生命危险。在正式庭审之前，预审法官对少年处以两年暂缓判决。负责缓判的社工安排双方在一个酒吧里见面。开始犯罪人很疑惑为什么受害人会同意见企图杀死他的人，见面后，犯罪人一直低头，不敢与被害人有正面的眼神交流，被害人夫妇双方提问题。他们通过这次见面打消了很多之前对犯罪人的种种猜测，得知犯罪人与其他少年一样，只是在毒品作用下才犯下了如此行径。

---

① Anna Costanza Baldry, *Il Sistema di Mediazione tra Vittima e Autore del Reato nel Tribunale Minorile-il Ruolo del Servizio Sociale*, p. 8.

在这起比较严重的谋杀未遂案件中,社会工作者在暂缓判决中运用调解方式,让双方都有平等机会表达犯罪对双方带来的影响,进行情感交流,让少年犯意识到其行为带来的严重后果,并表示愿意赔偿受害人损失。

(三)少年刑事调解的法制化

少年刑事调解的发展在根本上要依赖于立法。我国 2012 年修订,2013 年 1 月 1 日正式实施的《刑事诉讼法》中,第 277—279 条①对刑事和解的公诉案件诉讼程序进行了专门规定,承认了刑事和解的法律地位,但是并没有规定少年刑事调解内容。即少年刑事调解既没有单行法,也没有体现少年司法特殊性的"少年刑事诉讼法",立法不足成为少年刑事调解发展的瓶颈。因此,我国需要加强少年刑事调解立法,明确法律依据,同时加强司法机关监督,保证解决争议的有效性、合法性和正当性,保证国家仍然处于主导地位,在发挥少年刑事调解正功能的同时,建立制度化的监督体系,防止事实认定的模糊性,以及司法权力滥用和司法腐败。

---

① 第 277 条 下列公诉案件,犯罪嫌疑人、被告人真诚悔罪,通过向被害人赔偿损失、赔礼道歉等方式获得被害人谅解,被害人自愿和解的,双方当事人可以和解:(一)因民间纠纷引起,涉嫌刑法分则第四章、第五章规定的犯罪案件,可能判处三年有期徒刑以下刑罚的;(二)除渎职犯罪以外的可能判处七年有期徒刑以下刑罚的过失犯罪案件。犯罪嫌疑人、被告人在五年以内曾经故意犯罪的,不适用本章规定的程序。

第 278 条 双方当事人和解的,公安机关、人民检察院、人民法院应当听取当事人和其他有关人员的意见,对和解的自愿性、合法性进行审查,并主持制作和解协议书。

第 279 条 对于达成和解协议的案件,公安机关可以向人民检察院提出从宽处理的建议。人民检察院可以向人民法院提出从宽处罚的建议;对于犯罪情节轻微,不需要判处刑罚的,可以做出不起诉的决定。人民法院可以依法对被告人从宽处罚。

另外，意大利正在发展的家庭调解也值得我国借鉴。少年是家庭中的少年，越轨少年问题往往是由于家庭功能出现偏差，甚至功能失灵，所以针对家庭开展预防性的调解工作可以帮助孩子更好地成长，避免他们走上犯罪道路。米兰建立了类似家庭会议模式的调解，让刑事案件中的少年、家长与被害人共同见面。除了意大利，一些欧洲国家，如法国，在父母离婚处专门设有家庭调解室，针对离异父母，预防子女犯罪，向孩子解释并倾听他们的想法，将调解深入到每个家庭，有效地降低了少年犯罪率。

第五章

我国对意大利少年司法的借鉴

各国少年司法的发展多受到本国法律文化和历史传统影响。在英美法系中,少年司法制度以国家亲权理论[①]为基础;意大利少年司法发展更多受到古典和实证主义犯罪学派理论的影响。而我国少年司法尽管没有形成系统理论,但是对少年犯减轻处罚早在奴隶社会的西周时期已有规定。在《周礼·曲礼上》中规定对7岁以下的孩子不给予刑事处罚。[②]《唐律疏议·名例》对不同类型犯罪中的少年、残疾人和老年人处罚做出详细规定[③],体现了"恤幼"、"扶弱"的思想,唐朝政

[①] 国家亲权,国家代表少年的父母行使监护权即国家作为一国之家长,是本国内无法律能力者(如未成年人)的监护人,享有监护权利,承担监护义务,对其进行保护、教育、照管和监护。参见康均心《我国少年司法制度的现实困境与改革出路》,《中国青年研究》2008年第3期。

[②] 《周礼·曲礼上》记载:"人生十年曰幼、学。二十曰弱、冠。三十曰壮、有室。四十曰强、而仕。五十曰艾、服官政。六十曰耆、指使。七十曰老、而传。八十九十曰耄。七年曰悼。悼与耄,虽有罪,不加刑焉。"参见《周礼·曲礼》,转引自张璐《中国少年司法制度建构的相关问题探讨》,中国博士学位论文库,《中国政法大学》2011年。

[③] 《唐律疏议·名例》:"诸年七十以上,十五以下,及废疾,犯流罪以下,收赎;八十以上,十岁以下,及笃疾,犯反逆、杀人,应死者,上请;盗及伤人者,亦收赎,余皆勿论。九十以上,七岁以下,虽有死罪,不加刑。"转引自吴晓玲《论中国封建法制的恤刑原则》,《南昌大学学报》(人文社会科学版)2000年第1期。

府还建立专门慈幼机构收养年老、年幼的失依者。清政府时期，1912年《暂行新刑律》第30条对13岁以下的少年犯不进行处罚，而施以感化教育。①

我国现代意义上的少年司法制度以1984年在上海市长宁区法院建立的第一个少年法庭为标志，至今已有30年时间。少年司法在理论和实践上都进行了有益探索：少年司法队伍从无到有，不断发展壮大，现在粗具规模；少年审判制度不断创新，积累了丰富经验；少年案件综合审判庭等司法机构广泛建立，渐渐独立于成年人刑事司法；少年案件立法突破，2012年修改的《刑事诉讼法》中单独针对未成年人刑事案件的审理开辟专章，规定未成年人的特殊诉讼程序，保障未成年人权利。

同时，各地区的少年司法探索各具特色。比如上海浦东新区的少年法庭创设了圆桌审判制度，对法庭设计进行调整，拉近了少年案件双方当事人的距离；建立心理咨询制度，注重少年心理介入，在社区通过"知心大嫂"帮助越轨少年；创立"巡回法庭"机制，方便当事人诉讼，节约司法资源；探索判后回访机制，利用现代化的软件系统对所有结案少年进行回访跟踪，一直到少年25岁；完善法律援助机制，全面覆盖少年刑事案件的法律援助；进行未成年人犯罪预防，与当地学校进行项目化合作，开展了"春天的蒲公英"项目，将案例用漫画彩绘的形式定期向学校赠阅，寓教于乐，对少年进行普法宣传。②

---

① 《暂行新刑律》："未满十三岁人之行为不罚，但因其情节，得施以感化教育，或令其监护人、保佐人，缴纳相当之保证金，于一年以上，三年以下之期间内，监督其品行；十三岁以上，未满十六岁之行为，得减轻本刑1/2。但减轻本刑者，因其情节得施行感化教育，或令其监护人、保佐人，缴纳相当之证金，于一年以上，三年以下期间内监督其品行。"转引自姚远《民国时期青少年感化教育探究——从上海公共租界案例谈起》，《青少年犯罪问题》2010年第3期。

② 《浦东新区审判志》，浦东新区法院调研资料，第307—313页。

2012年，上海市长宁、闵行两区引入少年刑事调解机制，少年庭刑事附带民事诉讼案件达到 100% 的调解撤诉率。① 河南省少年法庭从工、青、妇等部门中聘请人民陪审员 4200 余人，特邀陪审员、人民调查员 270 余人，基本实现每个少年案件都有人民陪审员或社会调查员。② 广东省少年审判制度建立了庭前社会调查制度、庭审中的圆桌审判制度③、法庭教育制度、绿色通道制度、心理干预制度、"诫勉谈话"制度、法官寄语制度、暂缓判决制度、判前考察制度等，以及审判后的追踪帮教制度，外地缓刑的回访考察制度，在押、服刑少年的帮教督导制度，监督令和社会服务令制度等。④ 广州中院推出了制度化的观护制度；重庆沙坪坝少年法庭探索诉讼代言人制度等。⑤ 其他地方也结合本地情况，有不少特色项目。这些做法既体现我国国情，又符合国际发展趋势。

但是，我国的少年司法制度依然存在诸多问题，尚需不断完善。没有独立、完善的少年司法程序；形式主义严重，例如有的地区建立的少年法庭形同虚设，不是从未成年人保护的角度开展工作，而是应付上级检查，工作流于形式等。本章在借鉴意大利少年司法制度的基础上，就我国少年司法中的几个薄弱环节进行论述。

---

① 《上海：少年法庭心理干预机制体现少年司法温情》，载《中国青年报》2013 年 6 月 4 日。

② 田立文：《全面加强少年法庭建设推动少年审判事业科学发展》，载张立勇主编《中国特色少年司法制度改革与完善研究》，法律出版社 2012 年版，第 28 页。

③ 审判实践中有椭圆形、U 字形、圆形等多种形式的圆桌审判。

④ 广东省高级人民法院刑二庭：《广东法院 25 年少年审判创新制度调研报告》，载张立勇主编《中国特色少年司法制度改革与完善研究》，法律出版社 2012 年版，第 391—393 页。

⑤ 佟丽华、张文娟：《中国未来少年司法制度展望》，载张立勇主编《中国特色少年司法制度改革与完善研究》，法律出版社 2012 年版，第 51 页。

第一节 温和与宽宥——意大利少年司法理念及启示

温和与宽宥是意大利少年司法制度中的核心理念。与欧洲其他国家一样，意大利少年司法制度是基于教育性和保护方法来创设的，社会化处遇措施得到广泛应用，惩罚通常被认为是最后的施行办法。本节从教育和保护两个方面剖析意大利的温和少年司法，同时对我国的少年司法理念进行反思与探讨，认为我国应该加强对罪错少年的特殊教育，逐步完善司法社工队伍，在司法领域更多地注入社会性因素，提高少年的司法保护力度。

理念是少年司法制度发展的核心与关键，直接决定少年司法的发展方向，解决诸多未成年人犯罪问题最重要的是基本思路和发展理念。国际上对少年司法理念的研究在根本上分为"福利导向"与"刑事导向"。这两种理念的差异组合形成了国际少年司法的不同模式。[1] 福利导向理念中包含保护、教育、儿童利益最大化等宽宥思想；而刑事导向的理念中包含惩

---

[1] 康树华主编的《预防未成年人犯罪与法制教育全书》中，根据少年法的内容将国外的少年法分为处罚型、多元型、福利型、保护型和政策型五大类。处罚型少年法，主要是指处理青少年违法犯罪的法，专指青少年刑法和青少年刑事诉讼法；多元型少年法，是指既规定保护青少年内容，又是规定审理处罚青少年内容的综合性法规；福利型少年法，是指以福利主处理违法犯罪青少年的法规；保护型少年法，是指保护青少年的健康成长而定的净化社会环境的法规；政策型少年法，是指这样一类青少年法规，它不仅原则上规定了国家对于青少年的政策，而且详细列举了青少年参加国家管理、受教育、劳动、休息、体育、娱乐、旅游乃至婚姻住房等方面的权利和保卫祖国、保卫全民和集团财产、创造性劳动等义务。在上述五类少年法中处罚型少年法一般称为狭义的少年法，而多元型、福利型、保护型和政策型的少年法则统称为广义的少年法。还有人总结为福利性处遇模式、刑事处遇模式、社会—司法处遇模式、平衡与修复性司法模式；有人划分为福利模式、惩罚模式、混合模式，还有人直观地称为蓝色模式，红色模式与绿色模式。

罚、监禁等传统的严厉思想。对待少年犯，是惩罚为主还是以康复为主？是福利导向还是压制导向？是教育他们还是训诫他们？如何让未成年人在失业率高居不下的今天依然相信遵法、守法？当社会中没有合法的机会时，如何让他们不加入黑社会？[1] 这些问题对于少年司法工作者而言至关重要。意大利少年司法自1934年诞生之初，就对这两种道路有过激烈的争议与辩论，最终选择了宽宥思想下司法福利混合型道路，注重对少年的保护和教育，用社会化的、温和宽宥的柔性司法理念对待进入司法体系的少年，并通过完善立法、构建体系、加强社会服务、适用刑事调解等方式表达上述理念，这一理念对意大利少年司法实务产生了重要影响。

一　温和司法的含义及其特点

"温和司法"（diritto mite）的概念是三四十年前由外贝斯科（Vebeschi）在他的一篇致全体成长中市民的文章中提出来的，认为司法介入的手段首先应该是劝说，试图让他改变已有的行为模式，通过暴力干预的司法只能作为最后手段。温和少年司法（giustizia minorile mite）意思是不要将孩子从父母身边带走，而是首先要教育父母如何管教子女，只在最后必要的时候使用刑罚，同时有规则的适用行政手段。意大利著名的大法官和宪法学专家古斯塔沃·扎格莱贝尔斯凯（Gustavo Zagrebelsky）[2] 在1992年撰写《温和司法》（Il Diritto Mite）

---

[1]　Filippo Dettori, *Giustizia Minorile e Integrazione Sociale*, FrancoAngeli, 2002, p. 1.
[2]　他曾经在意大利的萨萨里大学（Università degli Studi di Sassari）和都灵大学（Università degli Studi di Torino）教授宪法学，1995—2004年期间担任意大利宪法法院法官，2004年1月当选为宪法法院院长，直至11月任期结束，曾获意大利共和国骑士十字勋章。

第五章　我国对意大利少年司法的借鉴　179

一书，他认为：在个人和集体生活中，司法正义是必需的，但是为了达到这一目的，也许我们可以改变一下道路。[1] 在 2004 年 11 月 16 日在意大利的共和国报（La Repubblica）上，他撰写了题为《司法的艰巨任务》一文，他认为对所有人都能实现公正的司法是不存在的。

意大利巴里少年法院院长（Presidente del Tribunale per i Minorenni di Bari）弗朗克·奥克欧格拉索[2]（Franco Occhiogrosso）在他的著作《温和少年司法的宣言书》（*Manifesto per una Giustizia Minorile Mite*）中认为："温和司法是少年司法中越来越核心的概念，指的不只是平和的心态（tranquillità d'animo），它有更多的含义，比如包含诺贝托·波比奥[3]（Norberto Bobbio）提出的非暴力原则，并认为非暴力是少年司法唯一可能的答案（unica risposta possibile）"[4]。弗朗克进而指出，温和司法是一种进步，是 2001 年意大利宪法改革（Riforma costituzionale del 2001）中寻求用更加温和的方式来取代激烈措施这一原则的体现。刑事的强硬措施依旧会沿用，但是未来的趋势是避免眼泪与隔离，尽量采用对话和商议减轻少年的痛苦和不适。[5]

在不断改革中，意大利少年司法逐步形成温和的司法文化，将教育与保护作为少年司法的基础元素，将辅导罪错少年的成功地区经验上升为国家政策，将积极的公民意识（cittadi-

---

[1]　Gustavo Zagrebelsky, *Il diritto mite*, Einaudi, 1992, p. 3.
[2]　曾撰写《少年的世纪（*Il secolo dell' Infanzia*）》。
[3]　Norberto Bobbio（1909—2004），是法律和政治科学的意大利哲学家和政治思想史家。
[4]　http://www.dirittiacolori.it/it/la_giustizia_mite_dà_forza_ai_diritti_dei_minori（2014 年 5 月 5 日访问）。
[5]　Gustavo Zagrebelsky, *Il diritto mite*, Einaudi, 1992, p. 8.

nanza attiva)、志愿者服务（volontariato）和刑事少年调解融合到司法文化中。具体而言，意大利的少年温和司法呈现出如下特点。

（一）法律规定的宽宥性

意大利少年司法的诞生以 1934 年颁布《少年法》[第 1404 号皇家法令（R. D. n. 1404/1934）]① 为标志，法案的全称是《少年法院的设立及其与职能》（Istituzione e funzionamento del Tribunale per i minorenni）。此法案共有 35 条，首次对少年再教育中心组成、建立少年法院、少年案件管辖、少年检察办公室、个性调查、监督法官、司法宽免、附条件释放、监视自由、康复等方面进行了规定。这部法案创设了少年司法的特殊制度，如个性调查、康复等，着力体现与成年人司法的差异，注重对罪错少年的教育与保护，奠定了温和司法的基础。

1988 年，意大利通过了新的《少年刑事诉讼法》（D. P. R. 448/1988），对少年刑事程序进行重大调整，规定了现代意义上的少年司法机构②，具有鲜明的康复特点，保护少年的权利，比如无罪推定和保证社会支持的权利。这部法案确定了充足原则、最小介入原则和去污名化原则，鼓励尽早释放少年违法者，加强他们的社会责任而不是惩罚他们，禁止媒体传播少年犯图片等个人信息；保证不公开审理；取消刑事犯罪记录等。

法律对少年的处罚规定也颇为仁慈，在温和与宽宥的思想

---

① 意大利语全称为 "Regio Decreto Legge n. 1404 del 20 luglio 1934。'Istituzione e funzionamento del Tribunale per i minorenni'"。

② 潘效国：《意大利的青少年犯罪与青少年司法状况》，《青少年犯罪问题》2009 年第 1 期。

下，很少有少年被投入监狱。14 岁以下的少年直接宣布不具有可归罪性，其余的通过司法宽免和大赦而获得自由。对这些少年犯，第一次罪错时法官可以宣告其不成熟而释放，第二次罪错时可以宣告司法宽免，第三次可以运用中止审判并适用缓刑，第四次以上才有可能投入监狱。只有惯犯或者非常难以管教时才适用严厉手段。很明显，意大利的少年司法系统有利于未成年人，对他们非常仁慈。①

(二) 司法政策的连贯性

意大利的这一趋势连贯至今，而且通过立法措施被不断强化。意大利少年司法有三个重要原则：连续性、黏合性、责任感。② 这一特点在与英美和很多欧洲国家的比较中更加突出。比如美国的少年司法制度，从建立至今经历了从康复到惩罚的司法理念转变。100 多年前当美国的社会改革者设计并实施了少年司法制度，他们认为少年犯罪在很大程度上是与缺乏父母照料、受到忽视、贫穷等因素相关，如果法庭采用慈善的方式和手段对待少年犯，他们是可塑与可康复的。因此，当时的少年法庭带有社会福利性质，指导思想以对少年的最大利益为原则。③ 但是后来的发展过程不断受到少年犯罪问题困扰，尤其在 20 世纪 60 年代，由于未成年人犯罪率不断攀升，转而采用"零容忍"（Zero tolerance）的刑事政策（通常情况下是对社

---

① Edwin M. Lemert, "Juvenile Justice Italian Style", *Law and Society Review*, Vol. 20, 1986, p. 532.

② Filippo Dettori, *Giustizia Minorile e Integrazione Sociale*, FrancoAngeli, 2002, p. 1.

③ J. Dean Lewis, "An Evolving Juvenile Court: On the Front Lines With Judge", *Juvenile Justice*, Vol. VI, No. 2, 1999.

会底层、少数民族和移民少年违法犯罪行为的零容忍[1]），放弃了少年保护思想。少年法庭越来越受到成人化影响，越来越多的少年犯被转移到成人刑法体系。[2] 至今美国仍存在少年司法制度存废的争论。[3] 许多国家的少年司法法律在遵守报应原则（principle of just deserts）的前提下改写，让少年承担自己的责任。[4] 于是又回到了少年刑罚成人化的老路上。治疗或分流措施再次让位于美国的"控制文化"，满足少年需求的观念与福利化的少年刑事政策逐渐瓦解。

而意大利却似乎走出了与其他西方国家相反的发展道路。[5] 意大利在强大的历史、民族、社会和文化影响下，反对零容忍和"控制文化"，依然坚持宽宥的少年司法政策，不断注入各种社会服务比重，加强社区矫正。保护和教育少年的司法功能成为意大利少年司法发展过程中几经讨论但始终被坚持下来的重要支柱。意大利与其他西方国家总体的相反走向耐人寻味。而在面对这一制度的未来发展上，意大利的学者也提出了担心，即意大利的少年司法系统能否继续支持刑罚宽容，不

---

[1] Goldson, B., "New Punitiveness: The Politics of Child Incarceration", in Muncie, J., Hughes, G. and McLaughlin, E. (Eds.) *Youth Justice: Critical Readings*. London: Sage, 2002, pp. 386—400.

[2] J. Dean Lewis, "An Evolving Juvenile Court: On the Front Lines With Judge", *Juvenile Justice*, Vol. VI, No. 2, 1999.

[3] Muncie, J. "The Globalization of Crime Control-the Case of Youth and Juvenile Justice: Neo-liberalism, Policy Convergence and International Conventions", *Theoretical Criminology*, Vol. 9 (1), 2005, pp. 35—64.

[4] Bailleau, F. and Cartuyvels, Y., "Juvenile Justice in a Neo-Liberal Society", Paper presented at the GERN meeting. The Response to Violence in a Democratic Society, *Strasbourg, France*, 3rd-5th June, 2003.

[5] Vincenzo Scalia, "A Lesson in Tolerance? Juvenile Justice in Italy", *Youth Justice*, Vol. 5, 2005, p. 33.

论少年犯的种族背景平等对待他们，发展以社区为基础的回应机制，抵御全球化过程中可能受到的来自其他国家的挑战。

（三）处罚方式的社会性

意大利早在 1934 年的第一部《少年法》中，就明确规定了司法社工的介入，他们作为社会力量的代表，是维护少年权利、保护少年成长的重要力量。意大利颁布了多部法律不断完善这一体系，建立了审判的社会化参与机制，暂缓判决的司法社工帮教机制，少年刑罚的社会化处遇机制，全方位建立罪错少年回归社会的支持网络。1956 年的第 888 号法案引入了委托社会工作者进行再教育的刑罚替代措施，通过提供社会工作服务支持少年，建立与少年家庭的关系，强调对缺乏家庭关爱和处境欠佳的少年进行矫正。根据意大利学者贝蒂（Betti）和帕瓦里尼（Pavarini）在 1985 年的观点，所有措施是在社会控制的启发下，意在创造矫正体系，从本质上是司法模式与社会模式的结合。

在司法社工参与社会观护的措施下，意大利的少年监禁率逐步降低，意大利的法官估计现在有 70%—90% 的少年犯由于被查明尚不成熟而被释放，而在 1969 年到 1970 年这一比例是 36%。同时，司法社工还在少年刑事调解、少年犯罪的预防等方面发挥了积极作用。

二 温和司法与少年教育

在温和与宽宥思想影响下，意大利模式的少年司法以恢复性司法和教育理念为主导，极少应用严厉的刑事惩罚，教育理念始终贯穿少年司法发展的每个历史阶段，成为少年司法系统内部各种角色的共识。

笔者在对意大利《少年司法》杂志主编，前都灵少年法

院院长进行访谈时,他就这一问题介绍说:

> 意大利注重教育,名誉法官①参与到审判中,最重要的原则就是教育。(意大利国内)讨论比较多的是再教育,因为再教育是在已有教育的基础上,但是对于某些少年而言,他们通常是没有受过教育的,这时不能说再教育,而应该说是对困难少年的特殊教育。即除了对所有人的教育之外,对一些在特殊时刻的少年需要进行特殊教育,比如黑社会少年、吉卜赛少年。这就有了对特殊少年教育的主题问题。用什么样的方式呢?不能用刑罚的方式。②

教育理念是贯穿在意大利少年司法实践中的核心思想。少年司法领域中的每个角色都以这个理念为宗旨,运用教育手段帮助少年回归社会,实现社会融合。这种理念指引少年司法每一个过程,甚至是每一个行动。在调研中,都灵少年法院的少年检察官玛尔塔·考姆布拉罗(Marta Combraro)通过一个案例让我对此有了深刻感悟,她说:

> 在少年刑事案件中,比较困难的是尝试维持教育功能

---

① "名誉法官"(giudici onorari)这一制度始于1934年第一部《少年法》。名誉法官要求具有教育学、心理学、生物学、人类学等人文学科的教育背景,可能是教师、心理学家、精神病学家、犯罪人类学家或者生理学家。少年法庭的合议庭由两位专业法官与两位名誉法官共4名法官组成。名誉法官需要一名男性,一名女性。名誉法官是少年司法社会化的重要体现,有利于将复杂的社会因素考虑进去,特别是对那些需要特殊对待的家庭和青少年。参见 Edwin M. Lemert,"Juvenile Justice Italian Style",*Law and Society Review*,Vol. 20,1986,p. 525。

② 意大利调研访谈资料。

并同时收集证据。要试图走出"我"的角色,我是检察官,不是医生、心理学家或者圣人,然而在我收集证据的同时,始终要注意教育功能。比如我昨天办了一个案件,一个女孩成为性侵犯的受害者,我收集了很多信息后知道这个女孩和男孩很暧昧,最后发生了关系,但是她并不愿意……我了解之后,我很想通过我找到的证据,对她说是你之前发了很多挑逗性的短消息,并且在那个晚上喝了很多酒,但我没有这样。我和女孩谈了三个小时,我说:你还记得发生了什么吗?我们一起回想之前发生的事情。女孩说:我记得一些。我说:你记得你发的信息都写了什么吗?然后将她发的消息给她看,女孩说:这些真的是我写的吗?我说是的。我本来可以训斥她的,但是我没有,而是采用了另外一种方法,让她心悦诚服地接受,这是最让人感到疲倦的,但是又意义重大。正是这些让我更喜欢这份工作。[①]

从上面的案例我们可以看出,意大利的检察官在办案过程中循循善诱,没有站在与未成年人的对立面来训斥与批评,而是采用了更容易让少年接受的方法。

意大利对少年犯的教育方式之一是利用宗教。天主教是意大利社会的核心宗教信仰,天主教的价值观对社会生活产生了深刻影响,也渗透少年司法领域。天主教的核心价值观"社会稳定"成为各项制度建立的基石。很早以前,意大利教堂就通过"主教保护的形式"开始保护未成年人。比如1703年,教宗克雷芒十一世(Clement XI)就在罗马圣米凯莱医院

---

① 都灵少年法院对少年检察官的访谈调研资料。

附近为问题少年建立了矫正院。被逮捕的罪错少年在矫正院执行拘留措施,被称为"真正和适当的少年司法"。到1870年,意大利有31个少年机构,其中有22个男生机构,9个女生机构,都是在宗教的赞助之下举办起来。①

意大利对少年司法的宽宥与教育思想反映在历史发展中。20世纪90年代,意大利国内产生了剧烈的社会变革。在经历了一个世纪人口外流之后,意大利迎来了移民潮,这些移民大部分来自阿尔巴尼亚、摩洛哥、罗马尼亚。经济上因为全球金融危机而带来重创。曾经著名的好利获得(Olivetti)②公司倒闭,风光无限的菲亚特汽车陷入困境。1992年爆发的Tangentopoli政治丑闻③,推翻了统治意大利40年的政府。新法西斯和民粹主义运动兴起,以前的中—左联盟和现在的右翼都通过了法案,旨在限制移民,增加监禁刑,限制假释犯人。④成年囚犯由1990年的25000人猛增到2003年的56000人。监狱成了"意大利社会问题的倾倒地",特别是外国移民。⑤少数民族的数量占到监狱人口的三分之一。⑥然而,少年司法的情况

---

① Edwin M. Lemert, "Juvenile Justice Italian Style", *Law and Society Review*, Vol. 20, 1986, p. 513.

② 大约50年前,意大利Olivetti公司的一个小团队想干一件前无古人的事情:开发一台能放在办公桌上的电脑,供普通人使用。这台名叫Programma 101的设备,被很多人誉为全球首台个人电脑(PC)。Olivetti于2003年8月与意大利电信合并后成为意大利电信的一部分。

③ 这个词被创造出来形容意大利政府的普遍腐败,进行了6次"干净之手"(mani pulite)的调查,结果导致占主导地位的基督教民主党及其盟友的垮台。Tangente意大利语意为佣金,这里是给公共事业合同的佣金。

④ Vincenzo Scalia, "A Lesson in Tolerance? Juvenile Justice in Italy", *Youth Justice*, Vol. 5 No. 1, 2005, p. 34.

⑤ Stefano Anastasia, Patrizio Gonnella, *Inchiesta sulle Carceri Italiane*, Carocci, 2002.

⑥ Giuseppe Mosconi, Claudio Sarzotti, *Antigone in Carcere*, Carocci, 2004.

却完全不同。在 2003 年 14—18 岁的少年只有 500 人被判刑入狱，但同期在法国和德国这一数字是 800 人，英国是 2000 人。[①] 移民儿童和少年占了监禁总数的 75%，被监禁的移民少年多是"无人陪伴"（minori non accompagnati）者，即在意大利非法居留的人。相反，在意大利有合法居留身份并和家庭一起生活的少年通常处以非监禁刑。[②]

对少年的温和思想与教育理念也受到过质疑。2003 年，在意大利北部的两起未成年人暴力犯罪引起了公众愤慨。司法部长——北方联盟（北联盟）成员——试图通过一项法案，以废除少年法庭，增加对少年监禁的适用。[③] 然而这一建议被大多数政治派别拒绝了。理由是：首先，在 1988 年的少年司法制度改革中明确规定对越轨少年而言，惩罚是次要的，"任何干预都不得中断少年的教育过程"。因此，法官开始与社工合作，试图避免对少年监禁。其次，宽大处理被广泛的社会文化态度支持，正式组织的非正式管控，特别是家庭和教堂，被认为是治理罪错少年最有效的方法。最后，20 世纪 90 年代的公共支出削弱了任何系统扩展的可能性，例如，没有对"风险"少年建设新的监禁场所。

三 温和司法与少年保护

温和司法与意大利宪法的一般权利保护原则（tutela dei

[①] Uberto Gatti, "La Devianza Minorile in Italia, in Marzio Barbagli", Uberto Gatti, *La Criminalità in Italia*, Il Mulino, Bologna, 2002.

[②] Dario Melossi, Monia Giovannetti, *I Nuovi Sciuscià*, Donzelli Editore, 2003.

[③] Vincenzo Scalia, "A Lesson in Tolerance? Juvenile Justice in Italy", *Youth Justice*, Vol. 5, 2005, p. 34.

diritti in generale)① 和 1989 年纽约公约中少年特别保护原则（principi della Convenzione di New York del 1989）相一致。② 少年处于人生的未成熟阶段，在试行错误中走向自立、自律与成长发育，这作为儿童固有的权利，应当得到社会保障。保护少年的权利、使他们的利益最大化是联合国通过一系列国际公约确定的基本理念。③《联合国保护被剥夺自由少年规则》第一条规定：少年司法系统应维护少年的权利和安全，增进少年的身心福祉，监禁办法只应作为最后手段加以采用。国际少年和家庭法院法官协会第 14 届大会主张，应该传播这样的理念：少年应该得到司法保护，从少年一生的发展过程来解释其非法行为，而不将越轨认定为少年本性固有的特点。

意大利少年司法遵循这一基本理念，将儿童利益最大化与

---

① 保护少年思想在 1989 年意大利宪法中的多个条款得到重申。意大利宪法第 3 条提出平等原则：所有人不论其差异，在法律面前人人平等。第 10 条提出与国际条约相一致，保护少年权利。

② http://www.dirittiacolori.it/it/la_giustizia_mite_dà_forza_ai_diritti_dei_minori（2014 年 5 月 3 日访问）。

③《联合国儿童权利公约》认为对被指控犯有刑事罪行的儿童的处理，应该不同于成年人。公约第 28 条规定：缔约国确认儿童有受教育的权利，为在机会均等的基础上逐步实现此项权利……（D）使所有儿童均能得到教育和职业方面的资料和指导；第 40 条第 4 款规定：应采用多种处理办法，诸如照管、指导和监督令、辅导、察看、寄养、教育和职业培训方案及不交由机构照管的其他办法，以确保处理儿童的方式符合其福祉并与其情况和违法行为相称。公约第 40 条规定：对任何被指称、指控或确认为触犯刑法的儿童，处理方式必须有助于促进其尊严感和价值感，要加强儿童对人权和他人基本自由的尊重，并考虑到儿童的年龄，促进其重返社会和在社会中承担积极性的作用。《儿童权利公约》第 3 条规定："关于儿童的一切行为，不论是由公私社会福利机构、法院、行政当局或立法机构执行，均应以儿童的最大利益为一种首要考虑。"《利雅得准则》第 5 条规定：提供机会，特别是受教育的机会，以满足青少年的不同需要，作为对所有青少年，特别是那些明显处于危险或面临社会风险而需要特别照顾和保护的青少年的一种辅助办法，以保障所有青少年的个人发展。

最小侵入原则贯穿于少年司法的各个环节。意大利少年司法强调三点，首先是法律对少年的保护；其次是对少年采用社会性的司法保护模式；最后是最小限度将少年置于刑事司法体系内。① 在意大利的少年权利手册中，司法保护、少年暴力与刑法、刑事程序保护、少年的社会康复与国际法、宪法保护；行政保护、家庭保护；社会生活权利；少年与健康；少年与大众传媒等多方面构成一个少年保护网络。②

保护理念与多项少年司法原则和理论相联系。首先，儿童利益最大化原则。保护原则与《联合国儿童公约》的儿童利益最大化原则相辅相成。少年所处的特殊人生阶段决定了不能对他们进行与成年人同等的理念与规范，保护是承认少年特殊性下的必然选择。只有充分保护少年福祉，才能实现少年发展。其次，儿童利益优先原则。这也是《联合国儿童公约》中提出来的原则。我国台湾地区的《少年事件处理法》以"以保护处分为原则，以刑事处分为例外"为宗旨。相对于成年人而言，儿童是弱者，他们的成长过程需要有人为他们遮风避雨，有人为他们打伞遮阳，在成年社会向儿童社会让步的条件下，少年才能茁壮成长。如果将儿童权益放到最后保护、最先被牺牲的位置，最终将是社会与国家付出代价。最后，国家亲权理论。国家作为少年的最终保护人，应该天然承担起对未成年人的保护和监护义务；国家作为少年的最高监护人，应当通过公权力介入保障少年教育，即使少年对国家与其他社会成员造成侵害。司法被看作最后

---

① Chiara Scivoletto, "La Mediazione Penale nel Sistema Minorile Italiano", *Mediazionale Penale Minorile. Rappresentazioni e Pratiche*, FrancoAngeli, 2009, p. 42.

② Alfredo Carlo Moro, *Manuale di Diritto Minorile* (seconda edizione), Zanichelli Bologna, 2000, Sommario.

一道保护屏障,而不是用以惩罚和打击少年的手段与工具。

保护理念注重少年个体,而非他们的行为。这一理念要求对待进入刑事司法体系少年的视角要与成人有所差别,不以行为论处罚,而以保护为目的。少年司法的保护特性决定了少年司法是柔性司法,要摆脱传统成年人的刚性司法理念。少年司法不适用成年人刑法中的罪刑相适应、罪刑法定等原则,不适用"以事实为依据、以法律为准绳"的形势政策。要在保护儿童、儿童利益最大化等原则下构建少年司法制度和处遇体系,法律条文要围绕少年的身心特征进行设计,应当具有一定的弹性和柔度,同时充分考虑到少年主体的个性化和差异化,体现保护性和福利性。报复刑和惩罚主义不适用少年司法,因为惩罚非但不会让他们停下违法犯罪的脚步,反而会激发他们的逆反心理,对社会以牙还牙、以眼还眼,很可能在未来成为累犯、惯犯。所以社会、国家要对少年宽容,不采用严厉的惩罚措施。

保护社会安全和保护少年权利被称为少年司法的"双保护原则",事实上,这两者不可能实现理性均衡,没有任何一种制度可以达到完美的双重保护。意大利选择了保护少年,这就不可避免地让渡了一部分社会利益,但是从长远而言,保护少年在根本上也是保护社会。

在实践中,意大利对罪错少年的保护体现在诸多方面:多适用社会观护措施,采用轻刑化和非监禁刑的方式;早在1948年宪法中就在全国范围内废除死刑,也当然包括所有未成年人;1994年宪法法院第168号判决中确认对少年不适用无期徒刑;在少年处罚措施中,尽量在少年刑事司法程序各个阶段适用分流措施,减少少年在司法程序中的停留,最大限度地保护少年正常的社会生活;适用少年刑事调解,社会化的力量解决少年刑事纠纷；同时，少年司法社会工作机构的介入增加了少年顺利康复与回归社会的可能性。

四 对我国少年司法理念的反思

我国学术界在对这一问题的探讨中分别出现了四理念说、三理念说、二理念说、一理念说。① 少年司法理念就是这一制度的根本方向，因此在根本上是"福利导向"与"刑事导向"，笔者在借鉴意大利少年司法经验的基础上，认为针对我国国情与少年司法发展现状，我国应该加强少年司法的福利导向，跳出现有刑事诉讼制度的框架，设计渗透福利型的少年司法制度。

（一）实践中的教育理念

与意大利少年司法教育相比，我国少年司法中也明文规定了教育的重要地位。我国《未成年人保护法》第 38 条明确规定："对违法犯罪的未成年人，实行教育、感化、挽救的方针，坚持教育为主、惩罚为辅的原则。"在 2012 年修订的《中华人民共和国刑事诉讼法》第 266 条也做了同样的规定。这事实上再次明确了我国少年司法的教育理念，这也应成为少年司法的共识。但是在现实中，我们需要反思的是：如何落实教育理念？教育的内容是什么？教育的方式是什么？由谁来执行教育功能？哪些力量和角色在司法体系中表达了教育的信

---

① 持四理念说的姚建龙认为，少年司法的理念包括：1. 国家亲权；2. 刑罚个别化；3. 少年宜教不宜罚；4. 恤幼。持三理念说的张美英认为：1. 国家是少年儿童的最高监护人；2. 儿童不能预谋犯罪；3. 突出教育、感化为主的教育刑。王雪梅的二理念说为监护权理论和儿童特别保护；持一理念说的于国旦认为国家应该将少年违法者作为孩子对待，而不是作为罪犯来对待。参见姚建龙主编《中国少年司法研究综述》，中国检察出版社 2009 年版，第 37—45 页。

息？哪些司法程序中体现教育理念？教育的效果如何进行评估？教育的经费来源是什么？

在少年司法实践中，尽管涌现出很多和蔼可亲的少年法官，比如"法官妈妈"尚秀云，但是少年审判人员常常是威严有余，温和不足，法官法庭教育表面化、形式化。让我们看下面某判决书的"法官诫勉语"：

> 一个好学生，一个好孩子，为什么会成为今天的罪人？从你的蜕变过程，我们不难看出这样一个恶性循环的人生轨迹：先是迷上游戏机，使你降低了对学习的兴趣，影响了学习状态，以致中考未能考好，使你意志消沉，继而你又陷入赌博的泥淖之中，丧失进取心。由于支付不出玩乐的费用，你萌生了抢夺之念，最终走上了不该走的这条路。可以说，玩物丧志使你失去积极向上的信念和自信，法制观念淡薄使你走上了犯罪道路。①

这也是一种教育方式，体现"寓教于审"的理念，即审判本身也是广义上的教育，但是这种说教式劝诫用居高临下的口吻，没有采用平等与尊重的态度，这样斥责式的教育无法让少年的心灵"转向"，现实中很难被少年接受，反而会产生逆反心理，感到不被接纳与理解，最终无法达到回归社会与融入社会的效果。

由上述分析可见，中意对教育理念的践行有着明显差异。在意大利的少年司法界，教育是一种普遍共识，无论在司法学

---

① 姚建龙：《犯罪学与刑事司法的融合：少年司法研究30年》，《社会科学》2008年第12期。

术界还是实务界,将教育理念扎扎实实地贯彻到每一个司法环节,以少年利益为中心,通过司法介入,为他们的健康成长创造良好环境。国内少年法庭大多脱胎于刑事庭,教育理念的实现方式存在问题,教育理念被重刑主义的惩罚措施所绑架,司法人员的观念依旧受到刑事惩罚思想约束,或延续成年人"宽严相济"形势政策理念,没有彻底贯彻温和教育代替惩罚的理念。

具体而言,我国和意大利少年司法领域中的教育差异表现在下面几个方面。

差异之一:教育的主体。意大利少年司法体系中不仅是负责矫正的司法社工是教育者,同时少年检察官与少年法官等角色都是教育的主体,他们与刑事司法体系中的检察官与法官不同,不是以惩罚少年为目标,而是尽可能地不让未成年人进入到司法体系,教育理念成为体系中各个角色的共识。我国少年司法制度建构之初并没有专门办理少年案件的工作人员,少年检察官和法官多是从刑事司法体系转调过来,需要进行角色转换,他们难免将形势政策中的一些理解和做法带到少年司法中,对少年教育方法运用欠妥。

差异之二:教育的方式。意大利的教育理念不是惩罚,而是温和教育。只有在穷尽温和教育后仍然无法矫正少年的不良行为时,才能考虑使用惩罚性手段。温和教育体现在少年处遇的轻刑化、非刑罚化以及社会观护等方式的运用。我国强调少年司法教育,但是没有阐明如何进行教育,以什么样的方式教育,因而说教式、训斥性教育不乏其声,对罪错少年的态度中没有体现出平等与尊重。

差异之三:教育的过程与细节。意大利少年司法中的教育理念体现在每个程序设计之中,法律对此作了明确规定。例如意大利 1975 年 7 月 26 日的第 354 号法案①第一条规定了再教育原则及措施，具体包括：（1）教养院的处理方式应该人性化，应该保证个人的尊严。（2）措施应该公平合理，少年不能因为国籍、种族、经济和社会条件、政治观点或者宗教信仰而遭到歧视。（3）机构里必须维持秩序和纪律，在少年犯面前，不是出于必需的司法目的，不能采取有争议的限制手段与苛求。（4）对少年犯必须称呼他们的名字。（5）对少年犯的处理措施必须严格符合"不到最后判决不能认为其有罪"的原则。（6）对被拘禁和被判刑的人必须实施康复治疗，也可以通过接触外部环境重返社会。治疗应该以主体的特殊情况和特殊关系中的个性化方式进行。

意大利的司法人员甚至也非常注重遣词上的细节，比如检察官玛尔塔·考姆布拉罗（Marta Combraro）说：

> 我们少年司法所有的方面都是教育为原则，而不是再教育，因为再教育有些惩罚的意味。同时，法官要向未成年犯阐明他的出庭在刑事诉讼的意义，同时还要说明判决的道德与社会理由。②

我国少年司法的教育理念在实践中缺乏可操作性，立法既没有明确规定，实践中又缺乏统一标准。以后要从教育落实的程度、方式、主体、客体等一系列方面综合考察教育的内涵，将教育思想注入每一个司法环节，而不能停留在表面。

---

① 这部法律的意大利语名称为"Norme sull' ordinamento penitenziario e sull'esecuzione delle misure privative e limitative della libertà"《教养院剥夺与限制自由的执行措施》。

② 参见都灵少年法院访谈调研资料。

(二) 教育与惩罚之辩

柏拉图说："教育乃是心灵的转向。"这句话用在罪错少年身上尤为恰当。正因为他们受到成长过程中的各种不良影响，导致了越轨行为，所以需要用教育的方式启迪他们的心灵，帮助他们顺利融入社会。教育既是处遇方式，也是处遇理念。教育是针对未成年人的身心特点和犯罪特点而确立的一项少年司法基本原则，是少年司法制度的灵魂。

少年宜教不宜罚。惩罚是通过震慑的方式让人望而却步。我国在几千年的重刑主义传统思维下，长期以来一直强调刑罚措施，尽管提出了教育方针，但是现实中很多人依旧强调惩罚的威力，没有摆脱成人化的司法价值取向，如有人主张："教育与挽救不能代替刑罚，刑罚应体现出教育与挽救。对未成年人该定什么罪就定什么罪，该判什么刑就判什么刑，定罪和判刑都严格依照刑法的规定执行，防止教育有余而惩罚不足或者惩罚有余而教育不足。"[1]持这种观点的人依然在教育的大旗下实行惩罚的实质，没有从根本上意识到少年权益，他们的思想中，对罪错少年的惩罚措施是必不可少的，少年利益最大化原则被误读为放纵少年犯罪，破坏社会和谐。但是在社会转型加快的今天，刑罚并没有从根本上抑制未成年人的犯罪率。

两者的关系就广义而言，惩罚也是一种教育，是教育的一种手段，只不过惩罚是采取严厉、暴烈和强硬的方式，比如我国的传统观念"棍棒下面出孝子"，再如德国少年司法中有"教育刑罚"的理念，少年实施犯罪行为的法律后果主要包括教育处分、惩戒措施或少年刑罚，对犯罪少年采取矫正和保安

---

[1] 张柏峰主编：《中国的司法制度》，法律出版社2000年版，第292页。

处分。① 体罚、训斥与惩罚是达到教育目的的方式。少年刑罚的根本目的在于教育，法院的作用是帮助未成年人，而不是做出有罪判决。应当让未成年人尽快地回归社会。②

因此，笔者认为我国少年司法"教育为主，惩罚为辅"的提法并不科学。何谓"教育为主"？何谓"惩罚为辅"？如何把握"主"与"辅"之间的关系？是不是说教式教育不起作用后就立即启动惩罚手段？教育的具体方法是什么？我国很多学者也注意到了这一问题，比如刘灿华认为，我国的少年司法改革无法真正地实现"以教育为主"，通过刑罚实现"以教育为主"，无疑是缘木求鱼。③姚建龙认为，"教育为主、惩罚为辅的原则"也属于"教刑并重论"，仍未脱离报应主义的本质。④ 张鸿巍认为这一提法的根源是由于我国的少年司法中缺乏儿童福利理念及架构。⑤

从少年司法发展的角度而言，"教育为主，惩罚为辅"的口号是我国现阶段少年司法由惩罚逐渐转向福利和保护的过渡内容，尽管与以往相比是一种进步，但是应该尽快修改这一口号，摆脱惩罚思想，去掉"主"、"辅"和"惩罚"的内容，在少年司法领域的机构建设、程序运作及权利救济等方面更多地注入福利思想，全面提倡并贯彻少年司法的教育理念。

---

① 汪贻飞：《论西方国家少年司法理念及对我国的借鉴意义》，《中国青年研究》2009 年第 3 期。
② 徐美君：《未成年人刑事诉讼特别程序的理论基础》，《青少年犯罪问题》2005 年第 4 期。
③ 刘灿华：《德国、日本少年司法制度的变迁及其启示》，《时代法学》2011 年第 6 期。
④ 姚建龙：《论少年刑法》，《政治与法律》2006 年第 3 期。
⑤ 张鸿巍：《儿童福利视野下的少年司法路径选择》，《河北法学》2011 年第 12 期。

(三) 罪错少年的特殊教育与预防

对未成年人教育在本质上是特殊教育。青春期即意味着叛逆，青春期的少年容易产生对立情绪，尤其对因为环境和家庭因素而有过罪错的少年，更要研究对待他们的特殊教育方式，用关爱和教育帮助少年回归社会。我国在强调教育理念时，更应该讨论用何种方式进行教育。我国可以借鉴意大利宽宥思想下的温和教育，尽量不将少年投入刑事司法体系中，认识到少年是人生的独特阶段，为了少年的健康成长而保护和教育。我们的教育应该倾注温情，要以少年的利益为出发点，慎用惩罚式教育，尊重少年人格的全面发展，注重心理教育和道德教育，强调少年的技能化教育、个别化教育。

首先，温和教育。对少年犯，我们应该摒弃惩罚与威慑，偏向于治疗，努力实现少年的社会康复。[1] 强调社会化、福利化少年司法的国家都重视教育的温和性。把"少年犯"看成未成熟的"孩子"，允许他在成长过程中有所偏差，用宽容的胸襟来接纳他们。比如意大利第448号《少年刑事诉讼法》第1条就规定：要以适合未成年人个性和符合未成年人教育需求的方式运用这些规定。这项规定强调了少年保护程序所具有的教育性、福利性。少年法庭要有温和的氛围，少年法官要有恳切的态度。少年司法的教育不是司法人员主观认为的教育方式，而是要以未成年人需要并容易接受的方式，平易近人的温和方式进行。

其次，心理教育。心智的成熟是少年走上社会的重要条件，心灵的修炼是罪错少年回归社会的必经之路。少年司法中

---

[1] [澳] 马克·玛瑞恩：《澳大利亚少年司法系统和新南威尔士州少年司法的新趋势》，《青少年犯罪问题》2009年第4期。

的工作人员要因势利导,打开少年的心扉,走进曾经被不良社会环境侵染的心灵,给予他们真正的关爱。目前,我国有些少年司法部门、工青妇等关心未成年人机构将心理疏导作为帮助少年的重要内容,但是,笔者认为对少年的心理教育与心理介入应该成为一种制度,通过立法加以固定,而不只是地方宣传时强调的特色。少年司法机构中必设心理咨询部门,安排专业人员负责少年的个性测试、评估以及心理疏导。进而,在未来的少年司法中,逐步扩展至对罪错少年家庭成员的心理辅导,改善或修复少年的家庭关系。

再次,双向式教育。去除说教式、灌输式、强迫式、被动式的教育,引入社会工作的个案治疗理念,将少年视为教育中能动的主体,改变的主体,而不是被动接受、被动倾听的客体。司法教育者应该对每一位少年真诚的尊重、平等的接纳,发掘少年身上的优势,相信罪错少年具有自我改变的潜能,同时采用个案治疗与团体治疗方式,运用参与式、双向式的教育方法,让他们在参与和互动中感受到关爱与温暖,从而自愿放弃反抗社会的行为。在这个意义上,少年司法中的工作人员应该学习社会工作的理念和宗旨,将未成年人当作案主、服务对象,采用个别化原则、案主自决原则等社会工作的核心理念。

最后,教育的形式要生动灵活。意大利首次接待中心用动画片等少年儿童喜欢的形式来表达道理,进行司法宣传,而不是用生硬的说教。在教育内容上,要以义务教育和职业教育为主。在意大利,国家层面的少年司法部设置多样的教育项目,各个地区也根据本区域情况开展灵活的项目,给少年更多选择权,让他们根据自己的爱好与特长,在专业社会工作者的帮助下选择不同项目,培育他们走上社会后可以生存立足的本领。

从预防少年犯罪的角度而言,教育资源应该积极地投向全社会的少年。大力发展教育会极大降低犯罪率已成为全世界共识。加拿大不列颠哥伦比亚大学的一项最新研究显示，如果政府想降低犯罪率，使社会治安得到长期全面改善，投资教育，让更多人完成高中学业是最有效的途径。① 这样就可以大量减少被迫走向社会的流浪少年和失管少年。受教育时间越长，未来在工作中的赚取收入的能力越强，也就越可以降低少年犯罪率。为此，少年司法制度有相当一部分"功夫在诗外"，即我们在探讨如何完善这一体系的同时，更要关注我国的教育环境，提升全社会的教育覆盖率，将教育的阳光遍洒祖国的每一个角落，尤其是大力发展职业教育，出台鼓励性措施，如对完成九年制义务教育的少年提供职业教育补贴，提升他们的岗位技能。政府要让更多人尽可能长时间地接受教育，加大少年教育的资金投入力度，落实资金来源，预防少年犯罪。

（四）少年的司法保护

对少年而言，只有保护，没有惩罚。成年人由于有自由的意志、成熟的心智，应该在罪责相适应、罪刑法定和罪责自负等原则下，以所实施的犯罪行为定罪量刑，但是少年儿童却不然，他们还没有对事物的分辨能力，世界观和价值观尚不成熟，他们的行为往往是对外界环境的模仿，电视、电影、朋友、父母、亲属往往都是他们言行模仿的对象，因而在无法辨别外界行为对错的同时，极易产生越轨、违法，甚至是犯罪行为。因此，少年司法不是成年人司法的修补，也不是相对于成年人刑罚的减轻，而是根据少年的身心特殊性为他们量身定做并重新打造一套崭新的少年司法保护制度。

---

① http://news.yninfo.com/world/hqss/201202/t20120224_1758907.htm（访问日期：2013年7月5日）。

在少年司法领域有人提出"双保护原则",即"保护社会安全和保护少年权利"同时兼顾。然而这一理念在现实中很难实现理性均衡,并达到完美的双重保护。意大利的少年司法并没有采用"双保护原则",而是在两个之间选择了保护少年,在强调保护少年的同时,不可避免地需要让渡一部分社会利益。但是从长远而言,保护少年就是保护社会,因为少年本身就是社会成员,而且他们将是未来社会的中坚力量。这一思想注重保护少年个体,而非只关注他们的行为,允许少年在试错中成长,也正是在保护的思想下,意大利在1988年制定了独立的《少年刑事诉讼法》,在立法上确立少年司法在审判组织、案件范围、司法程序、司法服务等方面的具体规定。

我国长期在重刑主义的影响下,一直是以保护社会为重,没有形成对少年进行特殊保护的理念,在一定程度上牺牲了少年权利。少年是社会转型期社会管理失灵的牺牲品,社会失范,信仰真空,越轨现象频发,这些社会环境的影响使他们的成长轨迹发生了偏移与歪曲。为了防止他们成为社会管理与刑事政策的双重牺牲品,就要从少年权利的角度强调保护的立场。如果社会通过容忍和宽容让渡给少年更多的权利,事实上能保证未来社会更加稳定与和谐。因为社会的宽容可以增强少年的自尊心,免于使他们贴上"少年犯"的标签,少年司法社工等社会力量的介入可以增加他们回归社会的积极因素。

因此,保护应该成为我国少年司法的基本立场。但是,在司法实践中,却存在成人化的刑事司法价值取向。比如,未成年人案件与成人案件的程序没有实质性差异,庭前社会调查、会见等工作缺乏真正落实;没有真正把教育措施融入庭审;有的法定代理人及特邀帮教员没有到庭帮教；宣判教育做得不到位。绝大多数法院没有将涉少案件单列案号，涉少案件依然混迹于普通刑事案件中；少年司法没有单独的考核标准，案件绩效考核的主要指标仍然是收结案数、审结天数、发改率等。① 全国少年法庭组织形式不一，即使设立了少年庭，也存在审判力量不足、人员不稳定、法官经验不足、不了解未成年人身心特点和犯罪心理等，审判组织尚未实现专门化、专业化、稳定化。总之，少年案件的审理实践中不乏应付差事的形式主义，因而很难起到理想的效果。

少年司法福利化是保护的根源。少年司法对罪错少年的干预主要关注的是其福利保护的需要，而不是根据其危害社会的行为给予相应的惩罚。② 在这个意义上，少年法院是具有保护功能的福利机构。具体的保护方式应该呈现多个方面。

第一，在观念上，减少司法干预，降低"污名化"的后果。③ "污名化"这一概念由著名社会学家戈夫曼在他的著作《日常生活中的自我呈现》中提出，戈夫曼将"污名"作为社会歧视的起点。在少年犯罪领域，污名化犹如标签效应，一旦少年犯罪便被打上"犯罪分子"的烙印，"坏孩子"、"问题少年"等帽子很可能让他们破罐子破摔，继续堕落下去。因此要避免将他们"污名化"，总是与"少年犯"或者"罪犯"联系在一起。对这类青少年的去污名化非常重要，

---

① 钟玺波：《能动司法与法院的社会责任 少年司法的时代选择》，载《中国特色少年司法制度改革与完善研究》，法律出版社2012年版，第63页。
② 姚建龙：《国家亲权理论与少年司法》，《法学杂志》2008年第3期。
③ "污名"一词最早在古希腊人用画在身上的各种标志来表明道德异常或者坏的东西，如奴隶，罪犯或叛徒。参见管健《污名的概念发展与多维度模型建构》，《南开学报》2007年第5期。

少年司法人员首先在心理上解除对少年犯的排斥，然后将接纳与尊重的观念传递到社会公众，增加对他们的司法保护和福利措施。我国目前已经采取前科消灭制度，就是对去污名化的司法落实。

第二，在立法上，建立独立、完整的少年刑事立法。少年是弱势群体，他们的权利，尤其是在司法领域的权利需要通过法律形式加以确认。发达国家的少年司法基本上都有完备的法律体系，我国在 2012 年修改《刑事诉讼法》时将少年司法列为单章，但是少年司法程序并不完善，在定罪量刑、侦查、起诉、审判程序等方面缺乏区别于成年人的独特的司法程序。

第三，在行政管理上，自上而下建立一套完整的少年司法机构。意大利司法部内专门设立少年司法机构，负责少年司法的行政管理和指导。我国应该在司法部下单独设立少年司法部门，将少年司法纳入日常的行政管理。最高人民法院已经设立少年法庭指导小组。[①] 除了日常管理外，司法管理部门还应当投入并加大项目管理力度，比如设立加强少年犯教育的培养专项，针对不同需求的少年进行不同的项目培育，提高他们的教育水平，增加他们回归社会的可能性。

第四，在组织机构上，建立独立的少年法院或家庭法院，综合审理少年民事、刑事、行政案件。首先，少年法庭发展到少年法院是少年审判机构发展的必然趋势。少年审判制度是少年司法制度的核心，少年法院的建立可以带动少年检察机构、

---

① 《最高人民法院关于审理未成年人刑事案件的若干规定》中的第 6 条："最高人民法院和高级人民法院设立少年法庭指导小组，指导少年法庭的工作，总结和推广未成年人刑事审判工作的经验。少年法庭指导小组应当有专人或者设立办公室负责具体指导工作。"

矫正机构等一体化协调，调动人、财、物的统一利用。建立少年法院，统一执法尺度，实现司法公正。有些地区已经开始尝试①，并在部分中级人民法院进行试点。② 其次，将少年案件与成年人案件分开处理，建立少年法院是国际少年司法发展的潮流，也是我国与国际接轨，遵守国际条约③，承担国际义务的表现。英美法系和大陆法系中的大多数国家都建立了独立的少年法院。再次，我国已经普遍建立的少年法庭是少年法院的基础。截至 2013 年 4 月，全国法院共有少年法庭 2300 个，少年法庭法官 7000 余人，开展未成年人综合审判试点的中级人民法院 49 家。④ 最后，独立建制的组织机构稳定，可以保障

---

① 如北京市法院自 1987 年成立首批少年法庭以来，少年法庭的组织形式，从最初的未成年人刑事案件合议庭，逐步发展为独立建制的未成年人案件审判庭；受案范围从单一审理未成年人刑事案件，逐步拓展为未成年人刑事、民事、行政案件"综合审判"。参见中国青年网：http://zqb.cyol.com/html/2013-04/12/nw.D110000zgqnb_20130412_4-06.htm（2013 年 10 月 29 日访问）。再如 1991 年 8 月，常州市天宁区人民法院在全国率先成立了首家独立建制的综合性少年案件审判庭，这一创新制度将涉及未成年人权益保护的民事、行政、经济等案件纳入少年法庭的收案范围，被称为"天宁模式"。

② 2006 年，最高人民法院下发《关于在全国部分中级人民法院开展设立独立建制的未成年人案件综合审判庭（简称少年审判庭）试点工作的通知》，在全国 17 个中级人民法院开始了少年司法审判的"三审合一"改革试点。这一创新扩大了少年司法的案件受理范围，与意大利等西方国家的发展趋势吻合。笔者认为，由于我国地域辽阔，各地发展差异很大，可以采用不同的推进措施。在经济发达地区，未成年人案件集中的大城市，可以探索设立少年法院，在经济社会欠发达地区，可以设立综合的少年庭，根据本地区未成年人案件的数量和审判力量，以需要和可能为原则，重点推进独立建制的少年综合法庭，积极探索设立少年法院。

③ 如《联合国少年司法最低限度标准规则》要求参与缔约国"努力在每个国家司法管辖权范围内制定一套专门适用于少年的法律规则和规定，并建立授权实施少年司法的机构和机关"。

④ 参见《全国首家高级法院未成年人审判庭成立》，《中国青年报》2013 年 4 月 12 日第 6 版。

专业化水平。

　　第五，在程序上，加强少年权利的司法程序保护。首先，要充分体现特殊保护的理念，确保少年在整个司法诉讼过程中的权利，包括假定无罪的权利、指控罪状通知本人的权利、保持沉默的权利、请律师的权利、要求父母或监护人到场的权利、上诉的权利、保护少年隐私的权利等。其次，专门创设保护为核心的制度，如我国在2012年新修订的《刑事诉讼法》中增加的社会调查制度、前科消灭制度等。我们还可以借鉴意大利做法，增加分流方式，创设如"停止诉讼并暂缓判决"、"司法宽免"、"事实的轻微性"等措施，尽量将少年犯移除到刑事司法体系之外。从少年福利和权利的角度出发，尽量减少司法干预。《联合国少年司法最低限度标准规则》（以下简称《北京规则》）中强调："很多时候，不干预可能是最佳的对策。"将心理咨询师引入少年审判的全过程，将心理学辅导作为每个进入刑事司法程序的必设程序，舒缓未成年人的心理压力，彰显对少年特殊的人文关怀与保护。最后，创设专门适用于少年的简易程序。简易程序弱化控辩双方的激烈对抗，使少年能在相对缓和的氛围下供述与辩解，缩短当事人和其他诉讼参与人的诉讼参与时间[①]，节约诉讼资源，提高诉讼效率。少年案件迅速办理可以降低因为久拖不决为少年带来的精神压力、心理创伤和由此带来的恐惧、厌烦、抵触情绪。对适用简易程序的少年可以减刑。

　　另外，要加强少年司法人员的培训，他们除了法学理论的积淀外，还要接受社会学、心理学、教育学、犯罪学、行为科

---

　　① 《北京规则》第20条的规定："每个案件从一开始就应迅速处理，不应有任何不必要的拖延。"

学等学科培训;对少年司法从业者的考评和晋升体系上有所区别,不能用成年司法体系的考评和升迁标准要求少年司法体系中的工作人员,因为少年法官往往需要做延伸工作,如家庭访谈、联系就学等,目前的考评绩效上无法体现出多余的工作量,被质疑为与审判工作无关且费时费力的事情。机构建设中注意针对少年特点,比如设置心理咨询室、少年游戏室等。这样可以扩大未成年人保护工作领域,提升少年保护工作水平。在少年司法中增加教育程序。给调查、检控、审判和后续安置以适当的处理权限,有利于少年的多样化处置。在参与主体上,要延伸少年司法的范围。少年司法保护应该与家庭保护、学校保护、社会保护等其他方面结合,形成少年保护体系,通过多种方式加强对少年的保护,让少年司法成为柔性的"爱的法律"。

第二节 少年司法中的社会工作及其法律地位

社会工作(servizio sociale)[①]在意大利的少年司法中具有重要地位,是社会力量的重要代表。意大利少年司法在发展过程中,司法社会工作从最初的形同虚设,到发挥越来越大作用,是少年司法与社会工作两个领域互相需要的结果。司法社会工作以助人自助为宗旨,采用优势视角,重视少年的潜能,提供多样化的服务,凝聚司法的人文关怀,承认并挖掘罪错少年的自身潜力,整合少年的各种优势资源,激励、指导志愿

---

① 意大利语直译成汉语为社会服务,而不是社会工作。即意大利并没有直接按照 social work 的英文直译,而是根据其内容与职能翻译为社会服务。

者，代表柔性的社会力量，他们将职业化关怀渗透少年司法程序中，帮助少年摆脱不良境遇。而少年司法制度建立的初衷，就需要以教育和保护少年为理念，不以对少年的定罪处罚为目标，深入分析少年成长的社会环境，进一步整合少年周围的微观、中观及宏观资源，这些正好是社会工作专业的核心价值和专业特长。于是，在意大利，社会工作逐渐嵌入少年司法领域中，司法代表国家，社会工作代表社会力量，在保护少年的理念下，走出了司法与社会双轨制协同发展的双轨制路径。

一 社会工作能够满足少年司法的独特需求

少年司法之所以能够与社会工作渐行渐近，直至成为少年司法体系中的重要支柱，是因为社会工作能够满足少年司法领域的特殊需要。社会工作这一专业从产生起就关注弱势群体，致力于增进社会福祉，提高社会成员的社会适应力。由于其独特的理念，派生出多个领域的实务部门，如戒瘾社会工作、老人社会工作、少年社会工作、家庭社会工作、企业社会工作、农村社会工作、妇女社会工作、学校社会工作、医疗社会工作等。在我国，与司法领域结合的司法社会工作，边界虽不清晰，但作为"预防和减少犯罪工作体系"的产物，其首要的介入领域就是未成年人犯罪预防。[1] 各个国家的少年司法都是从刑事司法领域中逐渐独立出来的，初衷就是避免少年被当成罪犯，不用成年人刑事司法的视角来看待少年，而要从整个生命发展的角度看待这些在生理和心理发育上尚未成熟的少年。

第一，伦理和价值观的运用。少年司法更加强调保护、教

---

[1] 何明升：《司法模式与社会工作的关系及其渐进式亲和》，《学术交流》2012年11期。

育少年儿童，呵护其健康成长。在理论上，按照国家亲权理论，代表国家的司法机关应该关爱少年。在实践上，从国际条约到各国实践，都注重保护和教育少年，尊重少年生活自立和自我决定。社会工作与其他专业最重要的区别就在于有一整套利他主义价值观。独特的伦理和价值观在少年司法领域发挥了重要作用。这些价值观包括：尊重、接纳、平等、案主自决、个别化、保密等。社会工作者对每个案主（即服务对象）都抱着尊重的理念，尊重少年的人格，尊重他们自我决定和自我选择的权利，尊重他们的差异并相信少年有自我改变的力量。在工作中注意保护案主的隐私权，而这些与少年司法理念的需要完美契合。

第二，个案工作是少年社会工作的重要方法。少年司法的每个案件都有其独特性，需要从个案治疗和康复的角度，改变问题行为，帮助罪错少年顺利融入社会。而传统的刑事政策以打击和惩罚为主，与保护和治疗相违背，因此这一任务的完成需要寻找能够胜任的社会力量。同时，更多治疗功能的发挥需要在司法体系之外，寻求矫正机构的合作。个案治疗是社会工作三种重要方法之一（与团体治疗和社区治疗），也是最早产生并应用最广的方法。以美国的玛丽·瑞奇蒙德（Mary Richmond）在1917年的著作《社会诊断》为标志，个案方法最早发展起来，并在实务中应用最多。社会工作者可以运用个案方法治疗矫正机构和少年监狱中的罪错少年，通过心理疏导和情绪治疗等方法提高少年的社会适应性。少年可以在个案治疗中调整人与人、人与环境之间的关系，促进罪错少年人格的全面发展。

第三，社会工作者可以整合社会、机构、少年自身等多方资源，构建社会支持网络。少年司法不是对罪错少年一判了之，更重要的是对他们进行教育和保护，降低少年犯罪率，这需要多方合作与资源整合，强调家庭、社区、少年法院、学校、政府、第三部门、媒体等多方的通力协作。社会工作者在少年司法中扮演协调者、组织者、中介者、教育者、协作者等多重角色，在尊重案主自决权的前提下制订介入方案，在挖掘案主自身的优势时，促进家庭力量的发挥，同时积极连接政府、社区和机构等外部资源，使案主摆脱困境。同时还可以运用社区方法，倡导社会、媒体对某些问题的重视，带来积极的改变。

第四，社会工作者擅长社会调查。在刑事司法程序中，无论在侦查环节还是起诉、审判阶段，都集中在犯罪案件本身的事实调查，而少年司法需要延伸到少年的家庭环境、成长背景、教育程度、学校表现等方面，传统的刑事司法角色无力、无暇对每个案件开展如此详细的调查。由于其专业优势，社会工作者能够对少年的家庭、学校、社区、朋辈群体等社会环境进行社会调查，绘制家庭结构树与社会关系图，用专业的方法分析调查结果。

第五，社工可以承接少年审、检、侦等司法人员的延伸工作。现在的少年司法体系中，从侦查阶段的公安人员，到审查起诉阶段的少年检察官以及审判阶段的少年法官，都有很多延伸的工作，比如公安人员需要监督缓刑的执行，少年检察官需在法律要求下进行社会调查，少年法官需要进行判后回访等。但是现实中，少年司法人员的工作量多、压力大、精力有限，往往没有时间和精力深入少年身边，细致地了解少年的家庭状况，倾听他们的内心世界，造成很多制度无法落实的尴尬境地。因此帮教工作需要司法社会工作者这样的专业人员从事，司法社会工作者可以承接这些原有司法体系中的延伸工作，他们有能力、有专业知识与方法，以个案或者团体等方式进行帮教，他们可以监督缓刑执行，可以进行社会调查，将独特的少年司法制度专业化。

第六，司法社工是社会化处遇的执行主体。社会化处遇是非监禁刑理念下少年司法发展的必然方向，而目前我国并没有明确的社会化处遇执行主体，比如负责执行缓刑、督导非监禁刑的主体缺位。而社工所受的专业训练正好可以承担缓刑官、非监禁刑督导的角色，他们可以根据少年的表现制作缓刑意见书、非监禁刑的督导意见等，如实提交法官，方便法官及时准确地了解少年进行社会化处遇的表现。在青少年服务中心中设置司法社工，还可以配合司法部门在非监禁刑中对少年犯进行心理疏导、活动建议、督导评估，接受从法院分流出来的少年，在社区内进行犯罪预防，提供抑制逃学、家庭危机干预、流浪儿童救助、就业辅导等服务。

由此可见，社会工作的价值观和伦理、对人的信念，专业技能等都契合少年司法领域的需求，社会工作者可以根据青少年的身心特点、个性差异、动机需求、兴趣爱好，在专业理论指导下，运用不同的社工治疗方法和沟通技巧，帮助他们克服困难、恢复功能，同时还可以通过提前介入而预防未成年人犯罪，维护社会稳定。

二 意大利少年司法社会工作的法律地位

社会工作助人自助的宗旨在少年司法的立法中得到了直接表达。在意大利，1934年第一部《少年法》就已经规定了社会工作的角色与职能，而且在随后的发展过程中不断通过法律巩固社会工作的法律地位。《意大利民法典》第403条规定："未成人遭受物质或精神遗弃的，或在有害健康或者不安全的地方生活的，或被粗心大意、道德败坏、愚昧无知的人抚养的以及由于其他原因被不能对未成年人进行教育的人抚养的，在做出最终决定之前，行政机关可以委托未成人保护组织将未成年人安置在安全可靠的场所。"① 社会工作根据意大利第272号法案第13条②开展特别活动，与少年司法体系中的职权部门沟通、协调。1977年颁布了第616号法案，将少年法院的民事和行政管辖权从司法部转移到地方服务部门，地方政府的权利扩大，社会工作机构的热情被进一步激发。

除了上面的法律，还包括：

1. 1962年7月16日第1085号法典（Legge 16 luglio 1962 n. 1085）。本法规定在少年司法体系内建立社会工作办公室。具体内容为：1934年7月20日《少年法》［第1404号皇家法令（R. D. n. 1404/1934）］及随后的修正案规定，任何一个上诉法院或者上诉法院部门所在大区的首府设立少年社会工作办公室。在司法部长与财政部长的共同指令下，可以在同一个地区的其他城市分开设立不同功能社会工作办公室。

2. 1975年7月29日第354号法典（Legge 26 luglio 1975 n. 354）。本法第46条规定："少年离开惩教院后，合作的社会工作机构需要立即介入并进行帮助。"第47条明确规定将"委托社会工作"作为少年刑罚的替代刑。"如果刑罚不超过三年，则可以在同样的刑期内，委托外部的社会工作机构执行。具体措施要依据在观察机构对少年个性的评估结果。"本

---

① 《意大利民法典》，费安玲等译，中国政法大学出版社2004年版，第104页。
② 具体内容为：第13条，服务的协调。1. 大区和地方相关部门合作，每一个少年司法中心设立一个专员，负责协调地方少年司法行政部门和地方司法服务部门之间的关系。2. 少年司法部在中央设立总的协调部长，负责第一款事项。协调人员的组成、结构和功能由司法部长和地方共同决定。

条第9款规定"社会工作者在此期间管控少年的行为,协助少年度过生活的困难,帮助他们处理和恢复家庭和社会关系"。

3.1988年9月22日《少年刑事诉讼法》第448号法案(Decreto del Presidente della Repubblica 22 settembre 1988 n. 448)。这部法案重新设计了对少年犯的干预方案,规定了少年司法特色处置方式,如暂缓判决等,在意大利少年司法史上具有划时代的意义。该法第12条规定在刑事诉讼的各个阶段提供少年犯的心理援助;第18条第1款和第18条增款,司法警察讯问前对少年采取保护措施;第19条对少年保护措施,第3款规定:"提供预防措施,法院委托司法社会工作部门对被告少年进行司法管理,并与地方服务机构开展合作,进行支持和控制"。第19条3款,28条2款,30条2款,40条2款,在刑法执行中采取保护措施以及在缓刑中社工工作者辅导少年。[1] 第28条中止诉讼暂缓判决(sospensione del processo e messa alla prova)第2款规定:"在暂停令的情况下,法官委托司法社会工作行政机构和地方机构对未成年人提供服务,协助进行适当的观察、治疗和支持。法官可以采取相同的措施修复犯罪后果,促使与犯罪受害人的和解。"

4.1989年7月28日的第272号法典(Decreto Legislativo 28 luglio 1989 n.272)。这部法律规定了少年司法行政管理机构的组成,其中在第8条少年司法服务中心组成中规定:"少年司法中心包括社会工作办公室",进一步巩固了司法社会工作在少年司法中的地位。

5.1996年制订了社会工作办公室的组织和技术管理方案,

---

[1] Alessio Anceschi, *La Tutela Penale dei Minori*, Giuffrè Editore, 2007, p.4.

2006 年进一步改进了这一方案（Circolare n. 72676 del 16 maggio 1996 "Organizzazione e gestione tecnica degli USSM"）（Circolare n. 5351 del 17 febbraio 2006 "Organizzazione e gestione tecnica degli USSM"）。

通过上述的一系列法令，社会工作在少年司法中的地位得到巩固，作用不断深化。每一次立法都将社会工作的理念与服务更加深入地嵌入少年司法体系内。法律明确了社会工作参与的合法性，弥补了司法与社会之间的缝隙，增强了社会控制和社会支持的力度，使得少年司法更加柔性化与人性化，体现了少年司法区别于成年人刑事司法的特殊性。

与意大利一样，其他发达国家也注重通过立法确立社会工作的地位和作用。比如芬兰，1983 年《儿童福利法》赋予社会工作者更多的权利和责任，社会工作者享有广泛照管（open care）的权利，包括经济资助、职业帮助、家庭教育培训支持、帮助找工作和暂时安置等。2008 年新的《社会福利法》授权社会工作者无须征得困境儿童父母的同意即可对不良儿童采取保护措施，增大了社会工作者在社会福利工作中的"自由裁量权"[1]。美国、加拿大等社会工作发展比较完善的国家，无一例外，都已经制定了《社会工作师法》，都有一整套体系完善的社会工作资格认证、注册管理、职业待遇、培训继续教育、从业道德与行为规范、评估考核等制度体系。[2]

---

[1] 侯东亮：《芬兰少年司法福利模式及其启示》，《预防青少年犯罪研究》2012 年第 1 期。

[2] 民政部社会工作司：《社会工作立法问题研究》，中国社会出版社 2011 年版，第 27 页。

三 司法社会工作在少年司法中的介入阶段与功能

司法社会工作能够服务于整个少年司法过程。社会工作者可以为少年犯罪预防、侦查、羁押、审讯、矫正等整个少年司法过程提供专业服务，弥补传统刑事司法的不足，建立社会观护体系，为少年司法实现教育和保护的价值诉求提供专业性的社会支持。对少年犯进行援助和支持。社工可以根据当地少年司法制度采取合适措施，达到最小干预的目标。①

犯罪预防与宣传。社会工作者可以进入社区、学校，通过小品、游戏、舞台剧、讨论等多样化且易于被少年接受的形式，将预防犯罪的理念注入上述活动中。比如香港的"青卫谷"，是在赛马会的资助下成立的少年保护和预防少年犯罪的社工机构，他们通过丰富多彩、形式多样的活动设计，让少年儿童在参与、分享中学到法律常识，预防校园欺凌、毒品传播等可能导致犯罪的现象。

侦查阶段。警方可以把违法少年交给司法社会工作者进行协助监管，以免他们被判到惩教院受到交叉感染。比如香港的外展社会工作②会提供类似服务。社会工作者在侦查阶段的介入也为刑事司法程序赋予了福利因素。再如芬兰，因为社会工作者可以根据少年触法行为的严重程度和再犯可能性对其采取广泛照管或替代照管措施，从而排斥了触法少年进入刑事程序

---

① [美]玛格丽特·K.罗森海姆等编：《少年司法的一个世纪》，高维俭译，商务印书馆2008年版，第487页。
② 外展社会工作（outreaching social work）模式是香港社工对边缘或问题少年开展服务的重要方式之一。社会工作者走出办公室，到社区、球场、网吧等少年聚集地，为有需要者提供辅导及活动。

的可能。①同时，也可以帮助少年及其家人稳定情绪、解决困境。

检察阶段。司法社会工作者可以提供社会调查报告的服务，这正是他们专业性的体现。比如在美国的威斯康星州，地方检察官会授权社工在审讯前为所有精神健康问题或吸毒的少年提供调查报告，交到法院审核和处理，以便法官能够酌情判决。

羁押阶段。越轨少年在等待案件审理的期间，可以让社会工作者进行心理辅导和自我建设。比如在加拿大的多伦多市，社工和家长随时可以到开放式羁留中心对少年进行辅导，与他们讨论如何解决自己违法犯罪行为的问题。

缓判阶段。缓判是意大利少年司法中重要的分流措施，而不是刑罚措施。通常情况下，意大利的少年法庭越来越倾向于使用缓判和社会服务。② 一直到2010年，适用缓判的比例在全国范围内超过10%，这意味着每10个少年犯中就有1个适用缓判。③ 社会工作者辅助缓判的执行，制定缓判意见书，将是否通过缓判的意见如实提交法官。在缓判阶段根据少年的个性和身心发展为他们选择不同的项目并督导。

审判阶段。司法社会工作者可以成为少年法庭的重要参与者。意大利的司法社工可以在庭审阶段是否通过少年暂缓判决向法官做出陈述，在有些案件中他们可以担当调解者的角色；

---

① 侯东亮：《芬兰少年司法福利模式及其启示》，《预防青少年犯罪研究》2012年第1期。

② Ferrando Mantovani, *Il Problema della Criminalità*, CEDAM, Padova, 1984, p. 503.

③ http：//www. giustiziaminorile. it/statistica/analisi_ statistiche/sospensione_ processo/Messa_ Alla_ Prova_ 2011. pdf（2013年8月14日访问）。

美国少年社会工作者可以作为专家证人在法庭上做证，在法官判决前提供犯罪者资料，协助法官决定合理的惩罚和矫正的方式。

行为矫正阶段。非监禁刑是恢复性司法发展的必然趋势。其执行需要依赖社会工作机构等非刑事司法资源，社会工作者可以配合司法部门在非监禁刑中对少年犯进行心理疏导、活动建议、督导评估。社会工作擅长对罪错少年进行矫正和再社会化服务，将每个罪错少年作为个案治疗，通过行为治疗法、社会心理疗法、理性情绪疗法、任务中心模式、家庭治疗法等多种方法对越轨行为进行矫正。他们可以在矫正机构、少年监狱提供帮教服务。如意大利少年司法中在少年被释放前一个月进行小组治疗，每周由社会工作者开展三刻钟的活动，采用积极角色的模式，通过小组工作形式改变少年的自我认知。

少年刑事调解。意大利少年刑事调解自 20 世纪 90 年代出现以来，随着调解机构的不断涌现，从事调解员的司法社工数量也得到增加。社会工作者可以在恢复性理念指引下，充当调解员角色，积极帮助加害者和被害者恢复社会关系，弥补因为犯罪带来的伤害与损失，降低累犯的可能性。社工担任调解员，能够将社工的理念诉诸调解实践，减小少年被监禁的可能，同时也提高受害人对问题解决的满意度。

此外，社工还可以为犯罪少年提供法庭外展社工服务、法律援助服务、保护儿童服务、感化服务、未成年人罪犯评估专案小组、社会服务令服务、社区支援服务、羁留院和收容所的服务、住院院舍服务等[1]，少年司法社工还可以提供家庭危机

---

[1] 刘程：《发达国家和地区预防与减少青少年犯罪社工特点》，《当代青年研究》2008 年第 12 期。

干预、流浪儿童救助、抑制逃学、就业辅导等服务,最大限度地帮助未成年人摆脱身心困境。

四 我国少年司法社会工作的问题

(一)少年司法社会工作的立法问题

首先,我国社会工作立法不足。与意大利相比,我国的少年司法社工发展遇到的主要问题之一就是无明确立法。司法社会工作实践在我国发展至今已有10年,在此期间,政府报告中提出了"构建一支宏大社会工作者队伍"设想,并在政府主导推动下,多种司法社工机构应运而生,比如上海,引入国际先进的社会管理理念,建立了由政府购买服务的三支司法社会工作机构,分别对吸毒人员、社区矫正人员和问题少年进行管教和帮助,用优势视角挖掘他们改变的潜能,通过专业化的关怀和人性化的理念真情服务案主(即服务对象),实践证明他们积极帮助罪错少年进行康复,回归社会,有效了降低了犯罪率。

随着实践的深入,社会工作专门立法逐渐展开,有了一些规范性文件,如《社会工作者职业水平评定暂行规定》(民政部、人事部2006年7月联合发布)和《助理社会工作师、社会工作师职业水平考试实施办法》(国人发[2006]71号)。但是,其地位却一直没有得到我国法律的明确规定,我国的社会工作始终没有专门法律法规,没有一部法律将社会工作者角色、地位与作用明确下来,这成为制约司法社会工作发展的瓶颈。

社工立法不足直接导致社工介入不足。在意大利的少年司法体系中,社会工作者是关键力量,他们在少年犯罪预防、少年行为矫正等方面发挥着重要作用。社会工作的地位和功能被明确地写进少年司法的相关法律中,社会工作者的角色和服务受到法律保障。可以说，司法社会工作者与少年法官、少年检察官一样，在少年司法体系中不可或缺，社会工作在少年司法体系中处于支柱地位。但是，我国社会工作在少年司法领域中的作用发挥严重不足。社会工作的地位没有得到法律承认，发展后劲不足，资金投入短缺；司法社会工作者的认知度低，待遇水平差，各地发展不均衡，社会工作者没有像意大利一样正式成为少年司法体系中的核心力量。尽管有些地区已经开始尝试引入社会工作专业来对罪错少年进行社区矫正，但是力度小，范围窄，人治色彩显著。归根结底，社会工作介入少年司法缺乏立法支持，司法社会工作的发展尚未进入到法制化轨道。这导致少年司法制度由于缺乏社会工作服务而无法真正摆脱传统的惩罚模式，教育与保护理念因为缺少司法社会工作者这一主体而无法完全实现。对少年帮教的方法陈旧，没有体现专业性。社会工作的理念与方法尚未全面进入到少年帮扶领域。

其次，缺少社会工作向少年司法中相关立法的渗透。目前，社会工作服务已经渗透少年司法领域，比如在社区矫正和罪错少年的帮教服务中，司法社会工作者已经发挥了重要作用，但是在立法层面尚没有体现。授权性规范少，权利救济的措施弱，这就意味着司法社工的地位没有在正式法律体系中得到体现，降低了司法社会工作者的从业热情，不利于相关机构发展。司法社工服务应该渗透未成年人保护法律法规体系、流浪乞讨儿童救助体系、妇女儿童保护体系和家庭法律、教育法律、社区发展法律等内容中，少年司法法律与相关少年法律的交相辉映，共同体现司法社会工作服务和理念。

最后，立法技术不足。我国已有的关于少年保护法律规范的设立不够科学，法规的内容结构、文字和发布形式不够规范，立法语言不够严谨，存在大量政策性、宣示性的用语，可操作性差，缺乏追责与救济规范，权利义务等基本规定也不够明确具体。同时，法律指代不明确。比如，《未成年人保护法》与《预防未成年人犯罪法》等法律法规明文规定"有关部门"、"有关机构"等指引未成年人工作机构，但究竟所指何方却语焉不详、模棱两可。[①] 因而在实践上出现"谁都可以管、谁都没有权利管"的尴尬局面。总体而言，法律的总体框架设计技术欠缺，社会工作法律的效力层级较低。我国应该通过社会工作专项立法或者少年司法立法的形式，加强对少年司法社会工作的管理，明确少年司法社会工作的地位，建立以少年司法社会工作者为代表的观护体系，帮助刑事司法系统的未成年人进行治疗和恢复。

与意大利等西方国家 100 多年的历史积淀与经验相比，我国社会工作专业起步较晚，诸多方面有待完善。在发展环境上，我国与西方国家最明显的差异在于市民社会不发达，社会组织力量薄弱，社会服务机构的数量少。在这种情况下，更需要在我国少年司法领域探索社会工作者的体制化身份，学习意大利少年司法经验，通过立法将社会工作纳入少年司法体系，不断发挥社会工作功能，培育其成为少年司法的另一个支点。这是少年司法未来发展的必然选择。只有这样，才能提高社会工作参与的积极性，实现司法与社会的有机衔接，彰显柔性司法和司法社会化的重要力量。

（二）司法社工服务机构匮乏

在少年司法领域运用司法社会工作者的服务，进行政府和

---

① 张鸿巍：《儿童福利视野下的少年司法路径选择》，《河北法学》2011 年第 12 期。

民间的合作不仅是意大利独有的特色,也是国际通用的模式。放眼其他西方国家,司法社会工作者在少年司法领域都扮演了重要角色。英国少年司法发展的过程中,社会工作的地位和作用逐渐凸显,到了 20 世纪 80 年代末,"即使是那些对缓刑部门具有强烈传统倾向的地方法官也不得不接受社会工作部门的主导地位"①。美国在 1899 年诞生第一个少年法庭,开创了法学和司法社会工作在未成年人领域合作的新时代,摒弃成年人司法中的惩罚,采用社会工作的个案治疗方法进行社会观护,它预示着对所有少年案件不采用刑事处罚方式,而是采用社会工作个案的视角进行个别化的处遇。在美国,司法社会工作者可以在法庭上以中立者的身份提供专家证言,司法工作者的专业意见可以影响法官的判决。② 在芬兰,社会福利委员是重要的儿童保护机构,可以直接授权司法社会工作者代表委员会行使裁决权,司法社会工作者享有除采取强制性措施之外的自由裁量权,可以自由决定对少年保护措施的干预时间、方式。③

而我国,政府型少年服务组织不活跃,草根型少年服务组织匮乏。司法行政管理部门在经济较为发达的地区运用专业的社工提供服务,但是并没有在全国形成统一的管理模式。我国目前的未成年人组织多以"工青妇"为背景,虽然他们是群众型枢纽组织,为保护少年和服务少年起到了重要作用,但是

---

① [美] 玛格丽特·K. 罗森海姆等编:《少年司法的一个世纪》,高维俭译,商务印书馆 2008 年版,第 488 页。
② 杨旭:《美国司法社会工作的发展及借鉴》,《学术交流》2013 年第 3 期。
③ 侯东亮:《芬兰少年司法福利模式及其启示》,《预防青少年犯罪研究》2012 年第 1 期。

行政化色彩浓厚,封闭化倾向显著[1]。这些组织的共同特点都是按照行政管理进行层层建制,除非他们开展活动,少年很少有机会与其直接接触。行政化管理的固化思维直接导致了这些组织不亲民、不活跃,越轨少年或者失管少年没有得到持续而特别的服务。另外,我国草根型的少年服务组织数量少,专门服务于边缘少年、失管少年和越轨少年的社会组织不发达。在这种状况下,越轨少年的社会支持贫乏,社会关怀缺失,问题家庭中的少年无法得到必要援助,导致他们走上犯罪道路的可能性进一步增加。少年司法社工机构弱小、行政化色彩浓,专业性和独立性相对不足。

在我国现阶段,政府既要在中央有统一管理,加强司法行政管理系统内雇用社会工作专业人才的力度,将社会工作纳入司法行政管理范围,大力培育服务未成年人的社会组织和司法社会工作者队伍,同时也给地方一定的自主权和活力,通过政府购买服务的方式发展少年服务机构,完善罪错少年的社会观护体系。

(三) 少年社区矫正与社会观护体系不完善

少年社区矫正是社会化力量介入少年司法的突出表现,也是司法社会工作的重要内容。目前我国开展对少年的社区矫正依然存在诸多问题。比如少年社区矫正的立法不完善;缺乏专门针对罪错少年的项目和服务,没有考虑到少年的特殊心理需求;少年矫治的适用范围缺乏针对性(同成年人一样是管制、缓刑、假释、暂予监外执行以及剥夺政治权利等五种人适用,而没有考虑到少年没有剥夺政治权利的情况);少年社区矫正

---

[1] 参见《"去行政化"是工青妇组织共同课题》,《解放日报》,http://www.jfdaily.com/a/6799945.htm(2014年2月2日访问)。

队伍的职业化和专业化水平不高，整体素质较低；社区矫正与司法审判机构的沟通和衔接不畅；缺乏社区矫正的监管制度、评估制度。同时，罪错少年的家庭资源没有得到有效开发，家庭的预防和治疗作用没有得到体现。

（四）少年司法从业人员的专业性不强

我国的少年司法发展时间较短，少年检察官和少年法官多是从原来的刑事司法体系中抽调出来，缺乏针对少年特殊性而进行的专业而系统的培训，司法人员从社会学、心理学、教育学、社会工作等多学科角度对少年的了解薄弱。司法社会工作人员整体的专业性亦有待提高。由于目前社会工作的薪金低无法吸引优秀的专业人才，很多社会工作专业的毕业生不愿意做社工，而目前从业的司法社工，有很大一部分来自其他专业，社会工作的专业素养整体偏低。

五 我国少年司法社会工作的完善策略

第一，建立少年司法社会工作体系，在此基础上形成司法与社会合作的双轨制。目前我国学术界基本达成共识，少年司法需要建立"少年司法"和"社会帮教"两个体系，笔者认为社会帮教需要以司法社会工作为重点与核心，因为强调少年司法的社会工作介入是国际化经验，司法社会工作在意大利、美国、英国等西方国家是少年司法体系中的关键，体现少年司法的轻刑化与非刑罚化，如意大利的少年刑罚多通过分流的方式将少年委托给社会工作者。

司法社会工作的发展是我国少年司法体系的未来趋势。国家应该通过立法构建司法社会工作制度，加强司法社会工作队伍建设。社会工作者与少年法官和检察官形成良好的配合，推进少年司法社会化的进程。在我国的少年司法实践中，社会工作者发挥了重要作用，司法社会工作者承担教育者、协调者、引领者、组织者、调停者、呼吁者、咨询者、倡导者等多重角色，有效降低少年的犯罪率和累犯率。在轻刑化和非监禁化理念下免于刑事处罚的少年，可以在社会工作者带领和指引下进行社会康复，避免再犯的可能性。

第二，培育为少年服务的专业性社会组织。不以营利为目的的公益性、互助性机构是提高少年福祉、协助少年健康成长的重要载体，是社会自我管理、自我服务的参与主体，是社会参与少年司法的重要代表。少年组织的发展有助于构建政府管理与社会自治相结合的社会管理和公共服务体制，最大限度地调动社会各方面关心少年的积极性，激发社会帮助少年的活力。意大利的少年司法建设多以少年服务机构为延伸，有很多服务少年的组织，其中比较著名的少年组织阿百来机构（Gruppo Abele），总部在都灵，是对所有少年儿童进行服务的机构，针对各类少年制定不同的项目。他们对越轨少年进行犯罪预防项目，极大地降低了少年案件发生率。机构会定期与学校、社区或者教堂等联合举办活动，免费对一定年龄阶段的少年进行犯罪预防知识讲座，并通过联谊会、音乐会、美术展览等多样化形式吸引少年的兴趣。而在英美国家少年感化院的成立，最初也得益于私人机构的活动与提倡；少年犯罪的预防措施和犯罪少年的感化教育，也往往委托私人团体或机构，取得了显著效果。其他国家在少年法院之外，政府和民间组织合作，在中央和地方层面都设有少年司法服务机构，对少年司法中分流出来的少年进行监管与帮教。

我国少年司法体系的完善离不开少年服务组织的发展与参与。社会组织的缺乏导致少年检察官、少年法官承担了很多额外的工作,比如社会调查、审判后帮教、社区矫正、为非羁押的少年联系学校等,而这些大量工作完全可以由更加专业的司法社会工作者承接。但是对于少年而言,非刑事审判内容对少年康复意义重大。而对于少年法官而言,他们做的大量工作很多时候却得不到承认,因为考核体系中并没有相应指标。他们的付出得不到认可,感到委屈,这样尴尬处境背后的真正原因,是与司法制度配套的社会组织数量少,基础薄弱,大量应该由社会组织承接的事物没有机构和专业人员去做,所以只能有传统司法系统的司法人员去做。少年司法中大量的需求没有社会组织承接的尴尬局面必须解决,而解决的途径在于大力发展司法社会工作组织。

少年犯罪问题的解决,除了政府采用积极措施外,还要依赖于社会团体等多方协力,更多第三方部门推广专业化的社会服务,构建社会观护体系,进行更加人性化的管理与治疗。服务于少年的社会组织是少年司法在预防与矫正阶段的重要依托,可以承接政府无力做、做不好的少年管理事务。

具体措施上,首先,对于政府型的传统"工青妇"组织,要进行去行政化改革,改变一贯的行政作风,逐步实行开放式服务,引进专业的社会工作人才,深入学校、家庭和社区,进行少年犯罪的预防和提前介入。其次,政府要积极培育少年服务机构,通过立法激励少年服务组织的创建,在资金、政策、税收等方面进行扶持,鼓励慈善机构积极投身少年保护性团体,增加机构对少年的保护与服务。

第三,少年司法从业人员的专业化培训。少年司法人员的专业化是现代法治进步的重要表现。《北京规则》要求,从事少年司法工作的人员应该具有最低限度的法律、社会学、心理学、犯罪学、行为科学等知识。我国大部分少年刑事法官都不具备《北京规则》中要求的少年法官的专业知识，基本上都没有法律专业以外的其他专业知识，或者接受相关训练。① 少年法官不应局限于通晓法条和机械运用法条，少年检察官和少年法官应该学习社会工作的理念和价值观，减少刑事司法的惩罚理念，注入社会工作"助人自助"的宗旨和平等、尊重与接纳的价值观，这样有益于"寓教于审"的开展。少年检察机关及少年审判机关的工作方法要注入社会化的内容，帮教、帮扶由专门性、专业性社会福利机构承担，教育感化、就业辅导、家庭辅助等职能由司法机关承担，以免造成现实生活中未成年人检察或少年审判负担过重、职能过大。② 少年法官还应该了解社会工作的工作方法，在工作方式上与社会工作者形成良好配合。在少年法官制度上，借鉴意大利名誉法官参与审案的做法，结合我国本土化的人民陪审员制度，在少年司法的审判领域注入社会参与的因素。

第四，在司法体系中注入更多的社会化元素。少年司法如果不特别就不是少年司法，因此突破传统刑事司法的藩篱，将少年的特质与需求充分考虑到少年司法中。首先，表现在少年刑事司法体系中的工作人员应该了解少年特点，掌握更多的心理学、社会学等知识。早在1910年华盛顿少年问题国际会议的决议中规定："（1）审判幼年犯罪之审判官，预判官，当深知幼年性情，乐与幼年接近，并须具备心理学和社会学知识……（4）对于年幼犯罪，必须精通心理学社会学之医士，

---

① 孙公幸、郑晓红：《对我国少年刑事司法制度的几点思考》，载《中国特色少年司法制度改革与完善研究》，法律出版社2012年版，第58页。

② 张鸿巍：《儿童福利视野下的少年司法路径选择》，《河北法学》2011年第12期。

精细考其犯罪原因，报告与审判官……"① 少年法官与少年检察官同时应当具备社会工作的理念，尊重并接纳少年，怀有仁爱之心。其次，在少年司法机构内设置心理咨询部门，将社会工作、社会服务、心理辅导、社会调查、家庭辅导等融入少年法院之中，同时设立社会合作部门，专门负责司法的宣传与少年服务机构的合作。最后，在少年司法程序上，可以学习意大利的预审制度，将人民陪审员的本土化制度考虑其中，融专业法官与非专业法官为一体，博采众专业之长，全面考察少年的成长环境、家庭背景、身心发育等多重因素。

第五，建立少年刑罚的社会化体系。少年处罚与成年人的普通刑事司法处罚方式区别不明显。我国没有完善的少年处罚制度。少年司法的特殊性在很大程度上表现为刑罚的非监禁性与轻刑化，用感化与教育的方式代替报复与惩罚，甚至有人提出对待少年应该永远不用刑罚，应改变有罪必罚的传统观念，将以刑罚为原则转变为以保护处分为主要原则，以刑罚为例外。因此重构少年刑罚体系至关重要。在刑罚的种类上，除了不适用死刑，应该通过立法明确规定少年不适用无期徒刑。同时，创设新的处遇方式，提升少年刑罚的社会参与性。将社会参与和康复教育作为社会刑罚的重要内容，用多种社会化的帮教方式对少年实行感化教育，包括委托社会工作进行保护观察、赔偿损失、家庭监禁、半监禁等，这样可以减少交叉感染，给少年健康的成长环境，减少他们进入少年监狱的可能性。加强少年刑罚的项目化建设，针对不同的少年主体开展多样的教育项目，如电脑技能学习项目、职业汽修项目等。在社会观护的主体上，以司法社会工作为主，以志愿者为辅，担任

---

① 林纪东：《少年法概述》，"国立"编译馆，1972年第二版，第23页。

观护者，半开放式的寄宿制可以集中指导和观护，补充目前观护制度的不足。同时，少年社会工作者也可以为罪错少年的家庭治疗提供支持，配合法庭定期与少年的父母进行指导和咨询。另外，发展少年刑诉调解，加强冲突解决方式的社会化途径。通过刑事司法调解中心分流少年刑事案件，提高被害人的满意度。同时要加强地区之间的机构合作机制，建立跨地区、跨部门的协同合作体系，针对流动少年提供更加人性化的服务。

第六，完善罪错少年的矫正体系。少年矫正是一个系统工程，不仅包含社区矫正，同时还有家庭矫正。我国现有的社区矫正体系中少年与成年人区分不大，未来要建立独立的少年社区矫正制度，充分考虑这一群体的生长发育特点和心理需求。建立少年司法的适用范围，与成年人的五类人员有所区分。加强社区矫正队伍的职业化和专业化水平，借助高校的师资力量对司法社会工作者进行培训。建立少年社区矫正的监督机制，设立专门的监督法官或者监督社工，对社区矫正的效果进行评估和监管。

综上，目前我国的司法社会工作力量比较薄弱，司法社会工作介入少年司法的步伐较缓，存在地区化、局部化、阶段化的特点。我们需要加强社会工作发展的立法进程，同时在相关领域中将社会工作者的地位和角色写进法律，明确将其作为和谐社会构建的重点职业来大力推动。正如美国早期著名的社会工作者米里亚姆·范·沃特斯（Miriam Van Waters）在 1925 年所说："关于少年法院，应当把握的首要理念，即其创立的初衷就是为了防止儿童被当作罪犯对待。"我国可以借鉴意大利司法社会工作者就职于司法部门的做法，在政府内部吸纳司法社会工作的专业人才资源，从中央到地方建立司法社会工作体系，在相应岗位上优先录用社会工作专业毕业生，将社会工作者纳入公务员编制，享受公务员待遇，加大政府购买社工机构专业服务的力度，加快司法社会工作的发展步伐，加强少年犯罪的预防和对越轨少年的行为矫正。

第三节 分流措施与社会化处遇

我国少年司法需要在少年利益最大化、保护和教育的理念下，建立非刑事化、非监禁化、轻刑化的独立处罚体系，形成独具特色的少年处遇体系，尤其是要着力加强非刑罚的社会化处遇措施。我国刑法学界通常认为，非刑罚处罚方法是指人民法院根据案件的不同情况，对于犯罪分子直接适用或者建议主管部门适用刑罚以外的其他处理方法的总称。

我国少年处罚体系的原则可以概括为"三用"：一"禁用"，二"慎用"，三"多用"，具体如下。

首先，禁用死刑和无期徒刑。我国签署了一系列国际条约中都对少年处罚措施进行了规定，明确禁止对少年适用死刑，这一原则在《经济权利与政治权利国际公约》[1]、《儿童权利公约》[2]、《北京规则》[3]等都有专门条款加以限制。我国《刑

---

[1] 第6条第5款规定："对18岁以下的人所犯的罪，不得判处死刑。"

[2] 第37条规定："缔约国应确保：（A）任何儿童不受酷刑或其他形式的残忍、不人道或有辱人格的待遇或处罚。对未满18岁的人所犯罪行不得判以死刑或无释放可能的无期徒刑。"

[3] 第17条审判和处理的指导原则第2款规定："少年犯任何罪行不得判以死刑。"

法》在总则第 17 条对未成年人的刑事责任[①],第 49 条未成年人不适用死刑做出了规定[②]。对少年是否适用无期徒刑,在我国的法律中没有明确规定,在理论和实践领域引起了激励争论。意大利的少年刑罚中的无期徒刑是到 1996 年才在宪法修正案中予以排除,明确禁止对未成年人适用无期徒刑。我国在 2005 年 12 月 12 日通过的《最高人民法院关于审理未成年人刑事案件具体应用法律若干问题的解释》第 13 条规定:"未成人犯罪只有罪行极其严重的,才可以适用无期徒刑,对已满 14 周岁不满 16 周岁的人犯罪一般不判处无期徒刑。""一般不判处"意味着在我国,对少年的无期徒刑采用慎重下的相对禁止原则,实践中由于减刑和假释的存在,通常执行 15—16 年予以释放。笔者认为我国需要在立法上明确规定对少年无期徒刑的绝对禁止,因为对于未来有无数可能性的年轻人而言,无期徒刑就意味着用漫长的监禁和冰冷的铁墙阻隔了所有的美好期待与梦想,造成少年的"心死",事实上与"身死"的死刑无异,甚至对他们而言更加残忍。而且无期徒刑也与轻刑化的少年处罚理念相违背,与国际法的精神相背离。

---

① 第 17 条 已满 16 周岁的人犯罪,应当负刑事责任。
已满 14 周岁不满 16 周岁的人,犯故意杀人、故意伤害致人重伤或者死亡、强奸、抢劫、贩卖毒品、放火、爆炸、投毒罪的,应当负刑事责任。
已满 14 周岁不满 18 周岁的人犯罪,应当从轻或者减轻处罚。
因不满 16 周岁不予刑事处罚的,责令他的家长或者监护人加以管教;在必要的时候,也可以由政府收容教养。
已满 75 周岁的人故意犯罪的,可以从轻或者减轻处罚;过失犯罪的,应当从轻或者减轻处罚;
② 第 49 条 犯罪的时候不满 18 周岁的人和审判的时候怀孕的妇女,不适用死刑。
审判的时候已满 75 周岁的人,不适用死刑,但以特别残忍手段致人死亡的除外。

其次，慎用监禁刑。[①] 非监禁刑是非刑事处罚方式中的重要内容，非监禁化理念已经成为具有少年司法制度国家的共识。《北京规则》第19.1条规定："把少年投入监禁机关始终应是万不得已的处理办法，其期限应是尽可能最短的必要时间。"监禁刑对少年会带来巨大的负面影响。经历了监狱的"洗礼"，少年可能受到多重伤害，被监狱中的强势力剥削、性侵、折磨，学习更多的危害社会的方法，产生报复社会心理，亲历更多的社会不公正等，同时监禁刑需要付出高昂的经济成本，通过剥夺自由而惩罚罪犯的监禁刑并没有取得理想的改造效果。但是从实践角度，由于办案法官顾虑（担心被害人及其家属无理信访；担心检察机关抗诉；担心被告人重新犯罪；怕被认为"人情案、关系案"避免在每次执法检查时频繁调档说明），非监禁刑的适用程序过于严格、烦琐（主审法官需要向庭长、主审副院长甚至院长等层层汇报，有的还需提交审判委员会讨论决定）等诸多原因使办案法官不愿轻易适用非监禁刑。[②] 在我国，审前羁押率较高，缓刑率、假释率等适用率偏低，有期徒刑依然是少年刑罚的主要措施，非监禁化的趋势尚不明显，与意大利等发达国家相比明显落后。根据统计，全国年平均的少年监禁率为69.7%，非监禁刑占30.3%。[③]我国应该严格控制监禁刑的适用比例，争取控制在10%—20%，除了极其恶劣和本质有严重问题的少年可以考虑

---

① 马克昌：《刑罚通论》，武汉大学出版社2001年版，第731页。
② 河南省郑州市中级人民法院刑二庭：《关于完善我国少年刑事司法制度的思考》，载《中国特色少年司法制度改革与完善研究》，法律出版社2012年版，第188页。
③ 河南平顶山中级人民法院刑事调研课题组：《未成年人犯罪刑罚适用的价值取向》，载《中国特色少年司法制度改革与完善研究》，法律出版社2012年版，第319页。

适用监禁刑，其他少年尽量都处以非监禁刑，通过社会观护的方式进行帮教。

最后，多用分流渠道与社会化处遇。少年司法中的分流是指在少年案件中通过法定的分流程序将少年从刑事司法体系中分离出来，采用社会处遇对其进行观护和教育。目前我国在少年司法中的分流措施不多，有检查起诉环节阶段的附条件不起诉，还应该在其他诉讼阶段建立更多的分流机制，比如缓诉，通过社会化的观护措施、教育项目等方式改善少年的不良行为，帮助改善家庭的功能，从而在根本上预防未成年人犯罪。社会化处遇有人称为行刑社会化、转处或者社会刑，指对处以非监禁刑的少年通过社会帮教力量在社会场所处以开放式行刑，是非监禁刑理念下的必然选择。1955年在日内瓦举行的第一届联合国防止犯罪和罪犯待遇大会上通过的《囚犯待遇最低限度标准规则》第61条指出："囚犯的待遇不应侧重把他们排斥于社会之外，而应注重他们继续成为组成社会的成员。因此，应该尽可能请求社会机构在恢复囚犯社会生活的工作方面，协助监所工作人员。"在《北京规则》第1条基本观点认为："应充分注意采取积极措施，这些措施涉及充分调动所有可能的资源，包括家庭、志愿人员及其他社区团体以及学校和其他社区机构，以便促进少年的幸福，减少根据法律进行干预的必要，并在他们触犯法律时对他们加以有效、公平及合乎人道的处理。"《利雅得准则》规定："少年司法系统应维护少年的权利和安全，增进少年的身心福祉。监禁办法只应作为最后的手段加以采用。"以社区替代措施来处置少年犯明显优于监禁判决的处置方法。[1] 1989年联合国少年权益保护大会

---

[1] [美]玛格丽特·K. 罗森海姆等：《少年司法的一个世纪》，商务印书馆2008年版，第487页。

[Convention on the Rights of the Child (CRC)]中称:"在少年司法领域的国际发展非常不均衡。"少年权利委员会在2007年《少年司法中的少年权利》第10条承认:很多国家在达到少年权益保护大会规定的标准上还有很长的路要走。比如在少年诉讼中程序权利的保护,将剥夺自由作为最后的惩罚手段等。①

一 建立暂缓判决制度的探讨与建议

暂缓判决(简称缓判),又称判决犹豫或刑事判决宣告犹豫,在1988年进入意大利少年司法的立法与实践中。事实上,作为西方国家的社会观护制度,缓判最早出现在英国,并在美国得到发展。我国现行法律对此未作明确规定,但20世纪80年代末至90年代初,江苏、上海等省市的少年法庭开始试行这一制度②,之后其他地区借鉴、探索,在实践中并积累了一定经验。学理上也对这一制度进行了探讨与研究,比如姚建龙提出缓判作为少年司法的"四缓"制度(其他三个是缓处、

---

① Defence for Children International: From Legislation to Action? Trends in Juvenile Justice: Systems Across 15 Countries, Geneva 2007, http://www.defenceforchildren.org/files/DCI-JJ-Report-2007-FINAL-VERSION-with-cover.pdf.

② 如1993年12月20日,上海市长宁区法院少年法庭试行了第一例少年暂缓判决案件。参见肖丽容《论暂缓判决在我国的试行》,载《中国法院报》2008年8月6日第6版。广东省在2004年首次适用该制度:2004年9月2日,17岁的职高学生王某盗窃5500元,但考虑到其未成年,情节轻微,是初犯,为帮助其顺利完成学业,法院决定对其适用暂缓判决,设定了3个月的考验期。在此期间,王某表现突出,法院对他免于刑事处罚,最终由于其表现较好,法院对其单处罚金。参见徐大钊《论未成年人刑事司法制度的构建》,载《中国特色少年司法制度改革与完善研究》,法律出版社2012年版,第197页。河南兰考对犯罪情节轻微、悔罪态度较好、依法只能或可能判处3年以下有期徒刑的未成年人,做出暂缓判决决定,给予其1个月至3个月考察期。载少年司法网,http://www.snsfw.org/show/? 13-7637.html。

缓诉和缓刑）之一[①]，一些学者探讨其是否合法，是否合理，是否违背无罪推定等原则[②]，有少年法官从实务角度对这一制度的争议与适用等问题进行了研究。[③]

缓判制度是少年司法的特色与创新，是国际少年司法的趋势，应该在充分借鉴西方缓判制度后，结合我国的本土化国情，制定完善的少年缓判制度，体现少年司法的保护性和福利性。正如李斯特所言：现代刑罚应该是教育刑和保护刑为主的目的刑，而不是传统意义上的报复刑。不是因为有了犯罪才要有刑罚，而是为了将来没有犯罪才有刑罚。[④]

（一）缓判与缓刑的比较

我国少年司法中目前应用较多的是缓刑制度，在实践中有人提出由于缓刑与缓判有设置重复之嫌，因此主张不用缓判。对于这一思想有必要给予澄清。缓刑的类型包括暂缓宣告制度和暂缓执行制度，暂缓宣告中有刑的暂缓宣告和罪的暂缓宣告。[⑤] 尽管两者都是为了避免或者减轻对未成年人的司法干预和处罚，但我国目前的少年缓刑是刑的暂缓执行，意大利的少年缓判是一种保护观护制度，将少年犯在非隔离的社会环境中

[①] 姚建龙：《缓处·缓诉·缓判与缓刑：大陆少年司法"四缓"制度述评》，载陈欣欣主编《违法犯罪青少年的司法保护学术研讨会论文集》，澳门青少年犯罪研究学会2004年版。

[②] 胡春莉：《未成年人刑事判决宣告犹豫制度研究》，《刑罚论丛》2012年第1卷，第186页。

[③] 如陈建明《未成年人被告人暂缓判决的实践与思考》，《青少年犯罪研究》2002年第2期；谢天德《浅议暂缓判决制度的构建》，江苏法院网，http://www.jsfy.gov.cn/llyj/xslw/2012/05/23144047446.html。

[④] 马克昌：《近代西方刑法学说史略》，中国检察出版社1996年版，第197页。

[⑤] 刘守芬、丁鹏：《现代缓刑类型与中国的选择》，《现代法学》2005年第11期。

进行监督，对其进行指导，帮助其顺利回归社会，避免再犯的一种处遇方式。

第一，在本质上，缓判是一种分流方式与社会观护制度，不是刑罚措施，而缓刑是刑罚的执行方式。在本质上，我国的少年缓刑依然是经正式判决之后的刑罚措施，与社区矫治体系相连接。而意大利的缓判是阻止案件进一步发展到庭审阶段的分流措施，分流之后委托社会工作进行缓判考察。根据意大利1988年少年刑诉法第29条，如果通过缓判则相当于罪行消灭，且封存少年的犯罪记录。这种做法有利于少年改过自新，重新融入社会生活。

第二，在程序和时间上，缓刑具有"事后性"，即在审判或上诉阶段之后，而意大利的少年缓判具有"事先性"，即大部分发生在正式庭审前的预审阶段。

第三，案件范围与适用标准上，我国的少年缓刑范围较窄。1988年意大利《少年刑事诉讼法》针对未成年人创设了缓判体系，几乎任何案件类型都有缓判的可能。[①] 不管案件多么严重，所有案件，包括杀人，都可以适用缓判。我国是情节不甚严重的案件方可适用缓刑，"拘役或者三年以下有期徒刑者，如果确有悔罪表现，适用缓刑确实不具社会危险性的情况下可以适用缓刑"。可见，我国对少年判处缓刑的范围明显较小。

第四，我国少年缓刑标准与成年人相同，而意大利的缓判制

---

① 1988年意大利《少年刑诉法》第28条规定了暂停诉讼和进行缓诉。具体内容是："法官在听取各方意见，评估孩子的个性之后，可以按照第二款下令暂停审判，处以缓判。暂停诉讼，预计其所犯罪行将被判处无期徒刑或者不低于12年的有期徒刑时，缓判不得超过3年；在其他情况下，缓判期限不超过1年。法官中止案件，宣告暂缓判决。"（注：1994年宪法法院第168号判决中确定对未成年人不得适用无期徒刑）

度只适用于未成年人,是针对未成年人专门设置的分流措施,成年人刑罚中没有类似规定。但是非常有意思的是,由于缓判在少年刑罚领域中取得了理想效果,所以意大利成年人刑事司法目前也探讨适用缓判,希望给成年罪犯一个改过的机会。[1]

第五,在意大利的少年缓判中,既有执行者,也有监督者。在执行方式上,司法社会工作者作为缓判官进行执行,针对少年,帮助少年回归社会;在监督方式上,意大利有独立的监督法官负责监督缓判的过程,以保证缓判的效果。这样各司其职,权责明确,有利于少年权利的保护。在我国的少年缓刑中,谁作为执行者尚未明确,各地做法不一,同时缺乏监督法官角色。

第六,意大利的少年缓刑适用于财产刑,而我国在法律上无明确规定。意大利的刑罚体系中针对少年也有缓刑,其具体要求体现在《意大利刑法》第163条,并且少年的缓刑与成年人有所差异,对成年人而言判处缓刑标准是2年,而针对未成年人是3年。[2] 有意思的是,意大利刑法特别针对已满18岁但不满21岁,或者70岁以上的人实施的犯罪,在缓刑设置

---

[1] 参见 http://qn.quotidiano.net/politica/2013/07/04/914634-carceri-pene-alternative-legge.shtml. http://www.asca.it/news-Giustizia_ _ Ferranti_ (Pd)_ _ messa_ alla_ prova_ per_ adulti_ in_ Aula_ da_ 24_6-1286351.html(2013年7月25日访问)。

[2] 《意大利刑法》第163条对缓刑的规定为:"当宣告不超过2年的有期徒刑或者拘役时,或者当单处或与监禁刑并处的财产刑依据第135条折抵后相当于总共不超过2年的剥夺自由刑时,法官可以决定:在5年的期限内暂缓执行刑罚,如果处罚针对的是重刑;或者在2年的期限内暂缓执行刑罚,如果处罚针对的是违警罪。"第2款针对未成年人的规定为:"如果犯罪是由不满18岁的未成年人实施的,当所科处的限制人身自由的刑罚不超过3年,或者单处或与监禁刑并处的财产刑依据第135条折抵后相当于总共不超过3年限制人身自由刑时,可以裁定暂缓执行。"

上规定了2年6个月的标准。①

(二) 我国亟须完善少年暂缓判决制度

在我国司法实践中，上海、江苏、河南、广东等多地法院尝试采取了少年暂缓判决制度。人民法院对符合一定条件的未成年被告人，在正式庭审之前，对少年进行预审，根据其所犯罪行、悔罪表现、家庭背景、成长经历等多方面的资料，对社会危害性不大的少年进行延期判决，在此期间通过社会观护手段帮助他们回归社会。由于这些做法没有法律根据或理论根据，常常被指责违反平等原则。② 笔者认为，我们应该借鉴意大利做法，总结我国已有的实践经验，在立法上建立针对罪错少年的缓判制度，充分体现少年司法的保护、教育和司法社会化的理念。

缓判制度的建立与完善需要综合考虑多方面的因素，包括：

1. 设立预审阶段与预审法官。预审阶段是少年司法的创新，也是符合少年身心特点和少年司法理念的探索。我国的少年司法制度中没有明确设置预审阶段和预审法官，少了这样一个分流口，将案件直接推到庭审。③ 增加预审阶段，如下图所

---

① 《意大利刑法》第163条第3款规定："如果犯罪是由已满18岁但不满21岁的人实施的，或者已满70岁的人实施的，当所科处的限制人身自由刑不超过2年6个月时，或者当单处或与监禁刑并处的财产刑依据第135条折抵后相当于总共不超过2年6个月限制人身自由刑时，可以决定暂缓执行。"参见《意大利刑法典》，黄风译，中国政法大学出版社1998年版。

② 刘灿华：《德国、日本少年司法制度的变迁及其启示》，载《时代法学》2011年第6期。

③ 实践中，我国缓判的一般程序是：少年法庭开庭审理后，认为未成年被告人构成犯罪并可适用暂缓判决的，提出书面意见向少年法庭报告，经过少年法庭庭长审查后报分管院长同意或经过分管院长提交审判委员会讨论决定。对适用暂缓判决的未成年被告人要设置一般为3个月到1年幅度内的考察期（一般采取取保候审的形式）。参见姚建龙：《缓处·缓诉·缓判与缓刑：大陆少年司法"四缓"制度述评》，载陈欣欣主编《违法犯罪青少年的司法保护学术研讨会论文集》，澳门青少年犯罪研究学会2004年版。

示，设置在审查起诉阶段之后与法庭正式审理之前，并将缓判作为预审法官处置决定的内容之一。

侦查阶段 → 检察起诉阶段 → 预审阶段 → 审判阶段 → 执行阶段

图 5—1 我国少年司法中增加预审阶段程序

预审法官组成的多样性。少年预审法官不同于普通法官，不能仅就少年所犯罪行为进行判决，而需要综合权衡少年的生理、心理、社会适应能力等综合评价情况。现实中，很难要求法官成为精通多学科的通才。意大利少年司法制度初期，曾面临相当长一段时间少年预审法官匮乏的状况，原因是很难找到全面了解少年身心发展与法学的多面手，后来他们采取了折中的方式，预审法官由 4 名法官共同组成，两名专业法官和两位来自教育、心理学、社会学等专业的名誉法官。[①] 我国可以探讨本土化的预审法官制度，将我国特色的人民陪审员引入预审法官的组成。人民陪审员也是社会力量介入审判领域，彰显司法正义的特色制度，通过立法确立法官与人民陪审员相结合的预审制度，将不宜进入到司法领域的少年分流到社会观护机构进行教育。

2. 暂缓判决的适用条件和对象。我国少年司法的实践中，适用缓判的条件和对象不一：有些地方仅适用于未成年人，有的扩大到在校大学生，有的适用轻罪犯罪嫌疑人[②]；有的地方

---

① 笔者在都灵大学访问时，在都灵少年法庭旁听了预审法官的案件审理，名誉法官与专业法官发挥同样的职能，一男一女两位名誉法官分别是教育专家和心理学专家，对案件的处置发表专业意见。

② 徐大钊：《论未成人刑事司法制度的构建》，载《司法改革评论》2010 年第 10 辑，第 134 页。

对是否有前科、是否可判重刑等进行规定[①]；还有些地方适用原则是"宜紧不宜松，宜少不宜多"，并采用排除法对不适用缓判条件进行规定。[②]

笔者认为，无论是积极条件式还是消极条件式，我国学者与实务界人士还没有摆脱成年人刑事司法的框架和逻辑，在根本上还是以犯罪行为及其程度进行判定，对少年缓判设置太多的规定，减少了可能进入到这一制度中的少年人数。我国可以借鉴意大利做法，预审法官针对每个少年案件，运用个案工作的方法，综合判定少年的成长环境、身心特点、家庭背景等方面，不以犯罪的严重程度为出发点，而是以少年的未来发展为出发点，在少年利益最大化原则下从宽判定。因此预审法官对确实构成犯罪的少年，不宜设置过多的缓判条件，对犯罪情节比较严重的少年犯也可以适用暂缓判决。将缓判作为教育和保护目的下的分流措施，给少年一个

[①] 上海市长宁区少年法庭的司法实践中，暂缓判决的适用条件包括：可直接免予刑事处分或宣告缓刑的被告人；共同犯罪案件的被告人；有前科的被告人；可能被判重刑（宣告刑为3年以上有期徒刑）的被告人；没有监管条件的被告人。参见朱立恒《我国未成年被告人权益保障改进的省思》，《中国政法大学学报》2009年第6期。

[②] 即下列五种少年犯不能适用暂缓判决：一是可以直接判决免予刑事处分或宣告缓刑的被告人；二是共同犯罪中的被告人；三是有前科的被告人；四是有可能被判处重刑的被告人；五是没有监管条件的被告人。参见潘国生、黄祥青《中国少年刑事审判制度若干问题探讨》，《法学评论》1999年第1期；陈建明：《未成年被告人暂缓判决的实践与思考》，《青少年犯罪问题》2002年第2期。又如谢天德在《浅议暂缓判决制度的构建》中提出，1. 被告人、法定代理人、辩护人认为被告人不构成犯罪；2. 根据已查明的事实和法律规定，可直接免予刑事处分、宣告缓刑或者应宣告无罪的被告人；3. 共同犯罪案件中有成年被告人的，或者虽均为少年被告人，但其中部分少年被告不符合暂缓判决条件的；4. 主观恶习较深、有前科的被告人；5. 判刑可能在3年以上的被告人；6. 没有监管条件的被告人；一般不能作为暂缓判决的对象。

避免进入司法程序的机会，真正实现这一制度的目的，体现福利化司法和保护性司法。

3. 缓判考察制度的设立与缓判官、缓判执行机构的专业化。缓判决定做出之后，如果只是让少年随意回到社会，没有进行有效、适合地考察和介入，缓判制度的实质就无法体现，精髓则无法落实。因此必须建立科学的缓判考察制度，完善相关的配套措施。目前我国实践中由法官及其社会上其他部门的人员共同对缓判对象进行考察；有的地方由街道司法所组织相关单位组成考察小组来实施[①]；也有人提出设考察员辅助暂缓判决对象的考察工作，并可聘请若干名特邀陪审员协助考察；或者由少年法庭的审判人员负责，由未成年人所在的学校、居住地的居委会、村委会协助。

缓判制度真正发挥作用的关键在于专业化人员的监督与执行，否则这一制度无益于形同虚设，违背立法原意。必须建立独立、专业的缓判考察制度和缓判官岗位，与保护观察制度相配套、相衔接，避免街道司法所、社区身兼数职、难以专注的境遇；避免人员不足、工作难以落实的窘境[②]；也避免有些少年由于缺乏监管环境而不被法官适用缓判的状况。

因此笔者建议由司法社工担任缓判官角色。社会工作是专业的助人行业，司法社工作为缓判官能发挥重要作用，如

---

① 2006年8月，安徽省芜湖市中级人民法院制定和下发了《关于对未成年被告人实行"缓判考察"制度的实施细则（试行）》，对于依法应予处罚但情节较轻的14周岁至18周岁违法犯罪未成年人，在刑事诉讼阶段中，法院与公安检察、司法、家庭、学校、社会组织密切配合，开展"缓判考察"，对在校或非在校未成年人进行考察教育和矫治，给其一个改过自新的机会。参见杨良胜《对未成年被告人试行"缓判考察"的实践与思考》，《中国审判》2009年11月。

② 杨良胜：《对未成年被告人试行"缓判考察"的实践与思考》，《中国审判》2009年11月。

意大利少年司法缓判制度中的司法社工。司法社工是社会力量的重要代表，是司法社会化的体现，他们与传统刑事司法中的人员密切配合，在少年司法体系中发挥重要作用。第一，司法社工有助人自助的价值观，注重挖掘少年的潜力，改变问题视角，运用优势视角，相信每个人都有改变的能力，帮助少年自我成长，同少年司法注重少年未来发展相契合。第二，提供专业化服务的优势。司法社工是经过特殊培训的人员，有专业背景、特别培训与工作经验，他们更加懂得少年的心理，通过评估为每个少年制订个性化的辅导方案。第三，司法社工可以整合资源。从少年司法部中的社会工作办公室，到地方的社会工作服务机构，再到社区中的各种项目，他们可以掌握多方面的信息和资源。第四，司法社工可以综合运用个案、团体等治疗方法，评估少年的表现并制作《缓判考察报告书》，在社会调查报告的基础上融入少年在缓判期间的表现，对少年做出是否通过缓判进行评估并向少年法官提出建议。

目前我国的司法社工队伍尚不健全，作用发挥有限，我国应该尽快建立少年司法中的社工队伍，通过相关立法，明确司法社工的任务与职责，通过政府购买服务等形式加快司法社会化进程。国家可以通过建立监督执行机构或者购买社会服务，引入专业司法社工的服务。

4. 监督法官的设立。缓判的全部优势有赖于监督考察制度的发挥。为此，许多国家或地区建立了完备的监督考察制度，包括制定法律，设立专门的监督机构，配备专业性的缓刑监督官员，鼓励民间志愿者参与帮教等。在我国的实践中，有些地区为了监督缓刑的执行，要求主审法官适当跟踪被执行少年。但是少年主审法官事务繁忙，无法投入大量的时间和精力。因此笔者建议我国创设专门的监督法官制度,监督少年缓判的执行,保证少年权利,确保负责缓判的司法社工能够胜任缓判官的角色。

5. 缓判地的选择。由于我国的人口流动性比较大,人户分离现象严重。被缓判的少年如果有工作,应该优先到工作或学习地的相关部门进行报到,如果在缓判期间工作变动,要进行地域之间缓判制度的衔接,互相认可已经进行的缓判。同时我国的缓判要与社会帮教体系有效对接,形成支持网络。

6. 明确缓判考察期间与弹性缓判制度。意大利的缓判考察期间是1个月到3年,并多数集中在7个月到1年,很少有超过两年的。我国在制定这一制度时,可以考虑以最高两年作为上限。同时,由于少年的身心发育是具有可塑性的,可以创造性地探索使用弹性缓判制度,如弹性刑罚制度一样,给在考察期表现非常好的少年以鼓励,用良好表现换取考察期的减少。还可以考虑将刑事调解作为缓判的重要内容进行评估,体现恢复性司法的理念:如果少年犯在缓刑期间成功与被害人进行了和解,赔偿了损失,在执行过的一段缓刑期表现良好,社区服务得到邻里好评,则可以提前结束缓刑,类似于监狱中的减刑制度。

7. 财产刑的缓判。我国法律并没有明确规定财产刑是否适用缓刑。如果建立少年的缓判制度,则需要对这一问题充分重视。因为未成年人正处于读书阶段,无法就业与自食其力,如果判处罚金刑或者对被害者的经济损失进行赔偿,那么往往会由于他们无力缴纳而使判决无执行意义,成为一纸空文。因此可以借鉴意大利对财产刑的缓判手段,避免未成年人由于罚金压力产生思想负担。

二 建立少年宽免制度

少年刑事司法不仅应该在刑事程序上与成人刑法有所差异，在实体法律判决上也应该有自身特色。少年宽免制度是有利于少年的审判方式之一。在意大利少年司法中，宽免制度只适用于未成人犯罪，是未成人犯罪行为消灭的原因之一，体现少年司法的自身特色。司法宽免是意大利少年司法中有利于少年的审判方式之一，对罪行不严重的未成年人在一定条件下对其宣告司法宽免，可以使其免于刑事处罚，不让其进入刑罚体系，避免交叉感染，不让他们背上少年犯的污名，体现轻刑化和非刑罚化的趋势，给少年犯改过的机会。与意大利少年司法制度相比并结合我国的实际情况，笔者认为我国可以借鉴意大利司法宽免制度的基本思想，建立适合我国国情的少年宽免制度，同时做好司法宽免与少年保护机构、家庭、学校和社区之间的衔接机制，设置项目化和制度化的罪错少年教育帮教措施，体现教育和保护的少年司法理念。

（一）建立少年司法宽免制度的必要性与可行性

首先，增加少年司法宽免制度是我国刑罚改革的需要。人类社会文明的进步，法治发展水平的提高，集中反映到刑法制度中，就是刑罚制度的更新和变革。[1] 从国际发展与各国刑罚的轻刑化趋势而言，我国的刑罚整体结构与刑罚执行制度也应该进一步趋于宽和。目前，在我国刑罚制度中存在的问题及亟待完善的主要是时效制度和赦免制度两项。[2] 司法宽免在本质上是赦免，宽免制度意味着建立少年刑罚消灭制度通道，可以

---

[1] 赵秉志：《当代中国刑罚制度改革论纲》，《中国法学》2008 年第 3 期。
[2] 同上。

彰显宽容的人性价值,传承"恤幼"的历史传统,有效地节约司法资源,促进社会的和谐稳定。有利于未成年人改过自新,激发他们的感恩心理,促使自觉守法。

其次,符合我国宽严相济的刑事政策。宽严相济的刑事政策强调要根据社会形势和犯罪分子的不同情况,区别对待,当宽则宽,当严则严,这就有利于从源头上最大限度地减少不和谐因素,不断促进社会和谐。[1] 少年由于身心发展的特殊阶段,极具弹性与发展潜能,在"国家亲权主义"的理论之下,司法机关代表国家,国家相当于少年的父母,肩负保护他们的责任,国家要对成长中的少年抱有宽容慈爱之心,允许他们在错误中成长前进,帮助未成年人在宽容中不断成长。

再次,有利于保障少年权利。对未成年人的宽免是国际社会的共识。国际社会特别关注少年儿童的权利,制定了《儿童权利公约》等一系列国际性法律文件。对未成年人权的保障也是一个国家人权状况的突出反映。在国外,比如英国中世纪就曾经规定,有13种情况下的杀人不被允许但是能得到国王的宽免,其中的一种情形就是7岁或年龄稍长的孩童。[2] 少年的权利除了家庭保护、学校保护、社会保护等保护之外,还需要有司法保护,而司法宽免就是司法保护的重要内容之一。

最后,完善我国的赦免制度。司法宽免在本质上是一种赦免,少年司法宽免制度应该成为我国刑事赦免制度中的重要内容。所谓赦免,是指国家元首或者最高权力机关宣告对犯罪人免除其罪,或者虽不能免除其罪,但免除或者减轻其

---

[1] 赵秉志:《和谐社会构建与宽严相济刑事政策的贯彻》,《吉林大学社会科学学报》2008年第1期。

[2] 王娜:《刑事赦免制度》,法律出版社2008年版,第66—67页。

刑，进而消除刑事追诉权、刑罚裁量权或者刑罚执行权的法律制度。赦免制度在古今中外的各国治国方略中是普施恩德重要的内容。孟德斯鸠在《论法的精神》一书中说："刑罚的赦免条文在政治宽和的国家有着极强的调解作用。掌握赦免权的君主如果谨慎使用这种权利，会产生良好的效果。"[①] 目前世界上大多数国家都规定了赦免制度。意大利在刑法典中就规定了四种赦免制度，分别是大赦（第151条[②]），特赦和恩赦（第174条[③]），以及特别针对18岁以下未成年人的司法宽免（第169条[④]）。意大利早在1930年的《洛克法典》中就明确的提出对未成年人的司法宽免，对少年的司法宽免是司法赦免中的一种。[⑤] 我国的赦免包括大赦与特赦两种，都是犯罪消灭

---

① ［法］孟德斯鸠：《论法的精神》（上），孙立坚、孙丕强、樊瑞庆译，陕西人民出版社2001年版，第106页。

② 第151条大赦：大赦使犯罪消灭；如果已经宣告处罚判决，不再执行处罚判决和附加刑。在数罪并罚的情况下，大赦适用于符合大赦条件的各单项犯罪。因大赦而消灭的犯罪仅限于在大赦令发布的前一天已经完成的犯罪，除非大赦令另外规定了日期。大赦可以附加条件或者义务。大赦不适用于第99条后几款规定的累犯情况，也不适用于惯犯、职业犯和倾向犯，除非大赦令做出不同的规定。

③ 第174条特赦与恩赦：特赦和恩赦免除已科处的全部或部分刑罚，或者将其改变为法律规定的其他种类的刑罚。它们不使附加刑消灭，除非有关命令做出不同的规定；它们也不使处罚的其他刑事效果消灭。数罪并罚的情况下，特赦只能在根据数罪并罚的规定对刑罚进行累计后适用一次。对于特赦，遵循第151条最后三款中的规定。

④ 第169条规定：如果法律对不满18岁未成年人实施的犯罪规定处以最高不过2年的限制人身自由的刑罚或者最高不超过1万里拉的财产刑，即使后一刑罚与前一刑罚并处，当考虑到第133条列举的情节推测犯罪人将不再实施新的犯罪时，法官可以不宣布移交审判。当进行有关审判时，法官可以依据同样的理由在判决书中不宣告处罚。

⑤ 由于赦免在我国有特定的含义，为了避免与已有的赦免制度混淆，故将对少年的赦免称为宽免。

的原因。① 针对少年的司法宽免是赦免制度中的一种。我国1954年宪法规定了赦免内容,新中国成立以来实行过几次特赦,基本都是面向政治犯。在我国整个法律体系中,除宪法第67条第17项和第80条第4项对特赦做出原则性规定外,刑法中几乎没有赦免的具体内容。② 事实上在司法实践中这一制度适用几乎为零,基本上处于休眠状态,与我国一贯坚持的以德治国方略极不相符。

同时,我国已经有少年宽免制度的法律基础。2005年12月12日《最高人民法院关于审理未成年人刑事案件具体应用法律若干问题的解释》第十一条:"对未成年罪犯适用刑罚,应当充分考虑是否有利于未成年罪犯的教育和矫正。对未成年罪犯量刑应当依照刑法第六十一条的规定,并充分考虑未成年人实施犯罪行为的动机和目的、犯罪时的年龄、是否初次犯罪、犯罪后的悔罪表现、个人成长经历和一贯表现等因素。对符合管制、缓刑、单处罚金或者免予刑事处罚适用条件的未成年罪犯,应当依法适用管制、缓刑、单处罚金或者免予刑事处罚。"这里的"免于刑事处罚"即为教育和保护理念下的司法宽免。

总之,少年身心发育不健全,法律应该宽恕他们,给他们悔改的机会。司法宽免制度有利于未成年人改过自新,能激发他们的感恩心理,促使其自觉守法,亦可以缓和国内矛盾,弥补法律之不足,纠正司法误判,促使少年犯感恩社会,彰显国家德政。我国应该秉承宽宥的思想,在保护和教育的理念下,

---

① 胡春莉:《论我国的未成年人赦免制度》,《青少年犯罪问题》2009年第6期。

② 赵秉志主编:《刑法总论》,中国人民大学出版社2007年版,第571—575页。

激活少年司法的宽免制度，对宽免的对象、条件、程序、后果都做出明确规定，给未成年人在成长中自动改正错误的机会。

(二) 我国少年司法宽免的程序和内容探讨

在宽免的类型上，可以借鉴英国的少年宽免制度，设置绝对免于刑事处罚和附条件免于刑事处罚（即附条件的免除全部刑罚）两种。对于绝对免于刑事处罚可以立即释放，不追究其刑事责任。而对附条件免于刑事处罚者，法院可以不采取处罚，但如果在特定时期内犯法，法院将恢复处罚。这些条件包括与被害人进行刑事和解、赔偿损失、进行社区服务等公益活动等，也可以规定必须参加一定学时的专门普法课程。同时，需要给予一定的家庭支持，比如介入家庭关系的修复，家庭发展资源的提供，从而在根本上改善和影响少年的成长环境。

在宽免的适用主体上，主要针对的是何种少年犯可以被处以司法宽免。笔者认为，其一，初犯、偶犯，罪行较轻、悔罪表现好的未成年人少年犯；其二，具有预备中止犯、防卫过当、避险过当、共同犯罪中的从犯、胁迫犯，以及犯罪后自首并有立功表现情形之一；其三，法定刑在 3 年以下且社会危害性不大的少年犯，一般应适用免刑。

在宽免的程序上，有人认为在执行程序上有三种途径：一是国家负责宽免的机构决定将一定范围内或者犯一定罪行的未成年人实施；二是执行机构通过地方权力机关将他们认为应当宽免的未成年犯罪人提交给国家负责宽免的机构，由该机构决定是否应当宽免；三是当事人申请宽免。[①] 笔者认为在这三种

---

① 胡春莉：《论我国的未成年人赦免制度》，《青少年犯罪问题》2009 年第 6 期。

途径中，前两者需要建立专门的宽免机构，浪费人力、物力、财力。而第三种依当事人申请的宽免，将启动权利让渡给被告人，司法机构职能在被告少年申请的情况下才能行使处置权，不能更好地体现主动的宽宥思想。故我们可以借鉴意大利少年司法中，将对未成年人的司法宽免作为法官判决内容之一，依职权主动行使。这一制度实现的前提是相关立法的完善。同时提出几点限定性内容，如18岁以下的偶犯、初犯、轻微犯。

在技术上，意大利少年司法宽免只宣告一次。但是意大利少年刑法为了避免由于漏判让少年失去司法宽免的机会，将适用条件扩大至多次犯罪者的累计刑罚不超过3年。这意味着对漏判者依然可以适用司法宽免。我国可以考虑对初次进入少年司法体系者宣告司法宽免，但是累犯和罪行严重的不适用。

三 完善多元化的社会化处遇体系

少年应该尽可能从司法程序中分流出去，在社区服务中得到支持。对少年的拘禁措施应该是最后的适用措施，同时要尽量用最少的时间。[①] 这是社会化处遇的基本理念。少年"社会化处遇"目前在我国并没有统一概念，相关具有类似语义的称谓有行刑社会化[②]、社会化行刑[③]、社会观护[④]、更生保护、

[①] DCI-The Netherlands, Kids Behind Bars, a study on children in conflict with the law: towards investing in prevention, stopping incarceration and meeting international standards, 2003.

[②] 如北大冯卫国的博士论文《行刑社会化论纲》（2002年）；武玉红：《行刑社会化的内涵构成及实施载体》，《华东政法大学学报》2008年第7期；徐宜可：《行刑社会化：合理定位及实现路径》，《湖北行政学院学报》2014年第3期。

[③] 李勇：《论社会化行刑的根据和方式》，《河北法学》2008年第9期。

[④] 张中剑、张姝：《未成年人民事案件社会观护制度研究》，《青少年犯罪研究》2008年第6期。

开放式处遇，日本学者称为"社会内处遇"[①]，台湾叫作"社区处遇"[②]。与机构内处遇相对应，是指犯罪者在社会内一面过着自律性的生活，一面对其采取达到更生性的措施。[③] 社会化处遇中的"处遇"（treatment）一词，含有处置、对待、治疗的含义，而"社会化"指明了对少年处遇的价值取向和发展方向，将行刑方式的非监禁化作为基本原则，放宽行刑机构的社会隔离程度，调动积极的社会因素参与来帮助罪错少年，预防他们再次犯罪。社会化处遇有广义和狭义之分。狭义上是指对进入到少年司法体系的少年通过分流、转向到社会并采取社会措施代替监禁刑，使他们早日回归社会的更生保护措施；在广义上而言，除了对进入到少年司法系统的少年外，但包括有过罪错或违法行为的少年，预防他们重新犯罪而采取的各种对待措施的总和。同时，在范围上，社会化不同于社区化，有更加广泛的范围，还包括家庭、学校、NGO 等机构和部门。

社会化处遇相对于传统的机构内处遇，是在刑罚领域"非机构化"、"去机构化"的必然选择。它通过生活援助、心理治疗、个案辅导等一系列社会化更生措施，改善罪错少年成长环境，减少机构化处遇带来的社会距离及回归社会的漫长过程，有利于从根本上预防犯罪。社会化处遇是对少年非刑罚执行方式的体现，能感化少年，改变少年的交往群体，避免染上监禁刑中的恶习，有利于整合社会资源，预防少年重新犯罪，

[①] 康树华：《日本犯罪者社会内处遇及其意义》，《法治论丛》1992 年第 4 期。

[②] 参见许福生《台湾地区社区处遇制度及探讨》，《政法论丛》2012 年第 4 卷。

[③] ［日］赖川晃：《犯罪者的社会内处遇》，康树华译，《环球法律评论》1992 年第 1 期。原载于赖川晃《犯罪者的社会内处遇》，成文堂 1991 年 5 月 21 日第一版。

广泛利用社会力量支持和保护未成年人。

我国应该在少年司法福利化的理念下创设更多的少年保护、干预和预防措施。

社会化处遇符合轻刑化的理念与趋势。传统的通过剥夺自由来束缚年轻人的方式会使处在青春期的少年产生逆反心理，无益于改善其行为，容易再次犯罪。对罪错少年进行社会化处遇既符合少年司法领域非监禁化和轻刑化的国际趋势（不仅仅是少年司法，从全球来讲都有刑罚轻缓化的趋势），也是司法社会化理念的集中表达。司法机关作为刑罚适用主体及国家意志的具体执行者，对因受国家或社会因素影响而发生的未成年人犯罪，在刑罚适用的价值取向上侧重矫正与康复，而非惩罚。

社会化处遇是个别化处遇的前提。每个少年犯都有自己独特的成长环境、心理特征，社会化处遇可以通过司法社工的介入充分度量其差异，将其视为案主，通过个案的方式帮助他们脱离少年司法体系，协调各方社会资源和力量矫治未成年人，强调结合社会融合对少年犯进行矫正、治疗，关心罪错少年的心理、家庭关系、生活等问题，不以惩罚作为最终目的。

社会化处遇是一个制度系统，在根本上要实现制度法制化、内容多样化与机构专业化。首先需要有"转向处分"制度让少年退出正式的刑事诉讼，如何进入社会化处遇的执行就是"转处"，转处及其之后的社会化处遇是减少犯罪的重要战略，通过一系列分流措施将少年转移出少年司法体系。其次是人员配备专职司法社工制度，由专业的司法社工作为社会化处遇的督导和帮教主体，让他们成为司法社会化的有力执行主体，否则上述制度会流于形式，无法充分发挥作用。再次是更生措施制度，通过立法将和解、赔偿、社会服务等作为社会化处遇的基本内容，协助少年解决家庭危机、纠纷，预防犯罪。

最后是与家庭、学校、社区、机构等的立体化衔接制度，司法部门需要有社会化处遇部门有充分的沟通，建立起项目化或者常规化的帮教体系。

（一）社会化处遇的域外借鉴

本文在第三章系统分析了意大利少年司法的分流和转处方法，此外，我们还可以借鉴其他国家少年司法中的优秀做法，各国结合本国国情积极探索的社会化处遇方式。

澳大利亚探索罪错少年的社区内帮教方法。法院按照1987年的《儿童刑事诉讼法》处以良好行为保证、感化令、社区服务令、假释令和缓刑判决。[1] 在澳大利亚，对于未成年被告人的处罚一般采用非监禁措施，主要包括撤销控诉而只予以告诫、具结（保证不再犯罪）、罚款、社区服务、行为监察等措施。[2] 在澳大利亚的新南威尔士州，少年司法社区办事处遍及整个州。[3] 配备训练有素的少年司法工作人员和心理辅导员，在进行专业评估之后进行干预或者指定专业机构。澳大利亚的《少年罪犯法》第7节和第8节内容规定：若存在处理该事件的适当替代方法，不对儿童提起刑事诉讼。[4] 澳大利亚司法部提出了对低风险的少年进行社区监管的重要方法，配备少年司法人员和心理辅导员，以社区为基础的具体处罚方式包括：良好行为保证、感化令、社区服务令、假释令和缓刑判决。通过少年司法会议的形式进行少年刑事案件调解。也可以

---

[1] ［澳］瓦尔达·鲁斯思：《澳大利亚新南威尔士州的少年司法转移处理和非刑事处罚替代方式》，《青少年犯罪问题》2009年第6期。

[2] 叶青：《澳大利亚少年刑事司法新动向》，《人民检察》2002年第12期。

[3] ［澳］马克·玛瑞恩：《澳大利亚少年司法系统和新南威尔士州少年司法的新趋势》，《青少年犯罪问题》2009年第4期。

[4] 同上。

按照《保释法》进行保释监管。① 澳大利亚对少年犯,特别是第一次犯罪或者轻度犯罪的,不使用正式法庭体系,而是尽量转用其他替代方式,或者建立不同的比较非正式的方法来处理。作为向慈善机构靠拢的一方面,多数州还增加了以社区为基础的适用于法庭的判决方式。②

在芬兰,少年刑罚措施体现了对少年的关爱。芬兰刑法典规定的少年刑罚措施有:罚款、社区服务、有条件的监禁和无条件的监禁等刑罚措施。③ 罚款作为芬兰刑法典的主要刑罚措施,其幅度是在 1—120 罚款单位,一个罚款单位是少年触法者日总收入的三分之一,而罚款的幅度取决于少年触法行为的严重程度。④

在瑞典,处罚有罚款、附条件量刑、暂缓量刑、社区服务。附条件量刑处罚措施可以与日罚金或社区服务相结合。社区服务主要是 15 岁以上且未满 18 岁的少年犯,时间至少为 20 个小时,最多不超过 150 个小时。⑤

在英国,英国的非监禁刑种类多样,处罚体系健全。针对不同年龄、不同行为的少年犯罪设置了社区康复和惩罚令、监管令、行动计划令、出席中心令、移交令、补偿令、罚款、有条件释放、无条件释放、宵禁令、父母令、戒毒令等 12 种不

---

① [澳] 瓦尔达·鲁斯思:《澳大利亚新南威尔士州的少年司法转移处理和非刑事处罚替代方式》,《青少年犯罪问题》2009 年第 6 期。
② [澳] 瓦尔达·鲁斯思:《澳大利亚新南威尔士州少年司法部在少年司法系统中的角色》,《青少年犯罪问题》2009 年第 4 期。
③ 侯东亮:《芬兰少年司法福利模式及其启示》,《预防青少年犯罪研究》2012 年第 1 期。
④ 同上。
⑤ [瑞典] 戈德贝克·洛卡米拉:《瑞典少年司法制度概述(下)》,张紫千译,《青少年犯罪问题》2012 年第 2 期。

第五章　我国对意大利少年司法的借鉴　251

同程度的非监禁刑[1]，还有缓刑、假释、电子监控、赔偿、判决暂不生效、警察警告、收容与短期收容所、交送认可的学校监督等。对未成年人的最重刑罚为监禁，除此之外还有判处罚金、社会服务、缓刑、赔偿损失以及完全解除指控等。[2] 对未成年人犯罪的处罚要明显轻于成年人犯罪。

在日本，少年案件进行分类处遇和分阶段处遇。[3] 经家庭法院分流后分为几种情况：严重的移送至刑事司法系统；另一部分保护处分，具体分为保护观察、移送到儿童自立支援机构或者儿童养护机构和送至对犯罪少年进行矫正教育的少年院。社会帮教是很重要的群众性、社会性手段。[4] 日本家庭裁判所审理少年案件是以健康地培养少年为宗旨。对少年处置措施有保护处分，即交付少年鉴别所保护观察；解送教养院或少年院或委托其他机构教养；福利措施，即移送儿童商谈所。[5]

在美国，除暴力犯罪之外的全体犯罪人都被列入社区矫正政策范围。常用的社区矫正方案包括观护、假释、社区服务、

---

[1] 赵勇：《英国青少年司法体系的改革及启示》，《中国青年政治学院学报》2003 年第 5 期。

[2] 王运生、严军兴：《英国刑事司法与替刑制度》，中国法制出版社 1999 年版，第 73—74 页。

[3] 分类处遇是在充分社会调查和心理调查的基础上，按照少年的性格特点、犯罪经历、监教条件、身心健康、主观恶性等方面做出个别化的处遇；阶段性处遇是指对处遇过程设计不同的、渐进式的阶段，各阶段的处遇课程和教育重点有所差异，激发少年由严格受到控制的高阶段向对自有限制较为缓和的低阶段过渡。参见《世界主要国家及我国港、台地区少年犯罪刑事处遇措施简介》，载《中国特色少年司法制度改革与完善研究》，法律出版社 2012 年版，第 309 页。

[4] 苏明月：《从中日少年案件处理流程与矫正之比较看少年司法模式》，《青少年犯罪问题》2010 年第 1 期。

[5] 张美英：《论现代少年司法制度——以中、德、日少年司法为视角》，《青少年犯罪问题》2006 年第 5 期。

赔偿、家庭拘禁、野营方案、团体之家等。① 比如美国的威斯康星州，法官会对犯轻微刑事案的少年判监禁惩罚，但是会把刑期缩减三分之二，而其余刑期则会被送到社区内的团体家庭，使他们在社工、家庭、学校和社区团体的监管之下，继续他们的学业或工作。② 美国的少年司法建立了社区性组织，如治疗之家、寄宿学校、森林营地③和寄养家庭等。

在德国，对少年处置措施呈现多元化，有非惩罚措施，目的在于改变少年的生活作风和生活环境。如指令、监管和教养。惩罚性措施包括警告、惩戒、拘留。④ 具体的管教措施包括指令、监护管教、教养院管教。指令刑是少年法官可以要求少年犯为或者不为一定的行为，比如遵守关于居住地的指示，同意在某学校后勤单位工作等，指令刑不超过两年。训诫手段包括警告、提出强制性义务，如赔偿损失或者赔礼道歉等。少年刑罚分为定期刑和不定期刑。少年禁闭分为业余时间禁闭、短时禁闭和长期禁闭。

在社会化处遇日益去机构化的全球趋势下，社会化处遇的出发点需要以少年家庭改良为出发点，于是有些西方国家推出了"寄养制度"、"监护照管制度"、"委托人制度"等，或为少年寻找新的照管家庭，或通过介入帮助少年的原生家庭，协

---

① 姚建龙：《标签理论及其对美国少年司法改革之影响》，《犯罪研究》2007年第4期。

② 刘程：《发达国家和地区预防和减少青少年犯罪社工特点》，《当代青年研究》2008年第12期。

③ 森林营地是美国寄宿设施中的一种，是以社会为基础对违法犯罪青少年进行矫正的措施。这一措施将违法犯罪青少年集体置于广阔的森林等野外地带，工作人员在良好的自然环境下熏陶青少年，对其进行教育、训练和指导。由于组织有方，同时被安置少年不会有污名（去污名化），所以很受欢迎。

④ 张美英：《论现代少年司法制度——以中、德、日少年司法为视角》，《青少年犯罪问题》2006年第5期。

助少年在新的家庭环境中得到潜移默化的积极影响，通过改变他们生活的家庭和社会环境在根本上达到预防犯罪目的。

（二）我国少年司法社会化处遇的问题

我国目前并没有专门针对罪错少年的社会化处遇方式，独立且健全的少年刑事处罚系统缺失，具有国际趋势的轻刑化、非监禁化特征不显著。我国由于受到重刑主义传统的影响，加上少年司法的立法不足和制度缺陷等原因，目前少年犯罪轻刑化和适用非监禁刑的状况不容乐观。从轻刑化的角度而言，很多人动辄就比照成年人的处罚方式，认为轻刑化就是在成人刑罚的基础上从轻或者减轻，他们没有认识到少年不是缩微版的成年人，少年司法体系不是成年人司法体系的简单复制。而从少年的非监禁刑角度而言，我国需要改进的地方就更多。张元真等人通过实践调研，发现存在："未成年罪犯非监禁刑的总体适用比例偏低；少年的审前羁押期限长；非监禁刑以缓刑为主，其他非监禁刑种很少或基本不适用；社区矫正工作尚未全面开展，执行非监禁刑缺乏衔接机制"等诸多问题。[①]

1. 缺乏针对性。我国的非监禁刑措施包括管制、罚金、剥夺政治权利、没收财产、驱逐出境。而这些对未成年人而言，适用可能性较小。首先，剥夺政治权利，这一刑罚不适用未成年人，因为他们尚未满18岁，还没有宪法赋予的选举权与被选举权。其次，驱逐出境，这一刑罚主要针对境外人士，对我国的少年显然不适用。最后，没收财产，由于少年基本上属于没有收入的群体，所以这一措施也不适用。因此只有管制和罚金可能适用于未成年人。管制是对罪犯不予关押，但限制

[①] 张元真、王东风、李新春：《未成年罪犯非监禁刑适用问题研究》，《预防青少年犯罪研究》2013年第4期。

其一定自由，由公安机关执行和群众监督改造的刑罚方法。判处管制的罪犯仍然留在原工作单位或居住地工作或劳动，在劳动中应当同工同酬。这种方式不是专门针对少年设计的，而且执行机构是公安机关，是传统刑事司法中的角色，不利于少年身心的健康成长。而最后一项罚金，由于未成年人尚不能自食其力，因而罚金的设置基本上也是形同虚设。

2. 缺乏梯度。我国现阶段适用于未成年人犯罪的刑罚替代措施主要有以下几种：训诫、责令具结悔过、赔礼道歉、赔偿损失、建议予以行政处罚或行政处分、责令父母或监护人严加管教、收容教养等7类。这几种方式中的赔礼道歉和赔偿损失有刑事和解的影子，体现被害人感受，可以让少年在和解过程中得到教育，但赔偿经济损失具有罚金刑同样的缺陷，未成年人大多没有独立的经济来源，导致这种责任转嫁到了其父母或监护人身上，未成年人自己没有切肤之痛；训诫、责令具结悔过措施教育时间短，未成年人内心感受不深，教育效果不佳；责令父母或监护人严加管教往往在现实生活中难以收到良好效果，一是因为大部分的问题少年都是父母或者监护人疏于管教，到了少年违法犯罪时很可能已经无力管教；二是这种措施由于缺乏社会和有关机构监督，往往起不到任何效果。收容教养由公安机关决定并执行，行政色彩过浓，程序上缺乏监督，实践中操作不规范，出现了行政处罚比刑罚还要严厉的情况。收容教养与监禁刑同样具有交叉感染等问题。这些措施在严厉程度上存在断层，没有形成轻重层次分明、逐渐递进式的非刑罚处罚体系梯度。

3. 适用率低。在我国司法实践中，社会化处遇的适用率不高，对少年犯的审前羁押率和监禁刑适用率依然偏高，替代刑适用有限。目前我国少年监禁刑的适用比例依然很高，自由刑为多数，社会化处遇无论在内容上还是比例上都没有形成体系。在实际工作中，一些基层公安机关、检察机关将批捕率、起诉率、改判率作为绩效考核内容，部分法院为了协调司法机关之间的关系，对于一些可判可不判但已经起诉的案件进行了有罪判决；对于一些可缓可不缓但已经羁押较久，判处缓刑失去意义的案件，多半也只能以羁押日期确定为实体刑的刑期，以便尽快释放，这些增加了监禁刑的适用。① 由于没有全国的统计数据，作者在河南省高级人民法院的马献钊的文章中找到了河南省在 2005 年至 2007 年各级少年法庭审判结果统计数据，在 14545 件少年刑事处罚案件中，判处缓刑的 4736 人，占 32.56%；管制的 204 人，占 1.4%；单处罚金 675 人，占 4.64%。② 以此可以管窥全国情况。可以说，我国少年案件非监禁刑的适用率不高，仍以自由刑为主，没有体现出少年与成年人的差异。

4. 监管力度弱，衔接机制差。法律规定缓刑、假释由公安机关监管，但是公安机关人员往往警力严重不足，刑事破案人员严重紧缺，法律法规的具体内容少，原则性内容多，在实践中无具体的责任部门，无帮教的目标、程序、内容，导致监管缺失，形同虚设。部分地区对已经判决的少年案件规定了回访机制，但是少年检察官、少年法官往往由于工作繁忙，无力顾及，或者虽然有所联系也只是蜻蜓点水，无法深入少年的内心深处，进行深度监督和管理。另外非监禁刑执行与监督制约机制衔接问题严重。意大利等西方国家的社会化处遇大都由司

---

① 董飞：《我国未成年人刑事司法制度不足及对策》，载张立勇主编《中国特色少年司法制度改革与完善研究》，法律出版社 2012 年版，第 203 页。
② 马献钊：《我国少年司法制度的内在矛盾及其解决》，载张立勇主编《中国特色少年司法制度改革与完善研究》，法律出版社 2012 年版，第 134 页。

法社工专职承担,但是我国的司法社工体系没有完全建立起来,与司法部门之间的衔接薄弱。

总之,我国少年司法社会化的根本问题在于社会力量薄弱。我国还没有形成专门针对罪错少年的社会性处遇体系,法律法规和配套制度、机构不健全;柔性处罚力度薄弱,少年处遇的针对性不强,相关部门的衔接制度薄弱,专门的监管队伍缺乏,现实应用性较小,与轻刑化的国际趋势不符。

(三)社会化处遇措施的立法完善

政府和司法部门应该通过立法鼓励社会力量介入,加强社会化处遇力度,加强刑罚执行多元化与社会化体系的构建。为此需要树立正确的少年刑罚观,首先,少年刑罚的福利性理念。在适度惩罚性的同时,增加少年司法的福利性,在此基础上,建立少年刑罚的鼓励制度,比如社会性处遇的弹性刑罚制度。社区介入被认为投入的经费更少,惩罚力度更加和缓。[①]其次,轻刑化理念。通过社会化处遇提高轻刑化程度,树立"社会化处遇为一般,监禁刑为特殊"的刑法理念,比如多适用刑事和解,或用行政处分取代刑事处罚以减少刑事处罚。最后,个别化理念。刑罚个别化,将每个少年作为一个个案,通过司法社工可以运用个案工作方法对少年进行介入,加大家庭介入与干预。以家庭为基础的干预被证明是预防未成年人违法犯罪和再犯罪的效果最大,目前家庭处理模式已经在加拿大、爱尔兰、丹麦、英格兰、瑞典、荷兰、新西兰等多国适用。[②]

在少年司法程序上需要以社会化为导向进行改革。应该设

[①] [澳]瓦尔达·鲁斯思:《澳大利亚新南威尔士州的少年司法转移处理和非刑事处罚替代方式》,《青少年犯罪问题》2009年第6期。

[②] 同上。

立预审法官对案件的筛查制度，对进入少年法院的案件要有限制性规定。对非违法行为，尚不构成刑事处罚的案件，驳回诉讼；对违法行为，可以交给相应的少年司法服务机构或者社区服务机构、少年管理中心；对被告人和被害人协商一致的案件进行调解，签订调解协议；对由于家庭、社会条件影响而犯罪的少年进行暂缓判决，交给缓判官，进行项目化的监督管理，帮助他们回归社会。如果暂缓判决仍没有改过的少年才进入后面的刑事司法程序。

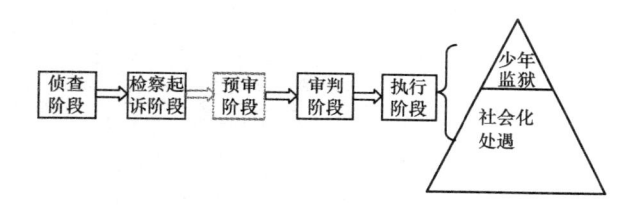

侦查阶段 → 检察起诉阶段 → 预审阶段 → 审判阶段 → 执行阶段 → 少年监狱 / 社会化处遇

在社会化处遇方式上，可以结合国际上常用的少年处罚措施，可以考虑设置：

1. 半自由刑。半自由刑就是一种半监禁方式，少年可以白天去工作与学习，而在晚上，则必须回到执行机构报到并遵守要求。《北京规则》第29条规定："应努力提供帮助少年重获社会新生的半监禁式办法，如重返社会训练所、教养院、日间训练中心及其他这类适当的安排办法。"①《北京规则》中第11.4条规定："为便利自行处置少年案件，应致力提供各种社会方案诸如短期监督和指导对受害人的赔偿和补偿等等。"这

---

① 说明：不应低估在监禁期后加以照管的重要性。本规则强调有必要组成一系列半监禁式的安排办法。本规则也强调有必要提供各种不同的设施和服务，以满足少年犯重返社会的不同需要，并且把提供指导和结构上的支助作为帮助顺利重获社会新生的一项重要措施。

种方式给了少年自我发展和提高的机会，特别是对监禁在少年监狱的未成年人，在出狱前运用半自由刑，可以让少年熟悉社会环境，减少不适应感。而矫正机构也积极为少年寻找教育和工作的资源，为少年回归社会做好准备。矫正机构可以利用晚上时间通过集中或者个别化的方式对未成年人进行心理咨询、法律教育、技能培训、艺术学习，少年可以结合自己的兴趣灵活参加。

2. 弹性刑罚。这一方式类似于意大利的保安处分。在意大利，保安处分是一种预防措施，但是我国并没有像意大利一样设立刑事处罚与保安处分的"双轨制"，因此大规模保安处分的设置不符合国情。但是可以借鉴保安处分中的弹性处罚思想，对一系列独特的少年处遇制度附随弹性机制。比如缓刑，对进行缓刑处遇的少年如果表现良好，有悔改表现，缓刑期间积极上进，则可以在缓刑官的建议下缩短缓刑期限，提前结束考验。这一制度可以提高少年改过自新的自觉性和积极性，激发他们弃恶从善的决心，加快他们回归社会的步伐。

3. 监管令。由少年法庭在刑事案件的判决或者暂缓判决生效后，对少年及其家庭发出的，要求他们在一段时间内遵守一定限制和规则的指令。由少年父母或者近亲属监督执行，禁止未成年人在特定的期限内实施限制性行为的书面指令。监管令的具体内容可以是：不得旷课、不得晚间活动；不得夜不归宿；不得吸烟、酗酒；不得进入不适合未成年人的酒吧等娱乐场所，被下达监管令的少年要遵守宵禁规定，并定期向司法部门进行汇报，司法部门对其行为进行评估，如果行为达到要求，可以提前解除监管令。在司法实践中，监管令起到了良好的规范作用。对提高家庭子女教育的功能起到了明显作用，促进了家庭的监管责任，比如重庆沙坪坝人民法院的司法实践，收到了良好的社会效果。①

4. 社会（社区）服务令。少年法庭对少年刑事案件中罪行较轻的犯罪分子，在一定时间内，要求其提供一定的义务劳动，以达到服务社会、矫正犯罪心理的改造任务。这一方式最早起源于 1972 年的英国《刑事司法条例》，规定 17 岁以上的罪犯需要在缓刑官的监督下完成 40—240 小时的无偿劳动。我国香港地区也在 1984 年开始实施这一措施。如果违反此命令则处以罚金，或者施以原刑罚。对实施了犯罪行为的少年，不采用关押的方式，而是将其置于社区之中，在特定人员的监管下，要求未成年人完成一定的劳动、志愿者服务或者其他社区工作。尽管有些国家将社区服务令作为独立的刑罚种类，但是在本质上，这是非刑罚处罚方式，可以借助社会的执行机构进行。也有些国家将这一处罚方式延伸到了成年人刑罚执行中，体现了行刑社会化的发展趋势。少年法庭对处以社会化处遇的罪错少年，在一定时间内，要求其提供一定的义务劳动，以达到服务社会、矫正犯罪心理的改造任务。我国部分地区也探索了这一制度，整合社会力量，预防和减少未成年人重新犯罪。被判处社区服务令的少年以"社会志愿者"的身份在福利性机构、社区、学校、医院等单位，提供公益劳动，让少年在帮助别人中体现自身价值，接受积极的感化，远离不良群体，开展正常的人际交往。同时有利于整合社会资源，充分发挥家庭、学校、社会福利机构、社会工作者的合力，是司法社会化的体现。少年法庭之外的社会考察，需要专门服务的机构与帮教人员并随时与少年法庭保持联系，最后由服务机构提出评价

---

① 杨飞雪：《未成年人刑事审判帮教矫正制度研究》，《中国特色少年司法制度改革与完善研究》，法律出版社 2012 年版，第 448—449 页。

意见，反馈给少年法庭。我国应该通过立法明确这一制度，逐步加以推广。

  5. 家庭再教育。家庭是少年成长中不可替代的环节，是少年成长的摇篮，是每个孩子第一个进行社会化的场所。家庭作为最基本的社会控制单位，是未成年人道德和价值标准的最初来源，通常对少年的影响最大。家庭教育职能的发挥在一定程度上决定孩子的未来道路，而问题少年几乎都是问题家庭的产物。家庭是孩子在进行社会进程中最原初、最关键的环节，很多少年的罪错行为源于家庭某些功能的缺陷或者丧失，缺少家庭关爱的少年更容易误入歧途。因此，重建家庭环境至关重要。意大利在特别收养法中确定的原则，每个孩子都有权利拥有一个家庭。我国在经济迅速发展、城市化进程加快的过程中，家庭在少年社会化与价值塑造中的作用减弱，有些少年犯的家庭功能缺失，如无人看管、留守儿童、流浪儿童、家庭贫困辍学、家庭暴力和虐待等，他们往往生活在离异家庭或者得不到太多关爱的家庭中，他们的成长环境是残缺的，因此少年司法中不能单纯地处罚孩子，还需要改善家庭功能。如果能通过某种渠道让他们回到家庭环境中将对他们的行为是一个极大支持。

  对少年家庭的不同情况可以分别采取差异化的措施。首先，原生家庭支持与再教育。多数少年犯罪是由于父母教育不当或者疏于教育而导致的，因此，对罪错少年的原生家庭可以采用父母培训与家庭管理技能支持，轻的比如上教育班，判处罚金，向慈善机构支付罚金或者让父母进行社区服务，以警示父母或者监护人加强对少年的教育，如对吸毒、酗酒的父母进行强制戒瘾服务，有家庭暴力倾向的父母行为进行限制和干预。其次，寄养家庭。美国等西方国家的少年司法中也采用寄养家庭措施。对离异家庭的儿童、流浪儿童、贫困儿童或者原生家庭父母行为存在偏差的少年,寻找并建立"志愿者家庭"体系,每个志愿者家庭帮助1个少年,为他们的成长保驾护航,以进一步实现矫正的去机构化,以个性化的家庭支持代替模式化的机构管控。政府给予这些家庭一定的鼓励和支持,比如志愿者家庭的孩子去科技馆、艺术馆等地免费或者优惠,定期为举行志愿者家庭的交流聚会等。与少年法院建立定向培养机制,帮助少年顺利回归社会。

6. 司法教育项目与学校专项培育。校园本身就是实现教育功能的重要基地,以学校为基础的干预和预防措施对罪错少年尤为重要。尽管我国在20世纪50年代就专门为罪错少年设立了工读学校,作为一种行政处罚方式,适用有违法和不良行为的少年。但隔离教育背离了社会融合的国际理念与趋势,走出工读学校的孩子存在社会适应问题,而且也为少年贴上了"坏孩子"的标签,故这一制度遭遇尴尬。国家可以在司法部内专门设立学校介入项目,加大学校作为教育阵地对犯罪预防的力度,建立学校社会工作者队伍,与老师配合,积极矫正少年的偏差行为。对偏远地区、经济窘迫,无法在父母身边、家庭无力抚养、自身不具备独立生活条件的边缘少年,初犯、犯罪情节轻微、愿意接受司法帮助的少年进行项目化救助,可以让他们参加寄宿类的学校课程学习,不直接给予经济援助,而是提高其受教育年限,增强他们的职业与就业能力,针对不同兴趣爱好的青年开展不同教育项目。

7. 完善少年的社区矫正制度。监禁刑与传统肉刑相比是巨大进步,而社区矫正与监禁刑相比则又是一次历史性的飞跃。相对于监禁刑,社区矫正是减少未成年人犯罪并帮助他们康复与回归社会的社会化行刑方式。尤其对流动少年,由于缺少家庭和学校的监管,使用社区服务的方式更佳。随着非刑罚化和行刑社会化的理念逐渐被我国少年司法理论界和司法实务部门所接受,在 2003 年我国两高、两部《关于开展社区矫正试点工作的通知》中,社区矫正是与监禁矫正相对的行刑方式,是指将符合社区矫正条件的罪犯置于社区内,由专门的国家机关在相关社会团体和民间组织以及社会志愿者协助下,在判决、裁定和决定确定期限内,矫正其犯罪心理和行为恶习,并促成其顺利回归社会的非监禁刑罚执行活动。我国已经建立了社区矫正制度,对五类人员(包括管制、缓刑、假释、剥夺政治权利、暂予监外执行者)在社区支持下进行社会化服刑。各地做法有差异,有的帮教小组由 1 名司法所人员、1 名劳教警察、1 名协管员、1 名志愿者、1 名亲属等 5 人以上组成;[1] 有些地区建立司法社会工作者队伍进行专业帮教。但是并没有形成专门针对少年的社区矫正体系,应该设置少年教育项目,扩大社区矫正少年范围,增设社区服务种类,建立社区矫正服务专业队伍,全面提升社会化处遇的地位。打破现有按照户籍为划分条件的社区帮教,以实际居住地为社区矫正的基础,不论户籍地、经济状况,都可以平等地享受法律赋予的权利并得到司法保护。

(四)社会化处遇与传统社会组织的衔接

社会化处遇需要与传统的社会组织衔接。社会帮教是很重要的群众性、社会性手段。[2] 社会性处遇与传统社会组织的衔接有与机构衔接,与学校衔接,与家庭衔接,与社区衔接,通过与学

---

[1] http://news.yzdsb.com.cn/system/2010/01/21/010342815.shtml.
[2] 苏明月:《从中日少年案件处理流程与矫正之比较看少年司法模式》,《青少年犯罪问题》2010 年第 1 期。

校、社区、机构里专业化少年司法社工和其他社会帮教人员的联系,全面构建司法与社会衔接的制度性通道。少年司法需要从法庭向家庭、社区和学校延伸,整合机构等多元力量,司法与社会形成合力,融宣传、教育、疏导等多功能为一体,全社会共同致力于未成年人犯罪问题的预防与矫正。少年刑事司法体系要超越刑事司法,形成少年公检法部门为核心,学校、社区、家庭等多主体介入,法学、社会学、犯罪学、心理学、社会工作等多学科互补的社会网络,逐渐形成少年司法制度支持体系的多元化。国家在少年司法的体制建设上不仅包括少年警察、少年检察、少年审判机构等司法机构,还应该包括少年鉴别所、少年院、少年矫治机构,地方少年保护委员会、保护观察所等保护机构,以及儿童商谈所、养护设施、教养院等儿童福利机构,形成少年案件的审理、矫治、保护、福利一体化机制。尽量把年轻人放到社区,而不是到孤儿院或者是封闭的矫正机构。

我国未成年人福利制度较为薄弱,在这个基础上建立司法保护与福利型司法就更加困难。因此要整合社会资源,充分发挥家庭、学校、社会福利机构、社会工作者和社区的合力,建立社会化处遇与各社会机构的衔接机制,帮助少年远离不良群体,接受积极感化,开展正常的人际交往,让少年在社会化的更生措施中重拾自身价值。

1. 与社会化少年保护机构的衔接

广泛建立少年保护的非政府组织机构,与罪错少年的社会化处遇制度直接衔接。很多国家都建有完善的少年保护机构,如在日本《预防犯罪者更生保护法》,少年案件进行分类处遇和分阶段处遇。对少年处置措施有保护处分,即交付少年鉴别所保护观察;解送教养院或少年院或委托其他机构教养;福利措施，即移送儿童商谈所。① 同时，解除刑事程序或保护处分的少年还有紧急更生保护措施，即一旦少年无法从亲属或者公共福利部门获得帮助，难以实现其更生时，本人可以提出申请获得紧急保护。再如澳大利亚配备训练有素的心理辅导员和少年司法社会工作者，在进行专业评估之后对少年进行干预或者指定专业机构进行观护与教育。

我国社会化的少年服务力量比较薄弱。对于免受刑事处罚的少年，以及违法但并未犯罪少年脱离少年司法体系后没有相应的支持机构对其进行看护、照管和帮教，这是我国对少年司法保护上的制度性缺失。政府和司法部门应该通过立法和制度鼓励社会力量介入罪错少年的帮教与服务领域，可以通过购买服务方式来鼓励少年服务机构的发展，建立司法社工机构和队伍，使得更多少年免于进入刑事司法体系，获得社会化的司法服务。少年机构的建立，尤其是少年社会工作机构的建立与普及是专业化帮助和支持有过罪错少年的较佳路径。通过司法社工的介入，加强对少年的社会服务。帮教工作需要专业的司法社会工作者从事，他们可以提供专业的服务与支持。他们可以通过个案、团体工作等方法帮助少年摆脱昨天的阴霾，结合他们的优势和爱好连接社会资源，协助解决家庭危机，帮助他们接受就业培训和技能训练等方面的支持，从而预防犯罪。

2. 与学校少年保护措施的衔接

设立少年保护部门，与学校等社会组织的衔接。从预防未成年人犯罪战略而言，国家可以在司法部内专门设立学校介入项目，加大学校作为教育阵地对犯罪的预防。我们可以通过教

---

① 张美英：《论现代少年司法制度——以中、德、日少年司法为视角》，《青少年犯罪问题》2006 年第 5 期。

育救助项目与学校专项培育来帮助罪错少年。对被司法宽免或者初犯、犯罪情节轻微的少年进行项目化救助，提高他们的受教育年限，增强他们的职业与就业能力。

针对不同年龄、兴趣爱好、不同类型的少年开展多样的教育项目。按照年龄段，尚在义务教育年龄阶段的少年需要进入学校进行学习，尤其是偏远地区、经济窘迫，无法在父母身边的流动性未成年人；对于已经结束义务教育的少年大力开展职业教育培训，对家庭无力抚养、自身不具备独立生活条件者，可以让他们参加学校里的寄宿类课程学习。同时在教育项目上开展以少年兴趣为基础的培训，比如有的少年喜欢计算机，那么可以让其参加计算机兴趣班，提高他们的专业知识水平，将其兴趣培养为以后可以安家立命的本领，从而在根本上让其脱离犯罪的环境。

3. 与家庭少年保护措施的衔接

加强家庭的犯罪预防和早期介入。少年犯罪的早期预防有效果好、成本低的优势。与少年犯罪紧密联系的是家庭功能的失调，因此深入家庭进行犯罪的预防与康复治疗非常必要，少年问题能够最好在家庭中得到解决。将少年寄养到亲属家而不是陌生的环境中，用家庭照料模式来代替机构模式。罪错少年康复模式的家庭化也是国际趋势，比如美国少年法庭在1999年就已经开始了对家庭犯罪预防与早期介入项目。同时，加强少年司法对家庭暴力的介入与控制。家庭暴力对少年儿童的身心造成严重伤害，有的孩子长大后会采用暴力对其他人，这一问题已经在现实中演变成了很多家庭悲剧。这样的家庭需要司法和社会的提前介入，化解问题，防患于未然。家庭也通过积极参与的方式帮助罪错少年。司法机构和市民、家庭应该积极参与，一起应对虐待、忽视、家庭暴力，共同防治由于家庭问题而导致的少年犯罪。因此，社会化处遇要以家庭为基础并与之实现进一步衔接。尤其是监管令和社区服务等需要家庭配合执行的令状制度，少年监护人需要承担一定监督义务，同时司法社工要与监护人之间及时沟通信息，便于对矫正方案进行评估，最后取得良好的矫正效果。

4. 与社区少年保护措施的衔接

除了需要完善社区矫正等社会化处遇以外，我国还需要加强司法系统与社会化处遇之间的衔接，实现司法体制和社会化处遇机制之间的充分沟通，使少年在社区中的动态能够及时反馈到司法体系中，方便弹性刑罚处遇，少年的社区监管人员与其监护人、司法系统之间随时掌握少年动态，防止由于信息不对称而带来的误处置。这可以体现少年司法的福利化理念。

少年司法制度就像一面镜子，折射了一个国家的经济、政治、法律、文化、教育等多方面的发展状况，也最能折射出一个社会的核心价值观。少年司法制度被看成是一个国家司法现代化、人权保障程度和社会文明程度的重要标志，刑罚的谦抑性在少年司法领域得到了最显著体现。在"国家亲权理论"下，国家作为一个合格的"父母"，应该摒弃惩罚理念，强调教育与保护，并以此为原则创设少年司法的特别程序与处罚措施，承担起保护少年的责任和义务。

结　论

少年司法社会化：国家与社会的双向互动

　　少年犯罪问题有着深刻的社会根源，从根本上降低少年犯罪率需要司法制度的健全，更需要社会力量的参与。我国少年司法发展了30年，面临最大的问题就是社会力量薄弱，社会组织不发达。这一问题需要在国家与社会关系视野中才能得到更加深刻的理解。笔者认为国家与社会关系理论是少年司法社会化的基础理论，认为目前缺乏专业化和职业化的社会力量服务于罪错少年，其根本原因在于国家和社会之间的合作体系不健全。国家应该释放更多的空间给社会服务组织，培育以少年司法社工为核心的社会支持体系，与少年检审部门为核心的国家司法体系进行双轨制互动，在预防、检审、处罚、矫正等方面进行立体化合作，通过多元的社会化参与，增强少年司法的福利性。

　　20世纪以来，西方主要法治国家掀起司法社会化的改革浪潮。所谓司法社会化，就是打破国家和司法机关对纠纷解决的垄断，将纠纷解决的途径向社会开放，调动社会力量的参加热情，由单一的国家司法主体向多元化社会主体转变。在司法社会化的过程中，主流法律文化的传播不是依靠国家暴力震慑来强制推行的，它凭借的主要手段是司法在开放性和亲和性向度上的改革。[①] 开放性意味着拆除司法的专业壁垒，缩小司法与社会的距离；亲和性意味着降低司法的疏离感，通过与社会的参与及合作，提升公众对司法的信任，在司法制度上铺设公众的接近正义之路。司法社会化的理念拓展了正义通过多主体途径实现的可能性，有利于犯罪预防，有利于节约司法资源，从根本上降低犯罪率。

而所谓少年司法社会化，就是以教育为理念，以福利性司法为导向，在少年司法体系的构建中加入社会化力量，在原有审检人员为核心的少年司法力量基础上，建立以司法社会工作者为核心的社会支持体系，司法与社会在少年犯罪预防、检察审理和少年矫正等全方位进行互动，通过跨学科、跨领域合作有效降低少年犯罪率。

少年司法领域因为其具有特殊性、复杂性、多元性，最能体现法律与社会结合的优势。少年司法社会化的原因在于少年犯罪多归因于社会因素。少年司法领域中，法律手段需要与其他手段紧密配合，形成合力，而其中最为重要的就是社会预防与治疗手段，从整个社会环境入手，才能在根本上降低未成年人犯罪率。因此，世界各国纷纷制定社会安全制度和政策，扶助少年，加强社会预防与治疗，不断推行司法社会化。

福利型少年司法制度与当代世界法治国家司法社会化的趋势殊途同归。努力将少年罪错控制从国家和司法机关的垄断下向社会开放，克服司法的局限性，缩小国家制定法与国际公约、常识和情理的差距，追求法院的社会责任及其参与地方社

[①] 冯军：《试论刑事司法的社会化问题》，《学习与探索》2010 年第 4 期。

会治理的积极功能。①

意大利少年司法的发展过程就是司法不断社会化的过程。自从1934年产生第一个少年法院以来，意大利就通过立法不断壮大以社会工作为代表的社会力量，社会工作逐渐成为少年司法系统的两大支柱之一。从中央到地方，在行政管理上将社会工作办公室作为必设部门。从20世纪70年代，随着行政去中心化的改革，社会工作服务于少年司法的项目不断增多，司法与社会合作的力度不断加强。少年司法社会工作者从犯罪预防到司法审判，再到矫正实践，发挥了重要作用，尤其表现在承接从少年刑事司法体系内分流出来的少年，对他们用社会化的方式进行康复训练，避免监禁刑的交叉感染，凸显社会工作者对越轨少年进行服务的正能量，用社会工作者的真诚与接纳温暖并扶助少年成长，建立保护、干预、转化等几个目标相互衔接的司法与社会紧密合作的体系。美国少年案件处理中出现司法社会化的倾向，将少年犯转向进行非司法化的社会福利机构进行处置，避免少年由于进入司法程序而打上"少年犯"的烙印。

司法社会化是少年司法制度完善的必由之路。少年司法社会化是司法社会化改革中的关键领域，也是司法管理创新的重要探索，是衡量一个国家法治建设发展水平及完善程度的重要指标之一。少年司法社会化将司法公正置于广泛的社会背景下，超越我国刑事法律的框架，针对违反刑事法律的未成年人，在特殊的实体和程序法律规定中，融入社会化的帮教和支

---

① 钟玺波：《能动司法与法院的社会责任——少年司法的时代选择》，载张立勇主编《中国特色少年司法制度改革与完善研究》，法律出版社2012年版，第60页。

持力量，体现柔性司法的理念。同时，健全社区矫正制度，由少年司法社工等专业化的力量进行社会观护，整合社会资源，加强对罪错少年的社会管理，体现罪错少年处罚上的非监禁刑理念；加强少年司法的服务水平，实现社会共融。

  少年司法社会化事实上是市民社会或者公民社会的法治及政治社会学中的国家（政府）与社会的关系问题。随着全球化进程的加快与"政治社会化""国家社会化"的新变化，西方法治超越法律传统的危机，逐步形成"司法社会化"的趋势。在 20 世纪，法治国家通过司法社会化，使公民有机会获得具体而符合实际的公正，保障社会成员"接近正义"（access justice）的权利。司法社会化减少了司法的神秘感、冷峻与刚性，增加了司法的开放度、亲和力与柔性，最终使司法摆脱与社会的疏离感，使民众重新恢复对司法正义的信心。而少年司法由于其主体的特殊性，社会化趋向更加明显。少年司法制度创立之初就旨在超越传统成年人刑事司法的惩罚和报应主义，在少年利益最大化和保护少年的原则下建立一套更加温和、宽宥的司法体系，用人性化的教育方式帮助少年重新回归社会。多数发达国家在构建柔性少年司法的过程中都有社会力量参与，体现人性化、宽宥、温和一面的司法。

  总之，少年司法在独立发展过程中，一定要有正确的理念奠定未来发展的基础。宽容和教育比严厉惩罚更能有效地减少和预防未成年人犯罪。教育、保护和司法社会化的少年司法理念符合国际的发展趋势，代表了少年司法的独特性，同时也符合我国少年司法的未来发展。我国少年司法应该在上面理念引导下，增加少年司法的福利性因素，减少司法干预，注重少年的教育和保护，加强少年司法的社会化、少年刑罚的个别化和从业人员的专业化。

一 国家与社会的分离和互动发展:少年司法社会化的理论根源

从根本上说,国家与社会的关系是少年司法社会化的基础,国家与社会关系理论是少年司法社会化的重要理论根源。少年司法这棵小苗成长的土壤是国家与社会的双向互动,因而国家与社会的关系必将深刻影响少年司法的未来发展方向。

近代西方市民社会理论以国家与社会的关系为轴心,展开的分析范式为少年司法提供了丰富的理论基础。国家与社会的关系既相互分离,又彼此依赖。国家的基础是社会,国家从社会中分化出来,而又凌驾于社会之上。国家和社会由合到分,由分到更高层次上的合。国家逐渐融入社会,不断扩大社会自治。[①] 对这一对关系的研究也几种不同范式:洛克—康德的自由主义理论;霍布斯和黑格尔的国家主义理论;马克思的社会结构理论。[②] 这一理论在引入我国过程中存在着本土化问题。中国传统文化中,国家形成以后的显著特征是靠宗法关系治理社会,国家无所不及地全面支配、吞噬了整个社会,社会也因之被国家化。[③] 也有学者认为,长期以来,我国的国家与社会之间的界限是模糊的,如梁启超1922年出版的《先秦政治思想史》中认为"国家不过是家族同为组成天下之一阶段",之

[①] 吕世伦、任岳鹏:《根本法、市民法、公民法和社会法——社会与国家关系视野中的法体系初探》,《求是学刊》2005年第9期。

[②] 刘旺洪:《国家与社会:现代法治的基础理论》,黑龙江人民出版社2003年版,第5页。

[③] 伍俊斌:《国家与社会关系视野中的中国市民社会建构》,《福建论坛·人文社会科学版》2006年第1期。

后梁启超在《中国文化要义》中认为,与西方建立在阶级基础上的国家相比,我国的国家与社会关系模糊,国家与社会相浑融。梁治平在《习惯法、社会与国家》认为国家和社会的关系应该从三个方面来理解:家—国—天下;公与私;官与民,他同时认为法律是理解国家和社会关系的最佳透视点。①法律本身就是"社会工程",是法学家、立法者等专业人士为了实现社会公平与社会成员的自由而设计的规则体系。

但是改革开放以来,我国的国家与社会关系发生了深刻变化,两者的分化日益显著,国家控制与干预通过多种形式渗透社会,国家与社会之间的关系极度紧张,由此导致的社会矛盾和纠纷不断凸显。司法部门作为国家控制职能的集中体现者,与公众关系日益紧张,司法公信力严重流失,出现法治信仰危机,司法在很多案件实践中失去了司法公正的冠冕,因而学者提出来"大调解"、"能动司法"、"司法社会化"②,以减少司法部门与社会公众之间的冲突,通过公众参与来重塑司法形象。而与成年人司法相比,对少年怜恤等少年司法本身的特殊性与社会公众有着更加天然的契合,是体现人性化的柔性司法,能极大调动社会力量参与的动力与热情,有助于从根本上预防犯罪。因此我国少年司法的建立要以国家和社会的关系为基础,分析现有社会关系并进行重构。

同时,未成年人犯罪在根本上是社会急剧变迁的反映,是家庭、学校、社区和整个社会问题的缩影。台湾学者林纪东在

---

① 梁治平:《习惯法、社会与国家》,载张静《国家与社会》,浙江人民出版社 1998 年版。

② 范瑜:《诉前调解与法院的社会责任——从司法社会化到司法能动主义》,《法律适用》2007 年第 11 期;冯军:《论刑事司法的社会化问题》,《学习与探索》2010 年第 4 期。

《少年法概论》中写道："任何犯罪问题，均为社会生活失调之现象，又转而影响社会生活秩序，并非单纯之法律问题，而为整个社会问题之一面，少年犯罪，由于个人原因者少，由于社会原因者多，其所以影响社会安宁秩序者，又不仅止于眼前之时期，且包括无穷无尽之将来，尤不能仅视为单纯之法律问题，而应认为重要社会问题。"他进而指出："时至现代，抹杀法律功能之法律无能论，固为不识时务之谈，认为法律无所不能，法律可以解决一切问题之法律万能论，亦为学者之空想。盖法律仅为维持社会秩序，促进社会发展工具之一，绝非解决犯罪问题之万能灵丹，需与他种工具配合为用。"① 所以仅仅依靠传统的公、检、法等公权力部门进行国家控制手段无法在根本上抑制未成年人犯罪的趋势。作为社会控制的一种高级形式的法律秩序，是建立在政治组织权力或者强力基础上的，但是法律绝不是权力，它只是把权力的行使加以组织和系统化起来，并使权力有效地促使和维护文明的一种东西。② 少年司法就是法律权力尊重少年权利并进行一定让渡的前提下发展起来的，因此从根本上降低未成年人犯罪需要国家控制的基础上，加大社会参与，需要少年司法社会化。

（一）国家利益与社会利益的有机契合

国家与社会的利益诉求因情境不同会存在差异，国家与社会的利益契合程度决定国家对社会的支持或限制。③ 少年司法

---

① 林纪东：《少年法概论》，"国立"编译馆，1972年第二版，第7页。
② ［美］罗斯科·庞德：《通过法律的社会控制、法律的任务》，沈宗灵、董世忠译，商务印书馆1984年版，第26页。
③ 江华、张建民、周莹：《利益契合：转型期中国国家与社会关系的一个分析框架》，《社会学研究》2011年第3期。

社会化是国家与社会利益的有机契合。司法是国家为社会提供的公共物品,以满足公正的社会职能。在预防和减少未成年人犯罪、帮助少年再社会化的问题上,国家与社会共同的利益诉求是推动司法社会化的根本驱动力。

从国家方面而言,首先,是开拓司法管理创新的要求。政府利益的最终目标是稳固政权,而司法公信危机,以及司法机构与社会公众的疏离感是司法机构改革面临的重大课题。司法公正的实现不能仅依赖国家司法机关的单向推动,也需要来自市民社会的动力支援。[1] 少年司法是柔性司法,少年司法社会化的改革体现人性化,极大地调动社会参与的动力与热情,有助于"亲民"司法形象的树立。其次,少年司法社会化符合我国少年司法福利化的趋势,体现联合国提出的少年保护原则和儿童利益最大化原则。《联合国少年司法最低限度标准规则》提出,国家作为少年的最终保护人,应该天然承担起对未成年人的保护和监护义务;国家作为少年的最高监护人,应当通过公权力的介入保障对少年再教育,即使少年对国家与其他社会成员造成侵害。司法被看作最后一道保护屏障,而不是用以惩罚和打击少年的手段与工具。少年司法对罪错少年的干预主要关注的是其福利保护的需要,而不是根据其危害社会的行为给予相应的惩罚。在这个意义上,少年司法机构是具有保护功能的福利机构。正是由于少年司法的福利性、多元性,西方学者有将少年司法从刑事司法中分离出来,而归结到社会法中去的趋势。

就社会方面而言,降低少年犯罪,保护少年的健康成长是社会利益、公共利益的体现。未成年人犯罪有着复杂的社会根

---

[1] 谢佑平、万毅:《论司法改革与司法公正》,《中国法学》2002 年第 5 期。

源，社会的急剧转型，社会环境的急剧变迁，我国社会结构和家庭结构都发生了深刻变化，未成年人犯罪问题日益凸显，成为社会变迁与社会失范的集中反映，对社会安定造成了巨大压力。家庭暴力问题，学校欺凌问题，毒品的侵袭与蔓延问题等都对少年犯罪产生深刻的影响。治理这一问题也需要在广泛的社会环境中，对未成年人犯罪进行社会控制。社会权力应更多地介入到少年犯罪的预防与防治上。另外，未成年人是社会成员的重要组成部分，保护少年就是保护社会本身，同时也减少其他社会成员受害的潜在可能性，保障社会的安定与和谐。社会有热情参与到少年司法事务中，而通过社会化参与和服务，可以将缺位的教育、康复、回归社会功能承担起来，减少司法部门的工作压力。

国家和社会的利益契合使两者应该在这一问题上采用更多的合作方式，并肩协同，降低未成年人的犯罪率，保障少年权益，实现国家与社会的共赢。

（二）国家权力、社会权力与少年权利的平衡互动

国家权力是一种特殊的公共权力，是统治阶级掌握的，用国家强制力保障的用以维持其统治地位的权力。[1] 国家权力包括立法、行政和司法权。内部分权出现社会化：立法权的社会参与，行政权向社会的部分转移和司法权的社会性。[2] 社会权力即社会主体以其所拥有的社会资源对社会与国家（政府）的支配力。[3] 社会权力的立足点是市民社会。社会

---

[1] 程琥：《全球化与国家主权》，清华大学出版社2003年版。
[2] 郭道晖：《权力的多元化与社会化》，《法学研究》2001年第1期。
[3] 郭道晖：《以社会权力制衡国家权力》，《法制现代化研》（第五卷），第351页。

权力是国家权力的集中体现。国家和社会权力要合理地分工和配置，各自的职责要明确。就像西方谚语说："上帝管的交给上帝，属于恺撒管的交给恺撒。"否则就容易产生社会矛盾。

长期以来，国家一直处于主导地位，掌握与控制着各种资源，权力过广过宽，社会依附于国家，社会权力相对薄弱，处于被支配、被控制的地位。国家无所不在的管制和社会无力而为的自治形成鲜明对比。30多年来，国家与社会关系的转变都是政府时松时紧地主动释放出一个社会空间，以推动全能主义政府向有限政府转变。[①] 由国家本位导致的政治权力非理性发展抑制了社会自主性的生成，阻碍了社会的变革和发展。[②] 随着改革不断深入，这样的格局不能满足社会利益的需求，因而国家需要让渡一定的权力空间给社会，在国家可控范围内开展与参加一定的公共事务。国家向社会靠拢、权力向权利靠近，改变大政府、小社会，强国家、弱社会的权力格局，改变原有的"命令与服从"关系模式，形成国家与社会的"双强"关系：国家与社会"相互增权"，国家大力推动公民社会的发展，提高社会的参与度，在公共事业、公共基础设施建设、公共安全保障等领域打破国家垄断，引入社会力量，将国家权威与社会自主结合起来，避免国家宰制社会和社会对抗国家，形成国家与社会协同合作、良性互动与平衡发展的局面。未成年人犯罪等社会公共事务由国家与社会共同管理就是这一趋势下的必然。

---

　　① 江华、张建民、周莹：《利益契合：转型期中国国家与社会关系的一个分析框架》，《社会学研究》2011年第3期。

　　② 伍俊斌：《国家与社会关系视野中的中国市民社会建构》，《福建论坛·人文社会科学版》2006年第1期。

结论 少年司法社会化：国家与社会的双向互动

在少年司法中，调整国家与社会权力关系的同时，还需要处理好公权力与私权利两者的关系问题，在根本上尊重少年的特殊权利。首先，少年作为公民，其公民权利应该与国家权力维持平衡。这实质上是维持个人利益与公共利益的比例平衡。[①] 德国著名学者耶林在《为权利而斗争》中精辟地说："正义女神一手握着衡量权利的天平，另一只手握着为主张权利而准备的宝剑。"天平所代表的公民权利与宝剑所代表的国家权力要得到平衡，这也是社会整体利益的需要。其次，少年有自己特殊的权利。从逻辑上讲，代表国家意志的法律是不可以妥协的。但是，不恰当的司法介入会破坏少年成长，损害人们对法律的尊重与权威感。从刑事司法中脱胎出来的现代少年司法的出现本身就是人们逐渐意识到少年权利的结果，出于对少年身心的特殊保护和对少年权益的保障，在理论和实践中都已超越刑事司法。少年的权利包括受教育权、生命健康权、人身自由权、隐私权、劳动权、休息权、财产权、人格尊严权、生活保障权、名誉权、荣誉权等诸多权力，而在司法程序中，还包括告知诉讼权利、指定辩护律师、监护人到场等特殊权益。《联合国保护被剥夺自由少年规则》第一条规定：少年司法系统应维护少年的权利和安全，增进少年的身心福祉，监禁办法只应作为最后手段加以采用。少年权利委员会在2007年《少年司法中的少年权利》第十条承认：很多国家在达到少年权益保护大会规定的标准上还有很长的路要走。比如在少年诉讼中程序权利的保

[①] 童之伟：《公民权利国家权力对立统一关系论纲》，《中国法学》1995年第6期。

护，将剥夺自由作为最后的惩罚手段等。[1]

可见，预防和减少未成年人犯罪，要理顺少年司法成长的社会与国家关系的土壤，加强社会力量的参与，同时还要充分尊重少年的权利。既需要自上而下的国家权力下法律的运用，也需要自下而上的社会力量的参与；既需要公权力的强制性，也需要尊重少年的私权利。

（三）国家力量与社会力量的协同合作

少年司法社会化的根本是在国家与社会两者利益一致的前提下，国家让渡给社会一定自治权，通过权力让渡来明晰各自职责，形成国家与社会的协同与合作。在我国，由于国家与社会关系的割裂，国家（政府）力量在一定程度上抑制了社会介入的积极性。中国要走向法治，就必须重构国家和社会关系，确立多元社会权利基础、公权力权威和良法之治，并实现依法治国与市民社会理性规则秩序的回应与契合。[2] 在这样的前提下，法应该由国家单向控制社会的工具，转变到法成为国家和社会双重双向控制的工具，不仅是保护国家，而且也是社会自治和自我保护的工具。[3]

少年司法从原来的打击、镇压、惩罚的刑事司法理念中脱离出来，向福利化的方向发展，更多地向进入司法体系中的少

---

[1] Defence for Children International: From Legislation to Action? Trends in Juvenile Justice: Systems Across 15 Countries, Geneva 2007, http://www.defenceforchildren.org/files/DCI-JJ-Report-2007-FINAL-VERSION-with-cover.pdf.

[2] 马长山：《西方法治产生的深层历史根源、当代挑战及其启示——对国家与市民社会关系视角的重新审视》，《法律科学》2001年第6期。

[3] 郭道晖：《多元社会中法的本质与功能——第二次亚洲法哲学大会评述》，《中外法学》1999年第3期。

年提供服务,将对罪错少年的服务看成一种公共物品,是公共安全保障领域中的重要组成部分,加强福利色彩,持续加大少年司法中人性化,符合少年身心特点的公共服务的提供。长期以来,我国的少年司法领域都由公、检、法部门进行管控,鲜有空间释放出来专门服务于非政府组织,而且在立法体系下也没有制定并形成出合理的司法与司法服务机构配合,共同服务少年的机制。这就需要司法机构释放一部分管理空间,让渡给专业的社会服务机构,提高社会的热情与参与度。国家和社会关系理论的方法论中共同点就是将政府对社会组织的管理方式作为考察的切入点,着重分析国家在培育、发展、管理社会组织中的作用与控制方式。

国家与社会的公私共担与协同合作在实践中体现为社会组织的参与。国家可以支持与加强第三部门的发展,通过"第三领域"的制度空间,促进与社会的互动,形成良好的"官民互动"、"法社互动",加强政府、非政府组织和公民之间的平等协商与合作。政府通过招标、承包、委托等私法领域的手段,通过"官办民营"的方式将部分公共事务交给非政府组织等,解决矛盾,调适相互的冲突,国家与社会之间不断地进行平衡。政府通过培育和支持民间组织的发展,动员和整合社会资源,使民间组织为政府所用,充当政府公共服务的帮手,从而达到增强政府公共服务能力,提升政府的公共治理绩效与合法性的目的;而民间组织在此过程中,也获得了生存与发展的必需资源,有利于实现组织的发展目标。[1]

通过这个方式来提高国家与社会之间的互动,政府应该支

---

[1] 唐文玉:《行政吸纳服务——中国大陆国家与社会关系的一种新诠释》,《公共管理学报》2010年第7期。

持服务少年社会组织的发展。域外很多国家注重运用司法社会工作等第三部门的力量，比如意大利建立了少年司法的双轨制体系——少年刑事司法体系和社会工作服务体系，通过多种分流渠道将少年从刑事司法体系中分离出来，交给司法社工，通过项目化的方式对他们的缓诉、缓刑和其他非监禁刑手段进行帮教，只针对具有严重社会危害性的，比如暴力黑社会团伙的未成年人采用监禁刑，其他大部分少年都是司法社工帮助他们顺利回归社会。

少年司法社会化在本质上是国家任务的社会化，少年司法社会化是国家任务社会化的根本要求。国家与社会协同履行国家任务，而不是国家任务的转移与减轻。国家与社会协力控制少年犯罪率是国家控制与社会防控相结合的有效途径。社会组织与国家之间可以相互支撑、相互受益，社会在合作而非对抗中成长。社会充分利用社会组织和第三部门的辅助政府职责，提供公共服务的数量和质量，成为政府强有力的配合者。

二　国家与社会合作之间隙：少年司法转向过程中的问题

我国的少年司法从1984年在上海市长宁区建立第一个少年法庭发展至今，在理论上借鉴发达国家的经验，在实践上立足我国本土化国情，注重社会力量的参与。有学者在总结世界各国少年司法模式中，认为我国的少年司法领域是社会化因素活跃的"司法·社会"模式，意即我国的少年司法调动了社会资源进入到对罪错少年的管控之中，社区志愿者、工青妇等机构介入我国的少年司法。但是我国的少年司法社会化的制度体系尚不完善，与意大利的少年司法相比，我国社会力量参与少年司法的过程中呈现出下列显著问题。

(一) 少年司法体系中缺乏专业的社会化力量

少年司法由于对象身心的特殊性,在司法过程中有着区别于成年人的保护、教育性理念和原则,这需要整个少年司法体系相应做出福利化调整和改变,更加注重少年教育,注重少年犯罪原因的调查,尽量避免刑事司法的侵入而打扰他们正常的成长轨迹。这就对司法人员有更高要求,需要他们不仅仅从法律层面判定少年犯的行为,更要注重从保护与教育高度全面了解少年的犯罪原因,协助去除可能导致少年再犯的社会环境,需要他们熟悉青春期少年的心理特征,即少年司法官不仅仅要掌握法学,更要了解心理学、社会学、犯罪学、行为学等其他相关社会学科,从而更好地了解整个少年群体。我国的少年检察官和少年法官多是从原来的刑事司法体系中抽调出来,没有针对少年的特殊性进行过专业而系统的培训。大部分少年刑事法官都不具备《北京规则》中要求的少年法官的专业知识,基本上都没有法律专业以外的其他专业知识,或者接受相关训练。[①] 对少年司法官的多学科、跨专业的高要求很难通过短时期的训练达到。少年司法系统内缺乏根据少年特点而设立的专业部门,比如心理咨询机构、评估机构等。

在国外少年司法的发展过程中也遇到这一问题,解决的思路基本上是多元化与社会化的参与来协助司法官的工作。比如在英国,早期少年审判中要由学者、广博者、教堂神父、医生或者律师等参加;后来发展为由心理学家、精神卫生医生、社

---

① 孙公幸、郑晓红:《对我国少年刑事司法制度的几点思考》,载张立勇主编《中国特色少年司法制度改革与完善研究》,法律出版社2012年版,第58页。

会学家、人类学家（至少是犯罪人类学分支）参加，申请进入法律程序为缓刑个案服务的人需要受过社会工作的专业培训，他们应该比较幽默并同时有爱心。[1] 意大利少年法院在少年审判之前增加了预审法官，由两位专业法官与两位名誉法官共四名法官组成。[2] 名誉法官需要一名男性，一名女性，他们要具有教育学、心理学、生物学、人类学等人文学科的教育背景，可能是教师、心理学家、精神病学家、犯罪人类学家或者生理学家。[3] 具有多学科背景并了解未成年人成长的专家来为涉案少年提出专业的治疗方案。这样就极大地降低了少年司法官处理法律之外的额外事务，比如家庭纠纷的调解；帮助寻找就读学校；贫困少年的经济救济；寻求社会资源帮助少年解决生计问题等。而且这些规定是明确在少年司法的相关法律中落实，得到财政等制度性的保障。

我国借鉴国际做法和国外经验，加强了对少年权益的司法程序保护，在 2012 年修正后的我国《刑事诉讼法》第五编第一章专门规定了未成年人刑事案件诉讼程序，但遗憾的是没有司法社工为代表的专业化社会力量的体现，规定的一些特殊程序也没有规定专业化社会人员从事，比如社会调查（员）制度[4]无专人负责，少年缓刑制度缺乏专人监督管理，造成立法原意在实践中无法得到落实，又增加了现有司法人员的工作

---

[1] Miriam Van Waters, Socialization of Juvenile Court Procedure, Journal of Criminal Law and Criminology, Vol. 13 | Issue 1, pp. 62—63.

[2] John Winterdyk, Juvenile Justice Systems: International Perspectives, 2nd edition, *Canadian Scholars' Press*, 2002, p. 197.

[3] Alessio Anceschi, *La Tutela Penale dei Minori*, Giuffrè Editore, 2007, p. 3.

[4] 第 268 条规定了未成年案件的社会调查制度："公安机关、人民检察院、人民法院办理未成年人刑事案件，根据情况可以对未成年犯罪嫌疑人、被告人的成长经历、犯罪原因、监护教育等情况进行调查。"

量，效果大打折扣。

（二）少年司法体系中缺乏职业化的社会服务组织

我国的少年司法中尚没有形成职业化的社会帮教与服务体系。社会的参与力量像是一颗颗散落的珠子，没有一根制度的绳子将社会力量统合起来，与国家的刑事司法力度相比显著薄弱，尤其是社会帮教力量中缺乏职业化体系，少年服务组织不完善，职业化服务的地区差异大，运作不稳定，力量强弱不均。

首先，政府型少年服务组织不活跃。我国目前的未成年人服务组织多以"工青妇"为背景，虽然他们是群众型枢纽组织，为保护少年和服务少年起到了重要作用，但是未成年人的社会服务多头管理、行政化色彩浓厚，封闭化倾向显著[①]。主体多，责任不明确。在根本上，是制度的不协调，是国家与社会之间的关系没有理顺，国家权力过大，社会力量没有调动起来。政府型组织按照行政管理进行层层建制，除非他们开展活动，少年很少有机会与其直接接触。行政化管理的固化思维直接导致了这些组织不亲民、不活跃，越轨少年或者失管少年没有得到持续而特别的服务。

其次，草根型少年服务组织匮乏。长期以来，由于我国的国家或者政府力量强大，社会组织发育受到抑制。尽管随着政府体制管理创新改革地进行，非政府组织（NGO）有所增加（据估计，除已经登记注册的社会团体以外，目前中国草根

[①] 参见《"去行政化"是工青妇组织共同课题》，《解放日报》，http://www.jfdaily.com/a/6799945.htm（2013年7月2日访问）。

NGO 的数量已经超过 200 万[①]），其中专门服务于青少年的组织有所增多，但大多是致力于慈善、扶贫、环保的公益机构，专门致力于对罪错少年进行帮教的社会组织很少。这一领域的非政府组织力量薄弱的根源在于司法社会服务机构需要与司法部门密切配合，但是由于我国司法的强势地位，社会力量很难主动介入司法程序，造成专门服务于边缘少年、失管少年、越轨少年和罪错少年的社会组织不发达。草根型的少年服务组织不仅数量少、力量弱，而且地区分布不均衡：在大城市中相对较多，小城市与农村地区非常匮乏；东部发达地区多，西部贫困地区少（如宁夏、青海等地的数量仅占全国总量的 1% 以下[②]），形成社会组织与经济发展基本成正比的趋势。从业人数也有很大差距。存在资源、能力不足，自治性差，专业性不强等问题。在这种状况下，越轨少年的社会支持贫乏，社会关怀缺失，问题家庭中的少年无法得到必要的援助，导致他们走上犯罪道路的可能性进一步增加。

（三）少年社会支持系统与司法系统的衔接不健全

少年司法系统与社会支持系统的信息、资源、人员等方面的交流不充分，没有形成制度化的沟通体系，多是依赖工作人员的个人交往能力和人际关系，无持续、长久发展的动力和制度化保障。在国外，少年社会服务组织与少年司法系统有着密切的联系，他们从少年犯罪预防到对少年行为的矫正和康复的每一个环节都有制度化、法制化的沟通渠道，少年司法社工组织无论是国家层面还是地方层面，都是少年回归社会和康复道路上不可或缺的专

---

① 夏国美：《中国 NGO 的当代跨越》，《社会科学》2010 年第 3 期。
② 王名、贾西津：《中国 NGO 的发展分析》，《管理世界》2002 年第 8 期。

业化力量。我国社会支持体系与司法体系衔接不畅的根源在于：首先，我国少年司法的社会支持系统不健全，组织机构不完善，尚未形成完全独立与自主的少年司法体系，综合民事、刑事和行政等管辖权的少年法院体系没有建立；其次，少年司法体系内缺乏根据少年特点而设立的特殊部门，比如心理咨询机构、评估机构以及专门与社会化处遇对话的机构。

在我国，作为专业化社会支持的社会工作尚在不断地成熟和完善之中，在社会公众、司法系统中，有逐渐被接纳和认可的过程。在实践中，已经有政府通过购买服务的形式积极推进司法社工队伍的建立，比如"上海市阳光青少年社区事务中心"，通过"政府主导推动、社团自主运作、社会多方参与"的方式，为社区青少年、来沪务工青年及随迁子女、在校学生、企业青年员工等提供服务，其中也为罪错少年开展了项目。社工与少年司法之间的"渐进性亲和"[①]使司法社工成为预防和减少犯罪工作体系的重要角色，但是少年司法的需要与社会工作的功能之间尚未形成制度性默契。社工目前仅在预防和矫正阶段有所介入，少年司法社工与可以辅助司法官在侦查、检察、审判等一系列程序开展的工作尚未得到开发与运用。

三 间隙的弥合：我国的少年司法社会化之路

法律是国家意志的体现，公、检、法等司法机关是国家权力的象征，而公权力部门的权力有边界，权力的功能有限。所

---

① 何明升：《司法模式与社会工作的关系及其渐进式亲和》，《学术交流》2012年第11期。

以犯罪问题，尤其是未成年人犯罪问题的解决不能单靠国家力量，而需要社会的广泛参与。社会本身有冲动、有资源介入预防与打击未成年人犯罪问题中，国家与社会各自的角色不同，如果无更好的法律制度及其规定，两者的功能都是有限的，都不能最大限度发挥作用。中国由传统社会进入现代社会的过程中，原来的分割出现问题，表现在司法打压与严惩并没有带来少年犯罪率的明显下降，因此需要将传统的司法系统与社会部门整合起来，形成新的社会管理模式。如果刑法制度能更好地发挥作用，显然需要重构国家与社会的关系。国家通过立法授权社会组织，介入少年司法制度实践，重新建构起整合关系，实现国家与社会的跨界与跨部门合作，在少年司法领域发挥司法社会化的优势。

少年犯罪受社会环境变迁影响，在一定程度上是社会环境急剧变迁、社会转型加剧的必然产物，很多社会问题导致失管少年儿童增多，比如留守儿童问题、少年网瘾问题、少年吸毒问题等。对这些徘徊在犯罪边缘的少年，需要动员社会力量，以社会综合治理方式对其进行管控。国际刑法与监狱会议，在1955年举行的第一届防止犯罪处遇会议上，将少年犯罪作为五大议题之一，决议内容包括社会、家庭、学校、社会福利设施和其他。在社会中的内容包括："应组织有关少年的公私立社会服务机构，并谋各机构间之密切联系，使少年获得健全之生活环境，在其遭遇困难时，应采取适宜辅导方法，协助其解决问题。这些工作应包括家庭、学校及其他社会团体的各种建设性的措施，以应少年的基本生活需要，并尽量设计建立各种服务组织如儿童辅导所、教育中心、父母顾问机构、康乐活动场所、寄养家庭、特别学校或教育班次，及其他组织等，借以提倡对于儿童及其他家庭之辅导活动。同时应该考虑成立社会委员会，社会工作协会或他种专门机构，用以改善并发展社会环境，帮助问题儿童及其父母解决问题。"[1] 欧洲 1994 年国际少年和家庭法院法官协会第 14 届大会明确指出："未来发展的趋势是不断减少少年犯的刑罚，增加预防犯罪和犯罪后其他可介入的资源。"因此，减少未成年人犯罪的途径在根本上不仅在司法程序内，还在司法程序外的预防与矫正。

（一）在管理体系上的双轨制互动：建立少年检审部门为核心的国家司法体系和司法社会工作者为核心的社会服务体系

强调国家与社会之间的融合而不是分离。实现国家与社会的良性互动，形成双向适度制衡的发展型互惠关系。国家让渡更多的空间给社会，不实现全面的干预与控制，对进入到司法体系中的少年本着教育、保护、康复的原则和理念，多采用非监禁刑与社会观护的方式，通过社会组织、社会工作者和志愿者等多方社会力量进行看护，帮助他们回归社会，预防他们再次犯罪，降低累犯率。而让社会工作、社会服务介入到未成年人犯罪的预防与矫正工作中。

首先，加强以少年审检部门为核心的少年司法体系。这一部分的构建粗具规模，30 年的少年司法改革，就是不断将少年司法从原有的刑事司法中分离出来，建立少年检察官、少年法官为核心的少年司法体系。加强对这一队伍的专业化培训，尤其是少年心理学、社会学、社会工作等学科，改变刑事司法的严惩理念，对少年施以教育培训，将刑事惩罚作为最后手段。少年检察机关及少年审判机关的工作方法要注入社会化的内容，帮教、帮扶由专门性、专业性社会福利机构承担，教育

---

[1] 林纪东：《少年法概论》，"国立"编译馆，1972 年第二版，第 30 页。

感化、就业辅导、家庭辅助等职能由司法机关承担，以免造成现实生活中未成年人检察或少年审判负担过重、职能过大。①

其次，建立以司法社会工作者为核心的社会服务体系。确立以司法社工为核心的少年服务体系和司法社工为核心的社会服务与帮教体系。社工可以根据当地少年司法制度采取合适的措施，达到最小干预的目标。② 这种服务西方国家非常普遍，例如在芬兰，社会工作者可以根据少年触法行为的严重程度和再犯可能性对其采取广泛照管或替代照管措施，从而排斥了触法少年进入刑事程序的可能。③ 再如美国少年司法体系中的缓刑官，很多都要求具有社会工作的教育背景；意大利少年司法体系中，司法社工是社会介入的必要力量，中央与地方的司法机构都与司法社工组织有良好的合作。并且司法社工有重要功能，意大利对少年犯服务的社会工作者在判决做出之前需要向法官提交社会调查报告，法官可以考虑用缓判作其他的刑罚替代方式。④ 但是在我国由于社会工作这一专业发展的滞后性，立法者和政策制定者对这一职业有陌生感，因而在少年司法体系内运用社会工作的时间并不多。但是在已有的社区矫正改革中，社会工作者已经发挥了巨大的帮教和观护作用。由于社工专业与罪错少年的帮教有着天然的契合性，是社会福利的代表，增加罪错少年的福祉，可以成为连接各种社会资源的枢

---

① 张鸿巍：《儿童福利视野下的少年司法路径选择》，《河北法学》2011年第12期。

② [美] 玛格丽特·K. 罗森海姆等：《少年司法的一个世纪》，商务印书馆2008年版，第487页。

③ 侯东亮：《芬兰少年司法福利模式及其启示》，《预防青少年犯罪研究》2012年第1期。

④ Anna Costanza Baldry, *Il Sistema di Mediazione tra Vittima e Autore del Reato nel Tribunale Minorile-il Ruolo del Servizio Sociale*, p. 3.

纽,两者结合是彼此互相需要的必然结果,因而要在以后大力加强少年司法体系中的社会工作建设。

为此,政府应该加快发展少年司法的社会服务组织,鼓励社会组织服务于罪错少年,降低其与政府博弈时的不利条件,配合国家的立法与政策,政府培育非政府组织辅助国家对少年犯罪问题进行社会治理。西方很多国家和地区由于公民社会发展完善,社会自组织或者非政府组织的儿童保护机构关注罪错少年,比如英国建立旨在保护儿童的儿童法律中心(Children's Legal Centre,CLC),对进入到司法体系的少年儿童提供服务;日本家庭裁判所审理少年案件是以健康地培养少年为宗旨。对少年处置措施有保护处分,即交付少年鉴别所保护观察;解送教养院或少年院或委托其他机构教养;福利措施,即移送儿童商谈所。[①] 意大利的阿百来机构(Gruppo Abele)成为承接少年司法体系中分流出来少年的监管组织,通过社会化、专业化、职业化的介入,帮助少年矫正行为,回归社会。中国香港赛马会的青卫谷,专门有社会工作者和志愿者通过迷宫、小品表演等灵活多样、互动性强的形式对中小学生开展犯罪预防教育。这些机构成为少年司法体系中重要的辅助力量。

国家应该尽快在相关立法中明确少年司法社会组织的地位与职能,体现少年司法社会工作的重要角色。社会性组织起来的利益代表团体,自下而上地承担利益代表和维护职能,而且也让它们兼具公共机构的角色,自上而下地承担履行公共责任的职能,从而实现国家与社会之间的有机整合。[②] 国家通过对

---

① 张美英:《论现代少年司法制度——以中、德、日少年司法为视角》,《青少年犯罪问题》2006年第5期。

② 吴建平:《理解法团主义——兼论其在中国国家与社会关系研究中的适用性》,《社会学研究》2012年第1期。

社会赋权（empower）构建少年司法服务机构，成为刑事司法机关的辅助与配合部门，分离现有少年刑事司法体系中少年检察官和少年法官过多的社会化职责，如联系学校、调解家庭内部纠纷、帮助少年提供经济来源等非法律业务，使法官在司法社工的专业化帮助下能够回归司法专业化，不被烦琐的非法律事物所累。

（二）在互动内容上的立体化网络：两个体系在预防、检审、处罚与矫正进行司法社会化的合作

在少年司法领域中，国家与社会之间双轨制体系的建立是进行物质、能量、信息交换的基础。在此基础上，需要通过制度设计来体现国家控制和社会自主。广义而言，少年司法体系中的社会服务应该包括对少年的犯罪预防，进入到司法体系少年的社会服务，被刑事司法体系处理或者分流出来少年的社会观护等几个部分。

首先，少年犯罪预防的社会化。这部分的内容以社会组织的参与为主，通过少年司法社工与学校社工之间大力配合，对中小学生开展形式多样的预防活动，注重少年的参与，预防毒品侵袭、校园暴力、家庭暴力、网游暴力等充斥在社会环境中的可导致未成年人犯罪的潜在因素，学校与家庭、社区在少年司法社工的桥梁作用下充分合作，在根源上减少未成年人犯罪的可能性。

其次，少年审检的社会化。这部分以司法为主，社会化力量的参与为辅。在传统刑事司法的体系内加入少年心理咨询与疏导、司法社工在少年检察部门和审判部门常驻，具体负责社会调查、司法调解、家庭与学校沟通等多方面非审判事务，提高司法队伍的效率，降低少年司法官的非审判事务。

最后，少年处罚与矫正的社会化。社区介入被认为投入的经费更少，惩罚力度更加和缓。① 随着社区矫正在我国的推行，对未成年人应该更多地采用社区矫正，同时增加少年从司法体系中分流的渠道，比如可以学习意大利、德国等少年司法中的缓判制度，对少年嫌疑犯进行充分社会调查之后，采用社会观护的方式避免立即进入司法体系，设立专业的少年司法社工岗位，同时在少年处罚上设立半监禁刑、弹性刑罚等多项社会观护措施，通过个案、团体、社区等方法关爱少年，让司法社工同柔性化的服务融化少年内心的冷漠，为少年的未来点亮一盏明灯。

四　结语

"少年智则国智，少年强则国强。"少年司法不仅是一门有明确价值观、严谨程序的科学，同时也是一门能动的艺术，将法律效果和社会效果结合起来，融情、理、法于一体，针对每个少年的不同情况采取个别化的处遇，最大限度地发掘少年的潜能，减少再犯和累犯的可能性，不仅可以改变少年的命运，更关乎国家和社会的根本利益。

我国少年司法的根本问题是社会薄弱，这是我国的少年司法体系不独立的根源。少年司法的发展要强化少年司法的教育、保护和司法社会化的理念。改变"教育为主，惩罚为辅"的观念，发展温和教育，在司法程序中更多地注入福利思想，让少年司法成为少年保护的最后一道屏障。在体系构建上，需

---

① ［澳］瓦尔达·鲁斯思：《澳大利亚新南威尔士州的少年转移处理和非刑事处罚替代方式》，《青少年犯罪问题》2009年第6期。

要加强司法社会工作者的法律地位,通过立法明确社会工作的角色与功能。在少年司法制度中注入社会化的柔性因素,改善国家司法与社会公众的关系,实现法律与社会的有机结合。在少年刑罚体系上,应该设置更多的分流措施,建立少年缓判制度和少年司法宽免制度,发展替代刑和社区观护制度,避免传统监禁措施中的"再社会化"过程,形成社会化的少年刑罚制度。

参考文献

一 中文著作及译著类

1. ［法］菲利普·阿利埃斯：《儿童的世纪》，沈坚、朱晓罕译，北京大学出版社2013年版。
2. ［法］让—皮埃尔·内罗杜：《古罗马的儿童》，张鸿、向征译，广西师范大学出版社2005年版。
3. 周枏：《罗马法原论》，商务印书馆2009年版。
4. 朱龙华：《意大利文化》，上海社会科学院出版社2012年版。
5. 黄风：《贝卡里亚及其刑法思想》，中国政法大学出版社1987年版。
6. 吴宗宪：《西方犯罪学》，法律出版社1999年版，第35页。
7. ［意］贝卡里亚：《论犯罪与刑罚》，黄风译，中国大百科全书出版社1993年版。
8. ［瑞士］雅各布·布克哈特：《意大利文艺复兴时期的文化》，何新译，商务印书馆1979年版2013年重印。
9. ［意］瓦莱里奥·卡斯特罗诺沃：《意大利经济史——从统一到今天》，沈珩译，商务印书馆2000年版。

10. ［意］恩里科·菲利：《犯罪社会学》，郭建安译，中国人民公安大学出版社2004年版。
11. 何勤华、李秀清主编：《意大利法律发达史》，法律出版社2006年版。
12. 王军、王苏娜：《意大利文化简史》，外语教学与研究出版社2010年版。
13. ［意］古列尔莫·马利泽亚、卡罗·南尼：《意大利教育制度研究》，瞿姗姗等译，浙江大学出版社2011年版。
14. ［意］乔治·博卡：《意大利共和国史话》，李文田译，东方出版1987年。
15. 姚建龙：《少年刑法与刑法变革》，中国人民公安大学出版社2005年版。
16. ［意］罗伯特·隆波里、阿尔多·贝特鲁奇等：《意大利法概要》，薛军译，中国法制出版社2007年版。
17. 《意大利刑法典》，黄风译，中国政法大学出版社1998年版。
18. 《意大利民法典》，费安玲、丁玫译，中国政法大学出版社1997年版。
19. ［意］杜里奥·帕多瓦尼：《意大利刑法学原理》（评注版），陈忠林译评，中国人民大学出版社2004年版。
20. 安娜·迈什蒂茨等主编：《欧洲青少年犯罪被害人—加害人调解》，林乐鸣等译，中国人民公安大学出版社2012年版。
21. 张柏峰主编：《中国的司法制度》，法律出版社2000年版。
22. 尹琳：《日本少年法研究》，中国人民公安大学出版社2005年版。
23. 于国旦、许身健：《少年司法制度理论与实务》，中国人民公安大学出版社 2012 年版。
24. ［意］莫诺·卡佩莱蒂编：《福利国家与接近正义》，刘俊祥等译，法律出版社 2000 年版。
25. ［美］玛格丽特·K. 罗森海姆等：《少年司法的一个世纪》，高维俭译，商务印书馆 2008 年版。
26. 民政部社会工作司：《社会工作立法问题研究》，中国社会出版社 2011 年版。
27. 吴宗宪：《西方犯罪学》，法律出版社 1999 年版。
28. ［美］大卫·E. 杜菲：《美国矫正政策与实践》，吴宗宪等译，中国人民公安大学出版社 1992 年版。
29. 郭静晃、曾华源：《少年司法转向制度之因应》，洪叶文化有限公司 2000 年版。
30. 王娜：《刑事赦免制度》，法律出版社 2008 年版。
31. 温景雄等：《少年罪错司法防治的最新动向》，群众出版社 2010 年版。
32. 富兰克林·齐姆林：《美国少年司法》，高维俭译，中国人民公安大学出版社 2010 年版。
33. 朱久伟、姚建龙：《上海市青少年社区服刑人员教育矫正的理论与实践》，法律出版社 2012 年版。
34. 徐建：《英国保释制度与中国少年司法制度改革》，中国方正出版社 2005 年版。
35. 《意大利刑事诉讼法典》，黄风译，中国政法大学出版社 1994 年版。
36. 辛自强、池丽萍：《社会变迁中的青少年》，北京师范大学出版集团 2008 年版。
37. 卢琦：《中外少年司法制度研究》，中国检察出版社 2008 年版。

38. 姚建龙:《超越刑事司法》,法律出版社 2009 年版。
39. [法]孟德斯鸠:《论法的精神》,孙立坚等译,陕西人民出版社 2001 年版。
40. 戴东雄:《中世纪意大利法学与德国的继受罗马法》,中国政法大学出版社 2003 年版。
41. 赵俊:《少年刑法比较总论》,法律出版社 2012 年版。
42. 张立勇:《中国特色少年司法制度改革与完善研究》,法律出版社 2012 年版。
43. 巴里·C. 菲尔德:《少年司法制度》(第二版),高维俭等译,中国人民公安大学出版社 2011 年版。
44. 张利兆主编:《未成年人犯罪刑事政策研究》,中国检察出版社 2006 年版。
45. 刘强:《美国社区矫正的理论与实践》,中国人民公安大学出版社 2003 年版。
46. 吴宗宪:《非监禁刑研究》,中国人民公安大学出版社 2003 年版。
47. 温小洁:《我国未成年人刑事案件诉讼程序研究》,中国人民公安大学出版社 2003 年版。
48. 左坚卫:《缓刑制度比较研究》,中国人民公安大学出版社 2004 年版。
49. [日]木村龟二:《刑法学词典》,顾肖荣等译,中国政法大学出版社 1998 年版。
50. 陈光中等:《中国司法制度的基础理论问题研究》,经济科学出版社 2010 年版。
51. 瞿中东:《刑罚个别化研究》,中国人民公安大学出版社 2001 年版。
52. 蔡巍:《检察官自由裁量权比较研究》,中国检察出版社

2009 年版。
53. 曹漫之主编：《中国青少年犯罪学》，群众出版社 1987 年版。
54. 张文娟：《中美少年司法制度探索比较研究》，法律出版社 2010 年版。
55. 孙炳耀、常宗虎：《中国社会福利概论》，中国社会出版社 2002 年版。
56. ［美］德沃金：《法律帝国》，李常青译，中国大百科全书出版社 1996 年版。
57. 王牧主编：《新犯罪学》，高等教育出版社 2005 年版。
58. 林纪东：《少年法概论》，"国立"编译馆 1972 年版。
59. 张立勇主编：《中国特色少年司法制度改革与完善研究》，法律出版社 2012 年版。

二 论文类

1. 吴宗宪：《恢复性司法述评》，《江苏公安专科学校学报》2002 年第 3 期。
2. 吕瑞萍：《国际恢复性司法研究综述》，《河南社会科学》2007 年第 5 期。
3. 孙国祥：《刑事一体化视野下的恢复性司法》，《南京大学学报》2005 年第 4 期。
4. 卢铁荣：《青少年司法制度的分流措施改革》，2005 刑事司法改革国际研讨会提交论文。
5. 徐鹤喃：《意大利的司法制度》，《人民检察》2000 年第 5 期。
6. 潘效国：《意大利的青少年犯罪与青少年司法状况》，《青少年犯罪问题》2009 年第 1 期。
7. 陈兴良:《刑事政策视野中的刑罚结构调整》,《法学研究》1998 年第 11 期。
8. [美] 丹尼尔·W. 凡奈思:《全球视野下的恢复性司法》,《南京大学学报》(哲学·人文科学·社会科学版) 2005 年第 4 期。
9. 宋英辉、许身健:《恢复性司法程序之思考》,《现代法学》2004 年第 6 期。
10. 卢依奇·莫恰、王立民、陆立华:《比较法视野中的意大利法律制度》,《南京大学法律评论》2001 年第 2 期。
11. 皮艺军:《中国少年司法理念与实践的对接》,《青少年犯罪问题》2010 年第 6 期。
12. 刘灿华:《德国、日本少年司法制度的变迁及其启示》,《时代法学》2011 年第 6 期。
13. 张鸿巍:《儿童福利视野下的少年司法路径选择》,《河北法学》2011 年第 12 期。
14. 徐美君:《未成年人刑事诉讼特别程序的理论基础》,《青少年犯罪问题》2005 年第 4 期。
15. [澳] 马克·玛瑞恩:《澳大利亚少年司法系统和新南威尔士州少年司法的新趋势》,《青少年犯罪问题》2009 年第 4 期。
16. 姚建龙:《论少年刑法》,《政治与法律》2006 年第 3 期。
17. 汪贻飞:《论西方国家少年司法理念及对我国的借鉴意义》,《中国青年研究》2009 年第 3 期。
18. 姚建龙:《犯罪学与刑事司法的融合:少年司法研究 30 年》,《社会科学》2008 年第 12 期。
19. [澳] 瓦尔达·鲁斯思:《澳大利亚新南威尔士州少年司

法部在少年司法系统中的角色》,《青少年犯罪问题》2009 年第 4 期。
20. 侯东亮:《芬兰少年司法福利模式及其启示》,《预防青少年犯罪研究》2012 年第 1 期。
21. 姚建龙:《论少年刑法》,《政治与法律》2006 年第 3 期。
22. 姚建龙:《国家亲权理论与少年司法》,《法学杂志》2008 年第 3 期。
23. 自范愉:《诉前调解与法院的社会责任——从司法社会化到司法能动主义》,《法律适用》2007 年第 11 期。
24. 叶青、周登谅:《未成年人案件不起诉交易制度的构想》,《法学》2003 年第 7 期。
25. 李少平:《论少年司法中协商性司法模式的价值》,《法律适用》2004 年第 12 期。
26. 张鸿巍:《儿童福利视野下的少年司法路径选择》,《河北法学》2011 年第 12 期。
27. 杨旭:《美国司法社会工作的发展及借鉴》,《学术交流》2013 年第 3 期。
28. 侯东亮:《芬兰少年司法福利模式及其启示》,《预防青少年犯罪研究》2012 年第 1 期。
29. 何明升:《司法模式与社会工作的关系及其渐进式亲和》,《学术交流》2012 年第 11 期。
30. 刘程:《发达国家和地区预防与减少青少年犯罪社工特点》,《当代青年研究》2008 年第 12 期。
31. 张鸿巍:《儿童福利视野下的少年司法路径选择》,《河北法学》2011 年第 12 期。
32. [美] 玛格丽特·K. 罗森海姆(Margaret K. Rosenheim):《现代美国少年法院》,载 [美] 玛格丽特·K. 罗森海姆等编《少年司法的一个世纪》，商务印书馆 2008 年版。

33. 刘灿华：《德国、日本少年司法制度的变迁及其启示》，《时代法学》2011 年第 6 期。

34. 牛忠志、姚桂芳：《中外少年刑法若干问题比较研究》，《政法论丛》2004 年第 6 期。

35. 胡春莉：《论我国的未成年人宽免制度》，《青少年犯罪问题》2009 年第 6 期。

36. 叶青：《澳大利亚少年刑事司法新动向》，《人民检察》2002 年第 12 期。

37. ［瑞典］戈德贝克·洛卡米拉：《瑞典少年司法制度概述》（下），张紫千译，《青少年犯罪问题》2012 年第 2 期。

38. 苏明月：《从中日少年案件处理流程与矫正之比较看少年司法模式》，《青少年犯罪问题》2010 年第 1 期。

39. 张美英：《论现代少年司法制度——以中、德、日少年司法为视角》，《青少年犯罪问题》2006 年第 5 期。

40. 姚建龙：《标签理论及其对美国少年司法改革之影响》，《犯罪研究》2007 年第 4 期。

41. ［澳］瓦尔达·鲁斯思：《澳大利亚新南威尔士州的少年转移处理和非刑事处罚替代方式》，《青少年犯罪问题》2009 年第 6 期。

42. 杨锦炎：《司法社会化推进法院的社会管理创新》，《人民法院报》2012 年 8 月 8 日第 5 版。

43. 张元真、王东风、李新春：《未成年罪犯非监禁刑适用问题研究》，《预防青少年犯罪研究》2013 年第 4 期。

44. 吴晓玲：《论中国封建法制的恤刑原则》，《南昌大学学报》（人文社会科学版）2000 年第 1 期。

45. 张璇：《中国少年司法制度建构的相关问题探讨》，中国博士学位论文,中国政法大学,2011年。
46. 姚远:《民国时期青少年感化教育探究——从上海公共租界案例谈起》,《青少年犯罪问题》2010年第3期。
47. 黄京平、张枚、莫非:《刑事和解的司法现状与前景展望》,《朝阳法律评论》2009年第4期。

三 意大利文文献

1. Valerio Pocar, Paola Ronfani, *Il Giudice e i Diritti dei Minori*, Editori Laterza, 2004.
2. Bianca Barbero Avanzini, *Minori, Giustizia Penale e Intervento dei Servizi*, FrancoAngeli, 2007.
3. Filippo Dettori, *Giustizia Minorile e Integrazione Sociale*, FrancoAngeli, 2002.
4. Stefano Anastasia, Patrizio Gonnella, *Inchiesta sulle Carceri Italiane*, Carocci, 2002.
5. Giuseppe Mosconi, Claudio Sarzotti, *Antigone in Carcere*, Carocci, 2004.
6. Dario Melossi, Monia Giovannetti, *I Nuovi Sciuscià*, Donzelli Editore, 2003.
7. Alessio Anceschi, *La Tutela Penale dei Minori*, Giuffrè Editore, 2007.
8. Romano Ricciotti, *La Giustizia Penale Minorile*, CEDAM, 1998.
9. Armando Caputo, *Devianza e Disagio Minorile*, ISTAT, 2001.
10. Alfredo Carlo Moro, *Manuale di Diritto Minorile*, seconda edizione, Zanichelli Bologna, 2000.
11. Maria Gloria Basco, Simona De Gennaro, *La Messa alla Pro-

va nel Processo Penale Minorile, Giappichelli, Torino, 1997.
12. Cristina Bartolini, *La Messa alla Prova del Minore*, Exeo Edizioni, 2008.
13. Ferrando Mantovani, *Il Problema della Criminalità*, CEDAM, Padova, 1984.
14. Alessandra Pè, Antonella Ruggiu, *Il Giusto Processo e la Protezione del Minore*, FrancoAngeli, 2011.
15. Anna Costanza Baldry, "Il Sistema di Mediazione tra Vittima e Autore del Reato nel Tribunale Minorile-il Ruolo del Servizio Sociale."
16. Chiara Scivoletto, *Mediazionale Penale Minorile, Rappresentazioni e Pratiche*, FrancoAngeli, 2009.
17. Lucio Luison, Silvia Liaci, *Mediazione Sociale e Sociologia. Riferimenti Teorici e Esperienze*, FrancoAngeli, Milano, 2000.
18. Giovanni Ghibaudi, *La Mediazione Penale: dall' Oggettivazione del Soggetto alla Soggettivazione dell' Oggetto*, 2004.
19. Adolfo Ceretti, Francesco Di Ciò, Grazia Mannozzi, *Giustizia Riparativa e Mediazione Penale*, in Fulvio Scaparro, Il Coraggio di Mediare, Edizioni Angelo Guerini e Associati, 2007.
20. Maria Grazia Coppetta, *L' Esecuzione Penitenziaria a Carico del Minorenne*, Giuffrè, 2010.
21. Chiara Scivoletto, *Sistema Penale e Minori*, Carocci Faber, 2008.
22. Dina Galli, *Servizi Sociali e Giustizia Minorile*, FrancoAngeli, 2009.
23. Esperienze di Giustizia Minorile, *Scuola di Formazione del Personale per i Minorenni*, 1991—2012.

24. Lia Sanicola, Daniela Piscitelli, Isabella Mastropasqua, *Metodologia di Rete nella Giustizia Minorile*, Liguori Editore, 2011.
25. Assunta Confente, "Quale Diritto Minorile Mite?" *Minorigiustizia*, 3—2012.
26. Eraldo Affinati, I. Penny Wirton, "Una Scuola Così", *Minorigiustizia*, 3—2012.
27. Clede Maria Garavini, Gabriella Bortolotti, "Il Recupero della Paternità e della Maternità in Genitori Tossicodipendenti. A Quali Condizioni? E Come?" *Minorigiustizia*, 3—2012.
28. Elena Faletti, "Assenza Paterna e Diritto del Figlio Minore al Risarcimento del Danno", *Minorigiustizia*, 3—2012.
29. Susanna Galli, Mauro Tomé, *La Tutela del Minore: dal Diritto agli Interventi*, FrancoAngeli, 2008.
30. Claudia Cesari, *Il Minorenne Fonte di Prova nel Processo Penale*, Giuffre Editore, 2002.

四 英文文献

1. De Mause, *The Evolution of Childhood*, *The History Childhood*, New York, 1975.
2. Edwin M. Lemert, "Juvenile Justice Italian Style", *Law and Society Review*, Vol. 20, 1986.
3. Charles O' Reilly, "Italian Juvenile Delinquency Legislation", *The American Catholic Sociological Review*, Vol. 12, 1951.
4. Henry W. McGee, Jr. and John Adamo, "Juvenile Court Jurisdiction in Italy and Europe", *The American Journal of Com-*

parative Law, Vol. 29, 1981.
5. John A. Winterdyk, *Juvenile Justice System: International Perspetives* (2nd Edition), Canadian Scholars' Press, p. 299.
6. Patrizia Meringolo, "Juvenile Justice System in Italy", *Researches and interventions*, *Universitas Psychologica*, Vol. 11 (4), 2012, pp. 1081—1092.
7. Vincenzo Scalia, "A Lesson in Tolerance? Juvenile Justice in Italy", *Youth Justice*, Vol. 5, 2005, p. 33.
8. David Nelken, "Italian Juvenile Justice: Tolerance, Leniency or Indulgence?" *Youth Justice*, Vol. 6, 2006, pp. 107—128.
9. Muncie, J., "Globalization of Crime Control-the Case of Youth and Juvenile justice", *Theoretical Criminology*, Vol. 9, 2005, pp. 35—64.
10. Gatti, U. and Verde A. (2002), "Comparative Juvenile Justice: an Overview on Italy", in J. Winterdik (ed.) *Juvenile Justice Systems: International Perspectives* (Second Edition), pp. 297—320. Toronto: Canadian Scholars Press.
11. Patrizia Meringolo, "Juvenile Justice System in Italy: Researches and interventions", *Universitas Psychologica*, 11 (4), pp. 1081—1092.
12. J. Dean Lewis, "An Evolving Juvenile Court: On the Front Lines With Judge J. Dean Lewis", *Juvenile Justice*, Volume VI, Number 2, 1999.
13. Bailleau, F. and Cartuyvels, Y., "Juvenile Justice in a Neo-Liberal Society", Paper presented at the GERN meeting The Response to Violence in a Democratic Society, Strasbourg, France, 3rd – 5th June, 2003, unpublished.

14. Empey, LaMar Taylor, *American delinquency, its meaning & construction*, Wadsworth Publishing Company, Belmont, California, 1991.

后　　记

　　2012年，我得到国家留学基金委资助，赴意大利都灵大学法学院做访问学者，正是有了这次经历，才有本文。

　　这个题目对我是个挑战。首先就是语言关，赴意前只在北京语言大学接受了一年的意大利语培训，刚到意大利时基本的生活会话都成问题，更别提阅读原文文献，掌握法学专业词汇，在法院旁听案件。后来我大量阅读文献，查阅词典，坚持一个月后发现很有效果，以前陌生的词由于经常"见面"而渐渐熟悉了，慢慢地长句子也可以看懂了，于是对自己有了信心。其次是对意大利社会和文化环境的了解不够。少年司法不仅是少年与司法体制之间的关系，还反映整个社会的经济、政治、文化、教育、社会与家庭等方方面面，任何一方面发展都可能引发少年司法体制的深刻变革，某一方面掌握不到就很可能造成理解偏差，所以我在写作过程中需要大量阅读意大利的教育、社会、法学史等方面著作。写作越深入，越发现自己的把握能力尚不够，越发感到力不从心，有种硬着头皮前进的感受。最后是意大利少年司法到底在多大程度上可以成为我国少年司法发展所借鉴，这一问题又需要深刻了解我国少年司法的发展历史、发展现状、突出问题，在我国的文化和社会背景下，思考中意两国的少年司法领域的共同点与差异，这个高度亦难以攀登。

本书由我的博士论文修改而成，得益于我的恩师邱格屏教授的悉心指导。我衷心感谢她，邱老师是我学术的导师，更是我人生的指路人。承蒙先生不嫌我愚笨，忝列门墙，成就了我一生的重要转折。自己从未奢求能够站在博士的平台高度去规划人生，因为博士对我而言似乎是高不可攀的。邱老师给予我如此珍贵的求学机会，不但令我有幸能够领略到恩师渊博的学识、严谨的治学态度和高尚的人品，也为自己的人生带来了质的飞跃。我怀着一颗感恩的心，铭记恩师的教诲。邱老师在学业上对我严格要求，在生活上对我关心备至。她既是我的导师，也是我最好的朋友，她的关怀让我感到温暖，她的大智慧令我钦佩，她严谨的治学态度令我折服。这篇博士论文从选题到构思、从结构安排到遣词造句，无一不凝结着恩师的心血。由于本书的资料大部分是外文，在翻译过来之后会出现诸多的文法和语法问题，她不仅在审阅初稿时字斟句酌、精心修改，甚至到标点错别字，同时还告诉我提高的方法。我内心洋溢着深深的感恩之情。

感谢华政法律学院的张礼宏老师，在他的热心联系下，我才有机会到都灵大学法学院进行访问。感谢都灵大学法学院的老师们：Gianmaria Ajani、Michele Graziade、Joelle Long、Simona Navaretti、Laura Scomparin、Nadia Coggiola、Raffaella Galasso、Alassandra Seifert，计算机学院的教授 Guido Boella，他们给了我很多支持与帮助，感谢米兰大学社会工作教授 Annamaria Campanini，感谢都灵少年法院的少年法官和检察官们 Sirchia Francesco、Alassandra Ragno、Marta Combraro，感谢律师 Vittorio Rossini 带我到都灵普通法院旁听，从他们身上我感受到了意大利人的热情。感谢意大利《少年司法》主编,他高屋建瓴地介绍了意大利的少年司法体系。感谢静安检察院研究室主任顾文、浦东少年法庭的陆红源庭长,他们提供给我少年案件检察、审理实践的前沿信息。

感谢我的硕士导师徐永祥教授。本书的形成在很大程度上得益于读硕士时社会学理论的积累。而且在本书写作的过程中,我也多次向徐老师请教,他帮助我从社会学的视角深刻理解司法社会化的含义,为我拨开迷雾,厘清思路。感谢少年司法专家姚建龙教授的指导与帮助,他对少年司法中的重要概念给予澄清,让我豁然开朗。比如意大利少年司法宽免制度,我在"赦免"与"宽免"之间无法确定,他明确指点我用宽免更加恰当。另一个重要的概念是意大利的"中止诉讼,进行考察",由于我国没有类似的制度,我开始将之翻译为"缓刑"但是姚建龙教授明确提出应该用"缓诉"。

真诚感谢刘宪权教授、顾肖荣研究员、赵国强教授、杨兴培教授、郑伟教授、林荫茂研究员,各位老师的博学多识和精彩授课,引领我深刻体会了刑法学的浩瀚精深,同样感谢卢勤忠教授、孙万怀教授、吴允锋副教授、王玉珏博士给予的关爱和提携,自己在学业上取得的每一点进步都得离不开诸位老师的谆谆教诲和无私奉献。正是由这些优秀的学者所组成的精英团队,共同营造了华东政法大学刑法学科良好的学术氛围以及搭建了一个广阔的学术平台。感谢严励教授、张绍谦教授、谢佑平教授在论文开题答辩中的悉心指点,也感谢赵国强教授曾经在澳门对自己的热情款待与关心帮助。诸位先生的师恩绵绵,山高水长,寥寥文字无法尽表我的感恩之心!

感谢我的领导何明升、步海英、易益典给我的关心和帮助。感谢我的意大利语老师赵秀英、郭谆谆,是在她们的精心教授下，我走进了意大利语世界，郭谆谆老师还不辞辛苦，精心对全文中的意语翻译进行勘校，感激之情溢于言表。感谢意大利的好友 Francesco Montenero，他帮我整理在意大利少年法官和少年检察官的访谈资料。感谢在意大利的好友陈旭明，回国之后，在写作过程中发现还缺相关方面的资料，他不辞辛苦，千里迢迢发给我。特别感激姜阿平编辑，是她的热情相助，才有了本书的问世。

感谢父母的养育之恩，没有他们在生活上的支持，我就无法全身心投入写作与研究。感谢我的爱人。在论文写作全程，他给予我温暖和关爱，帮我整理、打印、装订带回国的大量意大利文资料；由于看电脑时间太久导致我眼睛痛，他就给我买蓝莓；压力大时他会开导我，宽慰我；写完论文他帮我调整格式，一直守候到半夜两点；他还是后勤部长，全力保障我的写作。

我感觉自己就像一个在登山的孩子，每上了一个台阶，却发现前面还有更多的台阶，但既然选择了，就要走下去。我的导师邱格屏对我说："博士论文应该是人生的一个高度"，我自知并没有完成她对我的要求，这篇文章从各个角度而言都有诸多不尽如人意之处，虽几经修改仍有诸多不完善。当本书付梓时，深感战战兢兢、如履薄冰、惶惶然，担心翻译语句的疏漏、对主题理解的偏误、遣词造句之欠妥、资料收集不全面等，诚恳地希望读者和各行业专家批评指正。

杨　旭

二〇一四年十月二十八日

于上海华政